Poética arquitectónica

Lamas, Raúl Horacio
  Poética arquitectónica : Forma y estética de la arquitectura - 1a ed. - Buenos Aires : Diseño, 2021.
  266 p. : il. ; 21×15 cm.

  ISBN 978-1-64360-573-9

  1. Arquitectura. 2. Estética. 3. Forma arquitectónica. I. Título

DISEÑO GRÁFICO
Karina Di Pace

IMAGEN DE TAPA
Bosque de Luz, de Sou Fuyimoto

Hecho el depósito que marca la ley 11.723

La reproducción total o parcial de esta publicación, no autorizada por los editores, viola derechos reservados; cualquier utilización debe ser previamente solicitada.

© 2021 de la edición, Diseño

ISBN 978-1-64360-573-9
Noviembre de 2021

Poética arquitectónica
Forma y estética de la arquitectura

RAÚL HORACIO LAMAS

A Mabel, Facundo y Florencia

Agradecimientos

Quiero agradecer a Jorge Mele, a Walter Di Santo, a Liliana García Ferré y a Lucila Lastero, que leyeron atentamente el manuscrito de este libro. Su encomiable colaboración, comentarios, sugerencias y correcciones fueron de una ayuda invaluable para favorecer la lectura del trabajo y estoy en deuda con ellos.

Índice

PRÓLOGO
La experiencia estética en la arquitectura contemporánea 11
Jorge Salvador Mele

Notas Preliminares 19

Introducción 23

CAPÍTULO 1
Actualidad de la poética arquitectónica 33
La poética arquitectónica hoy 33

CAPÍTULO 2
Arquitectónica o el arte de la arquitectura 67
Poética o el poema 69
Arquitectónica 76
Arquitectónica o el arte de la arquitectura 85

CAPÍTULO 3
Del Arte a la Poética Arquitectónica 107
Del arte a la poética arquitectónica 107
La espacialización estética del tiempo 139

CAPÍTULO 4
Espacio, Tiempo 147
Emergencia poética en la arquitectura
  Espacio 148
  Tiempo 160

9

CAPÍTULO 5
Imagen y Silencio **171**
El silencio como forma poética
    La imagen arquitectónica 171
    El silencio como forma poética 178

CAPÍTULO 6
Teatralidad y Tecnoescena **187**
Universo poético arquitectónico
    Introducción 187
    Teatro y Arquitectura 189
    Teatralidad y Tecnoescena 201

CAPÍTULO 7
Estética del Acontecer **215**
Poética de la arquitectura
    Estética del acontecer 215

CAPÍTULO 8
Epílogo **233**
Aportes al estudio de la arquitectura y las artes

Bibliografía **249**

PRÓLOGO

La experiencia estética en la arquitectura contemporánea

Identifico este libro con los campos transversales de diferentes disciplinas artísticas asumiendo la expectativa de marcar diferencias sustantivas que hacen a la arquitectura respecto de otras prácticas, un saber hacer en el que se intersecan variadas y complejas problemáticas.

Es sabido, que los aspectos técnicos, estéticos, sociológicos y políticos recorren la inevitabilidad histórico cultural de su realización, situándola simbólicamente como representaciones adecuadas a heterogéneos modos de habitar desplegados espacio-temporalmente.

En efecto uno de los mentores del pensamiento arquitectónico moderno Sigfried Giedion en su libro *Espacio, tiempo y arquitectura* fija nítidamente el sentido evolutivo de una disciplina permeable a transferencias operativas de diferente carácter, pero siempre ocurriendo en un devenir en el que se generan distintos sentidos vinculados a una multicausalidad proyectiva.

Los hechos arquitectónicos son mediatizables así por fenómenos externos a su matriz disciplinar, modificando desde sus funciones constructivas hasta las expresivas. Este planteamiento dialéctico entre autonomía y heteronomía ha sido revisado teórica y críticamente recurriendo a unas herramientas metodológicas situadas muchas veces lejos del campo de las acciones proyectuales, en la filosofía, la antropología o la sociología, entre otros.

De tal manera, ha existido y probablemente seguirá existiendo un constante intercambio de reciprocidades entre ambos campos operando en un contexto ampliado del medio ambiente, planteado este último término, como un concepto genérico.

El autor, en esta profunda investigación, se aleja de las lógicas explicativas directas o literales, interrogándose no solamente por las determinaciones situadas de la arquitectura sino por las a veces imprevistas direcciones de trabajo basado en el carácter inmersivo de la misma en un cercano clima cultural presentado como eventualidad y acontecimiento basados en la experiencia reformulada entre lo sensible y lo inteligible.

Estas son las direcciones propuestas en las páginas por leer, para interrogar el acto proyectual y por ende arquitectónico, desde las evidencias materiales, discernibles hasta las más inefables afectaciones que la misma supondría generar en un sujeto social distraído pero en constante pasaje por distintas obras, espacios públicos o paisajes performativos específicos del siglo XXI.

1. La obra de arquitectura y su experiencia nos re-sitúa en una necesaria desaceleración vivencial, destacando atmósferas sutiles, climas o sensaciones donde la presencia de su ser en tanto productor de subjetividades, nos confirma lo permanente que será configurado por su tiempo histórico, tomando el riesgo de su transformación temporal hacia la inexorable ruina.

Se trata de una interpretación que resalta el movimiento revelado por la arquitectónica donde más allá de la apariencia se intuye una interioridad de la disciplina inmanente a su despliegue espacial, diferenciándose de las marcas de autoría o ensambles locales.

El Dr. Arquitecto Raúl Lamas, ha investigado profusamente tal problemática que refiere a la proyectística, pero más aún a su decodificación como una matriz sistémica que recorre la historia y las lógicas de su producción. Su reflexión nos aleja de la dicotomía arte/ciencia situándonos a la especificidad de la cosa en sí, en tanto una realidad compleja.

En este sentido su irreductibilidad será la prueba pertinente de una ontogénesis con sus posibilidades fácticas en el orden de un proceso en permanente mutación. La arquitectura así preconfigurada por tal concepción sostendrá las matrices conceptuales de su construcción lógica tanto como su antítesis disruptiva.

Se discute aquí, la cuestión de sus orígenes o de los múltiples inicios de la arquitectura desde una exterioridad disciplinar para encontrar una suerte de gen propio de un proceso en construcción y actualización permanente.

Lejos de presentar la arquitectónica como una noción conceptual continúa y homogénea se la percibe como una modalidad discursiva cuya efectualidad se realiza variablemente desde una cultura tectónica y material localizable mediante su transformación.

Este aporte valioso, indudablemente, nos abre las puertas para reconsiderar la ambiguación originaria de la disciplina en términos críticos, afirmando con certeza que arquitectura y arquitectónica no significan lo mismo sino que son momentos definitivos de procesos muchas veces autogenerados o en otros buscados mediante la investigación proyectual o la experimentación.

Dicho en otros términos, cuando proyectamos no partimos de cero sino que la disciplina ya contiene unas organizaciones en estado potencial destinadas a funcionalizarse, estética, técnica o socialmente, iniciando un proceso a veces metabólico a veces maquínico que han de remitir a las distintas formas del vacío realizado como construcción constituyente del lugar habitable.

2. El cuerpo de la arquitectura nos precede con sus nociones y modos de puesta en prácticas, pero sus finalidades útiles se prefiguran en la especie humana y las diferentes geografías que siendo escenificadas por una diversidad de plataformas nos interrogan desde los paisajes que contribuyen a construir.

De tal modo que sea relevante interrogarse por el tipo de experiencias culturales, que los actores sociales e individuos incorporan con proxémicas disimiles al asumir las cualidades arquitectónicas bajo las experiencias de sus cuerpos en los ámbitos múltiples de la solicitación sensoria.

La cualidad se nos revela como un destello que nos permite descubrir desde cuerpos y espíritus el encuentro con el plus valor estético del movimiento como realización de su detenimiento en las distintas estancias de vacíos, espacios y lugares.

Este libro va integrando con sutileza el heterogéneo mosaico de su marco teórico para una apertura al saber mirar e interpretar el campo multisensorial respecto del cual parte de la arquitectura finisecular se ha relacionado constituyendo unas constelaciones poéticas en la que sus lenguajes comunicacionales como declamaba cierto postmodernismo han sido superadas por la recuperación de la emoción y la sensación en nuestras experiencias habitativas.

Son revisados episodios arquitectónicos que solo son asimilables por el acercamiento al valor irradiante de la luz, al sonido de los silencios de la irrupción del agua y de la brisa o también quizá al canto de los pájaros que habrán de habitar patios, plazas o parques diseñados para el hombre pero que se abren a la biodiversidad.

Leo en estas páginas un distanciamiento contemplativo que nos permita localizar modos de habitar integrados al medio y a su vez integradores de comportamientos cercanos a la búsqueda de soluciones a los desequilibrios propios del mundo contemporáneo.

Hay un llamado, aquí, a los seres sintientes en un mundo incierto mediante una nueva recuperación del valor de la arquitectura en su artisticidad comprendida existencialmente, distante de la sociedad del espectáculo y de las pretensiones de la industria cultural con sus reduccionismos mercantiles al mero valor de uso.

Tal como ha confirmado Juhani Pallasmaa en sus escritos sobre la arquitectura, esta es recuperada mediante la experiencia de lo táctil, el olfato, el gusto y el movimiento, en sinergias que reavivan el sentido del misterio, de la memoria, el recuerdo y la siempre presencia de los artefactos culturales entre lo ordinario y lo sublime o la armonía olvidada de los confines.

3. La recuperación y re-descubrimiento de la experiencia estética o *aisthesis* propuesta por el autor del libro, religa el universo del sujeto en un contexto de liberación y ruptura con las sujeciones o impedimentos que bloquean el proyecto emancipatorio del mundo moderno aún inconcluso, según la lectura de Jürgen Habermas.

Para el sujeto alienado esta perspectiva podría ser liberadora en la medida que se abra desprejuiciadamente a un tipo de experiencia en la que se lo involucra como artífice activo y transformador en poéticas que han desafiado los límites de la mera objetualidad involucrando cuerpo y espíritu en procesos de acceso al conocimiento mediante el transcurso del pasaje temporal que difumina los límites de la obra, tal como se muestra en el trabajo de Diller y Escofidio (el pabellón Blur) o en las intensas interacciones de la luz y materia en Le Corbusier, Louis Kahn, Tadao Ando y Peter Zumthor.

En todos los casos como bien es declarado, la experiencia estética de un acontecer que deviene cualidad se concreta en el tiempo, espaciado e introyectado en tanto un devenir actualizable, aunque modificable por dinámicas operaciones proyectuales sobre los marcos ambientales que establecen la construcción de nuevos paisajes de asombro resituando las relaciones espaciales fundantes de la arquitectura.

Se trata, como afirma el autor, de la realización de la espacialización estética del tiempo, asignándole a su configuración el valor de la presencia y aún de la ausencia como un factor distintivo inescindible de toda accionar poético.

Lo arquitectónico, por lo tanto, deviene más que un cobijo y resguardo de las contingencias habitativas prácticas, sino que asume las posibilidades para sí misma un principio de trascendencia en las que las funciones estéticas asumen un papel cognitivo, en compromiso con la posibilidad de re-integración de un ser humano escindido de la naturaleza, por tanto de sí mismo.

En este sentido, la función estética en arquitectura se constituye junto a la función constructiva en la polaridad que le ha de permitir al sujeto experimentar la integridad un mundo no siempre apreciable por el simple acto de ver. El tiempo en su acontecer nos envuelve en climas que puedan poetizar nuestra experiencia muy distante de cualquier funcionalismo biológico.

Subjetivado en tales términos el proyecto se convierte no solamente como proceso sino como trayecto que muta, se transforma en una metamorfosis cuyos límites pueden ser imprecisos e indecibles.

Cabe por lo tanto la pregunta sobre la problematización, de las promenades corbusieranas, de los efectos lumínicos espaciales y artificiales generados por las máquinas de Lazlo Moholy Nagy en la Bauhaus o quizás también los efectos de paralaje a través de las columnatas en la tradición clásica.

4. Convoco a todos los amantes de la arquitectura, entendiéndola como un modo de producción de conocimiento, a detenerse reflexivamente leyendo este maravilloso libro sobre la intensidad en que las formulaciones planteadas aquí puedan deparar.

Como una pieza musical ejecutada virtuosamente su escritura nos abre a constelaciones de sentido contemporáneas, demandándonos el tiempo para una lectura tanto diacrónica como sincrónica.

El Dr. Arq. Raúl Lamas ha hecho un trabajo de un espesor metafórico cuya retórica nunca se aleja de la verdad de la experiencia de la arquitectura como una manifestación concreta de un arte poético.

Este aporte a la cultura en general y a los saberes específicos de nuestra disciplina, vuelve a desplegar un debate que recurrentemente se planteaba en el campo intelectual de la arquitectura vinculante a su pertenencia al mundo de las Bellas Artes.

Sabemos hoy, que no todo lo construido en el mundo deviene un hecho artístico, a veces redundantemente se configura como edilicia y otras simplemente como mera construcción.

Tal enfoque es determinado por dialécticas complejas, las que interactúan entre formaciones culturales que discutiendo por la hegemonía instalan tal o cual modelo referencial de importancia artística.

Es en esta dirección donde los capítulos del libro nos revelan y nos llevan a temáticas inesperadas, que habrán de poner en crisis nuestras certezas construidas socialmente, para generar una perpleja mirada crítica, pero cuya contundencia cristalice una demandante recuperación aurática.

Sugiero leer este libro en varias direcciones, fragmentariamente o en su totalidad, como universos en diagonal que se abren capitularmente para una de las más deseables perspectivas, las del desocultamiento de la ética constituida estéticamente.

Arq. Jorge S. Mele,
otoño 2021

Notas Preliminares

Presento aquí un estudio en torno a la relación de correspondencia entre la forma arquitectónica, el acontecimiento estético y el fenómeno poético. Con consecuencias relevantes para la arquitectura, que no necesita designio ni cálculo para hacernos descubrir el lugar que habitamos. Su resonancia nos instala en el mundo, más allá del objeto, justo cuando sus cualidades sensibles se diluyen en la fluidez de la materia que nos contiene en el tiempo. A través de la puesta en suspenso del objeto emerge el poema arquitectónico.

Esta perspectiva se fundamenta en una hermenéutica fenomenológica, que permite interrogar la espacialidad arquitectónica. Analizar y describir proyectos y obras que desafían el concepto de arquitectura, y se ofrecen como horizonte para su constante redefinición. En este sentido, afronto una exhaustiva lectura estética de las artes y de la arquitectura. En pos de dilucidar lo oculto, lo latente, lo no aparente. Es decir, voy de los datos cifrados a la extracción de estructuras subyacentes que se traducen en modelo para estudiar las formas y teorías de manera sistemática y objetiva. Focalizando la mirada hacia la poética arquitectónica. Que engloba y articula nuevas maneras de entender, nuevos modos de realización y otra forma de habitar el mundo.

Este libro no es un texto marginal, es el resultado de una larga investigación que dio origen a mi tesis doctoral del mismo nombre. Un viaje intelectual para entender y repensar ciertas categorías y relatos cristalizados en el campo disciplinar. Y desde aquí ensayar una definición de arquitectura incondicionada y en diálogo con otros saberes. Las conjeturas y reflexiones vertidas en estas páginas crean nuevas posibilidades de lectura y expanden el conocimiento. Abriendo una salida fuera de la inmovilización y el aturdimiento conceptual, hacia otros horizontes de pensamiento y producción del espacio habitable.

En cada época, de una u otra manera, la arquitectura reclama indagar lo que puede pensarse, proyectarse y lo que representa el espacio arquitectónico. Como ha hecho a lo largo de la historia, la arquitectura, a través de sus diferentes formulaciones, ha sido pensada como modo de habitar y ámbito de representación del mundo humano. Asociando las representaciones espaciales a objetos o conceptos. Sin embargo, lo arquitectónico se manifiesta más allá del signo como forma inmediata o disposición concreta de la materia, brota en relación a la imagen que proyecta en la experiencia. Que transforma el espacio de soporte duradero en algo efímero. Sobre esta consideración gravita la forma arquitectónica, y permite superar el pensamiento acerca de la arquitectura como objeto, signo, o representación mimética. Que desde el pasado dio origen a formas repetidas y estructuradas de expresión.

La forma, así entendida, recupera el sentido como medio desligado del objeto. Es asumida aquí como materia puesta en ejercicio de lo arquitectónico y asociada a la imagen poética. Que es capaz de evocarla aún cuando no está presente a la vista. Hay, por tanto, una dinámica orientada hacia la estética, hacia un sentir, un vivenciar o habitar la encarnación de esa dinámica generadora de diferencias y semejanzas. Que incluye resonancias afectivas y connotaciones espaciotemporales propias, ligadas al ámbito de la poesía.

En resumen, el envoltorio espacial da cuenta del valor de lo sensorial como puerta de acceso a la poética arquitectónica. Olvidada por la lógica de la objetividad. Siempre apoyada en formas puras matemáticas susceptibles de medida, vinculadas al espacio ideal que hace abstracción de lo real. Ocultando la significación y el aspecto vital de la experiencia estética, produciendo formulas numéricas generales producto de la matematización y la tecnificación instrumental. Que terminan asociando la poética a la precisión y la medida, que estructuran la prosa arquitectónica.

En otras palabras, este es el núcleo del problema tratado en este libro. Que apunta comprender las diversas modalidades del espacio arquitectónico, para describir la acción y efectuación en la relación del agente y la obra, y las sensaciones que se han arreglado para producirlas, implícitas en la estructura subyacente de las formas. Abarcando la fuerza del fenómeno poético en busca del goce de la arquitectura, componente esencial de la vida humana, generador fugaz de momentos de felicidad por los que la vida merece vivirse.

En diversos pasajes de este estudio mi pensamiento se articula con una confluencia de voces y discursos que constituyen el dispositivo intertextual y la clave de lectura. Además sustentan la argumentación basada en la estética, el arte y la filosofía, por donde se desplaza el fenómeno arquitectónico, permitiéndome ofrecer una bibliografía de relevancia, amplia y actualizada. En línea con los debates presentes en la arquitectura procuro describir, exponer y anunciar el fenómeno referido, con el fin de propiciar nuevos procedimientos y modalidades para la producción arquitectónica. El producto se dirige a estudiantes avanzados, docentes e investigadores en arte y arquitectura.

En la introducción ofrezco una visión panorámica de la problematización temática y del sentido de este estudio. En el primer capítulo describo la actualidad de la poetica arquitectónica, dando cuenta del cambio de enfoque en relación a su naturaleza. En el capítulo 2 indago los términos: *poética* y *arquitectónica*, para aclarar su sentido. Con el fin de definir el arte en arquitectura. En el capítulo 3 problematizo el enfoque en términos teóricos, dejando constancia de la existencia del "fenómeno poético" que irrumpe en la arquitectura para cambiarla radicalmente. Ilustrado con obras de Tadao Ando, Renzo Piano, Daniel Libeskind, Toyoo Itō, RCR Arquitectos, GGMPU Arquitectos y Lucio Morini, SANAA y Steven Holl.

En el capítulo 4 y 5 analizo el fenómeno poético a través de la resignificación de categorías espacio/tiempo e imagen/silencio. Que permiten atribuir a la presencia sensible, en fluctuación con el fenómeno temporal, el logro poético en la arquitectura. Ilustrados con obras de Olafur Eliasson, Peter Zumthor, Oscar Niemeyer y Claudio Caveri.

El capítulo 6 describo el vínculo entre teatro y arquitectura a través de la tecnoescena como fuente de inspiración para una teoría poética. La teatralidad y la tecnoescena como parte del universo poético arquitectónico evidencian la hibridación de las producciones artísticas contemporáneas. El teatro se arquitecturiza y la arquitectura se transforma en soporte y evento de la existencia del fenómeno en aparición, a través de su puesta en escena. Este capítulo se ilustra con la obra de Diller-Scofidio.

En el capítulo 7 planteo una teoría estética de la arquitectura que sobrevuela la aberración del pensamiento puro y hace hincapié en el *sentir*. Este apartado lo denomino "Estética del acontecer: Poética de la arquitectura". Hablo de las efectuaciones y composiciones de la arquitectura, que dentro y fuera de la forma artística trabajan sobre la relación que construye la existencia del fenómeno en la experiencia estética. Ilustrada con la obra de Lucio Morini con Gramática, Morini, Pisani y Urtubey.

Finalmente en el epílogo aporto nuevas conjeturas y expongo las conclusiones de este recorrido, que resumo en las palabras escogidas del texto de Souriau *Los diferentes modos de existencia*:

> Existir plenamente, intensamente, absolutamente, ¡qué ideal! [...]
> El inacabamiento existencial de todas las cosas [...]. Nada, ni siquiera nosotros, nos es dado de otra manera que en una suerte de media luz, en una penumbra donde se bosqueja lo inacabado, donde nada tiene plenitud de presencia, ni patuidad, ni consumación total, ni existencia plena [...]. De tal suerte que aquí la existencia consumada no es solo una esperanza, responde también a un poder. Exige un hacer, una acción instauradora. Este ser consumado del que hablaba hace un momento es la "obra por hacer" como acceso a una existencia más real.[1]

---

[1] SOURIAU, É. Los diferentes modos de existencia. Buenos Aires: Ed. Cactus, 2017, pp.107-228/229.

Introducción

> No es siempre necesario que lo verdadero tome cuerpo; basta con que se expanda espiritualmente y provoque armonía; al igual que el son de las campanas, basta con que se agite por los aires con solemne jovialidad.[1]
>
> WOLFGANG GOETHE

Nadie puede ser indiferente ante el hecho de que tanto el arte como la arquitectura establecen el problema de la relación entre el sujeto y el artefacto[2] artístico, a partir del diálogo que se abre con el mundo que una obra propone.[3] En ese mundo no existe un sistema regulado por leyes formales que garanticen eficacia estética, sino por su "presencia" que "dice" lo que "es", incorpora al espectador y hace "aparecer" a ese "otro" que denominamos obra. Por lo tanto, a través de la mediación del cuerpo, se accede a un nuevo registro, a un "afuera" que nos sostiene y a su vez nos aleja de la objetividad y la continuidad temporal, para hacernos entrar en la obra de arte como tal.

---

[1] HEIDEGGER, M. *El arte y el espacio*. Barcelona: Ed. Herder, 2009, p.33.

[2] Como dice Álvarez Falcón: "Sin artefacto artístico no hay 'Obra de arte', pero ésta no es esencialmente un artefacto, un 'objeto', todo lo contrario: la Obra sólo se despliega a través de la puesta en suspenso de su ser 'objeto' (un 'pseudoobjeto', un 'hiperobjeto', un 'objeto implosionado'). Lo estético y lo artístico serán dos ámbitos irreductibles". ÁLVAREZ FALCÓN, L. *Realidad, arte y conocimiento. La deriva estética tras el pensamiento contemporáneo*. Barcelona: Ed. Horsori, 2009, p. 27.

[3] La arquitectura crea un mundo. Decimos con Deleuze: "Dios hace el mundo calculando, pero esos cálculos nunca son exactos, esa inexactitud en el resultado, esa irreductible desigualdad, es la que forma la condición de mundo. El mundo se hace mientras Dios calcula, no habría mundo si fuera exacto". DELEUZE, G. *Diferencia y repetición*. Buenos Aires: Ed. Amorrortu 1º ed., 2º reimp., 2009, p.333. Por lo tanto, como dice Nancy, el mundo: "es una cierta posibilidad de sentido, de circulación de sentido [...]. El sentido del que hablo es el sentido que el arte forma [...]. El sentido que permite una circulación de reconocimientos, de identificaciones, de sentimientos, pero sin fijarlos en una significación terminal [...], abriendo lo posible al abrir el espíritu, la sensibilidad de la gente". NANCY, J. *El arte hoy*. Buenos Aires: Ed. Prometeo, 2015, pp.24-25.

En arquitectura, el "ambiente"[4] nos liga a cierta forma de sistema inmersivo, a tipos de experiencias en el espacio donde el cuerpo del habitante está muy comprometido con su entorno. La "forma" arquitectónica no es meramente contorno o figura como disposición concreta de la materia, sino "medio y vínculo" de lo sentido y lo sentiente, que busca la expresión de la "presencia sensible". Ella opera como en la danza serpentina de Loie Fuller, donde "la figura aísla un sitio y lo construye como lugar apto de apariciones".[5] Esa presencia como una fuerza extraña y extraordinaria a su interior, como un flujo continuo, multidimensional y heterogéneo que la "forma" construye, revela dimensiones ocultas. Hace sentir ciertas modulaciones temporales, como un acorde musical, como un sonido, da a "sentir esas delicadas relaciones y todo ese número, cuyo edificio se consuma y se expresa, en y por esa cualidad".[6] Así emerge el arte de arquitectónica, entre la fijeza de la figura y la deflagración de la forma, como lugar del encuentro de la obra con su habitante. En ese "mundo" que nace a partir de la obra de arte con la participación del sujeto espectador, como señala Souriau, "enseguida nos acordamos de un hecho sublime –el sacrificio exige un cuerpo– el verbo puede ganar en grandeza al ser hecho carne, porque tal obra exige la carne".[7]

Por lo tanto, en ese proceso de íntima relación que existe entre la carne[8] de la obra de arte y la carne del espectador, es donde la obra de arte deviene objeto estéticamente expresivo. Es decir, el cuerpo establece el mundo a

---

[4] Ambiente es aquello "que Uexküll define como *portador de significado* y Heidegger llama *desinhibidor*, elementos que definen *el mundo perceptivo* [...] la relación mundo y ambiente opera una apertura y una clausura, como en la obra de arte [...] una dialéctica en suspenso, un estado en suspensión". AGAMBEN, G. *Lo abierto, el hombre y el animal*. CABA: Ed. Adriana Hidalgo, 2006, pp. 97-132-152.
[5] RANCIÈRE, J. *Aisthesis. Escenas del régimen estético del arte*. Buenos Aires: Ed. Manantial, 1º ed., 2013, p.118.
[6] SOURIAU, E. *Los diferentes modos de existencia*, op. cit., p.138.
[7] Ibíd., p.189.
[8] Como en la fábula balzaniana *El cura de Aldea*. Dice Rancière: "El lenguaje de la visión no se hace carne. Pero el *lenguaje de las cosas* [...] será siempre su mutismo [...] una poética fundada en el nuevo evangelio de Luis Lambert: Así, tal vez un día [...] la carne se hará verbo, se convertirá en palabra de Dios'". RANCIÈRE, J. *La palabra muda: ensayo sobre las condiciones de la literatura*. Buenos Aires: Ed. Eterna Cadencia, 2º reimp., 2015, p. 129.

partir de "algo"[9] que le hace salir de sí. Aquello que Merleau-Ponty planteó como superación del solipsismo, "donde idea, espíritu y representación son sustituidas por las de articulación, borde, dimensión, nivel, y configuración que evidencian la procedencia estético- perceptiva".[10] Si bien tanto en la arquitectura como en el arte nuestras experiencias se estructuran en el encuentro con la obra, no como corporeidad y presencia más inmediata, sino como condición de apertura que libera de la determinación objetiva. En esa apertura, como dice Heidegger, "mientras no se experimente lo peculiar del espacio, permanecerá oscura la formulación acerca de un espacio artístico",[11] y se pregunta "¿cómo podemos encontrar lo más propio del espacio?"[12] y responde: "intentamos ponernos a la escucha del lenguaje".[13]

En la arquitectura quizá podamos seguir lo señalado por Aristóteles,[14] como lo hace Coccia a través de la imagen. Porque "la existencia de lo sensible no coincide a la perfección con la existencia del mundo y las cosas. Necesita devenir perceptible [...]. Entre los objetos y nosotros hay un lugar intermedio, algo cuyo objeto deviene sensible, se hace *phainomenon*".[15] Por lo tanto, será necesario un enlace entre el cuerpo y el espíritu. Esto evidencia el rechazo de Merleau-Ponty de la noción de sensación de la psicología clásica, según sus palabras:

---

[9] "Algo" no conceptual, que magnetiza, que atrae con una fuerza extraña y extraordinaria a su interior, una fuerza emergente que hay allí para hacerse sentir. Decimos con Zumthor: "En toda creación cerrada sobre sí misma se aloja una fuerza mágica. Es como si uno sucumbiera al encanto de un cuerpo arquitectónico plenamente desarrollado. Emergen sentimientos [...]. Algo nos conmueve". ZUMTHOR, P. *Pensar la arquitectura*. Barcelona: Ed. Gustavo Gili, 2014, pp.15-16.

[10] SOLÁ-MORALES, I. Diferencias. *Topografía de la Arquitectura Contemporánea*. Barcelona: Ed. G.Gili, 2004, p. 57.

[11] HEIDEGGER, M. *El arte y el espacio*, op. cit., pp. 20-21.

[12] Ibíd., pp.20-21.

[13] Ibíd., pp.20-21.

[14] "Por cierto Demócrito no argumenta bien respecto de esto, pues cree que si *el espacio* intermedio estuviera vacío, se podría ver con precisión [...] es imposible, pues ver es una cierta afección de la facultad sensitiva. Por consiguiente, es imposible que *sea afectado* por el color visto mismo, resta que lo sea por el medio, de manera que debe haber un medio". ARISTÓTELES. *Acerca del Alma (De Anima)*. Con prólogo de Boeri, M. Buenos Aires: Ed. Colihue 1 º ed., 2010, p. 89 (419ª.15-20).

[15] Aristóteles citado por Coccia. En COCCIA, E. *La vida sensible*. Buenos Aires: Ed. Marea, 2011, pp. 21-25.

ya no distinguimos los signos de su significación, lo sentido y lo juzgado [...]. En la percepción de las cosas, como había visto claramente Cézanne, no podemos distinguir el color del dibujo [...]. El sentido de la imagen depende de las que las preceden, y su sucesión crea una realidad que es la suma de los elementos.[16]

La percepción no nos permite distinguir las cosas tal como se nos presentan, porque "la sensación es una especie bastante impura [...] en la sensación, el carácter fenoménico es muy intenso, pero está muy mezclado. Las sensaciones son en cierta medida el bullicio del fenómeno".[17] Por eso, siguiendo a Deleuze decimos:

> Todo lo que pasa y todo lo que aparece está correlacionado con órdenes de diferencias: diferencias de nivel, temperatura, presión, tensión, potencial, diferencia de intensidad [...]. Todo fenómeno fulgura en un sistema señal-signo [...]. El fenómeno es un signo, es decir, lo que fulgura en ese sistema a favor de la comunicación de los elementos dispares.[18]

Es por ello que "Solamente como fenómeno el objeto irá al encuentro con los órganos de percepción del sujeto".[19] Así, el fenómeno de presencia permite pensar en la percepción pura, fuera de la percepción natural. La percepción sustrae lo que no le interesa, lo que nos recuerda el "desinterés subjetivo", planteado por Deleuze, "que no es indiferencia como señaló Heidegger, abre la vía a una percepción no conceptual [...] donde la cosa es la imagen tal como es en sí".[20] Por lo tanto, fuera de la percepción

---

[16] Merleau-Ponty citado por Gutiérrez. En GUTIÉRREZ, E. *Cine y percepción de lo real*. Buenos Aires: Ed. Las Cuarenta, 2010, p. 29.
[17] SOURIAU, É. *Los diferentes modos de existencia*, op. cit., p.138.
[18] DELEUZE, G. *Diferencia y repetición*, op. cit., p.333.
[19] COCCIA, op. cit., p.22.
[20] GUTIÉRREZ, op. cit., p.34.

natural se da el fenómeno como "una materia fluyente, un estado de cosas en permanente cambio y sin ningún punto de anclaje y ningún centro de referencia".[21] Es decir, la existencia del fenómeno trasciende la pura objetualidad, organiza esa materia inicial que nos conecta con la "forma" como correlato directo de nuestra conciencia perceptivo-sensitiva. Además, evidencia que la obra "es siempre la activación de una diferencia entre ella misma y ella misma mediante la cual va siempre más allá de sí misma".[22]

La visualización de lo sensible en fluctuación modula y temporaliza el espacio y su percepción que, relacionada con el cuerpo, deviene principio orgánico de la arquitectura, del que surge todo su poder de significación. El cuerpo "es el lugar o más bien la actualidad misma del fenómeno de expresión",[23] o más exactamente representa el "movimiento mismo de expresión".[24] La arquitectura como metáfora viva u obra de arte debe adquirir una forma fuera del contexto representativo, en su variedad y multiplicidad de aspectos, "como naturaleza de una inmediatez, dotada de un impulso expresivo [...] tal como se nos presenta a nuestros ojos [...] expresión de algo desconocido [...] intensidad no mensurable del fondo de la vida [...] que aparta al hombre de las necesidades".[25]

Por lo tanto, el "fenómeno" en la expresión arquitectónica "configura un sistema de fuerzas que identifica la presencia del signo arquitectónico",[26] nos arraiga a la existencia y nos liga al mundo, dinamizando las

---

[21] Ibíd., p.34.
[22] NANCY, J. *La partición de las artes*. Universidad Politécnica de Valencia: Ed. Pre-textos. 2013, p.79.
[23] Merleau-Ponty citado en: ALLOA, E. *La resistencia de lo sensible. Merleau-Ponty. Crítica de la transparencia*. Buenos Aires: Ed. Nueva Visión, 2009, p.54.
[24] Ibíd., p.54.
[25] Colli citado en: PERNIOLA, M. *Estrategias de lo bello. Estética italiana contemporánea*. Buenos Aires: Ed. Las cuarenta, 2017, p.80.
[26] MELE, J. *Relatos críticos de la arquitectura como modos de producción cultural*. Buenos Aires: Ed. Nobuko, 2011, p.100.

energías que dan forma a nuestro entorno, adquiriendo consistencia real como una imagen[27] en su aparecer. Así, lo arquitectónico "es" en tanto "imagen", como señala Lévinas:

> La imagen no engendra, como el conocimiento científico y la verdad, una *concepción*, no comporta el "dejar-ser", el *Sein-lassen* de Heidegger en el cual se efectúa la transmutación de la objetividad en poder. Más que nuestra iniciativa, la imagen inscribe una influencia sobre nosotros: una pasividad fundamental [...]. La imagen es musical. Pasividad directamente visible en la magia, del canto, de la música, de la poesía.[28]

Esa pasividad visible en el arte arquitectónico es la fuerza emergente del fenómeno poético, que solo fuera de sí deviene experimentable, hace *sentir*, "tiene el poder de *hacer ver con y hacer pensar en*. Trae a la superficie el tejido de experiencia sensible dentro de la cual ella se produce".[29] Engendra espacios, vacíos, sólidos, fluidos, presencias, ausencias, silencios. Y esas formas y figuras tienen el poder de unir y de separar, dan a sentir[30] y señalan un afuera[31] de la obra solo accesible a través de relaciones entre texturas.[32] Allí,

---

[27] "Una imagen es la fuga de la forma del cuerpo del cual es forma sin que esta existencia llegue a definirse". COCCIA, op. cit., p.34. Imagen, "en el sentido que la da Blanchot a ese término: imagen que no hace ver, lenguaje que se vuelve indisponible". RANCIÉRE, *La palabra muda*, op. cit., p.128.

[28] LÉVINAS, E. *La realidad y su sombra. Libertad y mandato, Trascendencia y altura*. Madrid: Ed. Trota, 2001, p.47.

[29] RANCIÈRE, J. *Aisthesis. Escenas del régimen estético del arte*. Buenos Aires: Ed. Manantial, 1º ed., 2013, p.10.

[30] Como dice Nancy: "Las artes dan a sentir [...] hacen sentir el sentido que ellas crean y recrean [...] el sentido es lo que hay, lo que circula indefinidamente entre todos y cada uno de los existentes [...] Es lo que de una obra no se puede reducir a su significación, a su sentido sensato". NANCY, *El arte hoy*, op. cit., p.14.

[31] Nancy señala: "Todo lo que concierne a una relación con un afuera o con otro. Porque sentido es siempre la remisión a algún afuera y/o a algún otro". Ibíd., p.43.

[32] "Ya no hay todo ni partes, sino grados para cada carácter [...] una intensidad propiamente dicha, una altura, una duración, un timbre, un color [...] un peso, una maleabilidad, una resistencia [...] no sólo extensión. Lo que se denomina textura de un cuerpo es precisamente el conjunto de esos caracteres internos". DELEUZE, G. *El pliegue: Leibniz y el barroco*. Buenos Aires: Ed. Paidós. 1º ed., 2008, p.66.

el efecto del choque de los cuerpos "es una vibración que se retira. El toque es ya su propia traza, es decir, se borra en tanto marca, propagando al mismo tiempo sus efectos de moción y emoción".[33] Este "acontecimiento"[34] tiene un lugar propio en la arquitectura,[35] denota la intensidad del instante y revela la incapacidad de apropiarse de la materia y la imposibilidad de trazar su cartografía. Esa intensidad no mensurable, como en la estética *fuzzi*[36] de Umberto Eco, evidencia la presencia de una "sombra"[37] que abre un horizonte de matices y tránsitos donde el sentir y el pensar en "acto"[38] se ven privados de cualquier punto de referencia. La disolución de la forma produce "un vértigo, un extravío, un sentimiento de pérdida del *yo*, comparable a la experiencia de lo sublime",[39] donde es inútil tratar de entender el acontecimiento. Más bien se experimenta en la inmediata identificación con el sentimiento estético singular. Esa impresión que conmueve abre al afuera en el "ahí" de un presente que se expone como "límite del desgarramiento, no queda nada más que las condiciones del tiempo y del espacio"[40] que colman los sentidos. En palabras de Valéry, "como cuando una orquesta colma la sala de sonidos", y "el espacio es sustituido por otro, inteligible, voluble, o más bien que el tiempo mismo

---

[33] NANCY, J. Archivida. *Del sintiente y del sentido*. Buenos Aires: Ed. Quadrata, 2014, p.22.
[34] Acontecimiento que es reenvío de la experiencia y el artificio de la obra que, como en los textos de Proust, dice Rancière, "viene a denunciar el engaño del libro 'arquitectural y premeditado'". RANCIÈRE, *La palabra muda*, op. cit., p.218.
[35] "La arquitectura es constantemente doble [...] la catedral es el edificio calculado por un arquitecto y cuyos arcos tienen que unirse exactamente. Pero también es la profusión de figuras [...] que metaforizan su espíritu". Ibíd., p.218.
[36] Véase: "Una estética fuzzi", en PERNIOLA, M. *Estrategias de lo bello. Estética italiana contemporánea*, op. cit., p.40.
[37] "La realidad no sería aquello que es, aquello que se devela en la verdad, sino también su doble, su sombra, su imagen". LÉVINAS, *La realidad y su sombra*, op. cit., p.52.
[38] "Un acto es una escapatoria milagrosa de un mundo cerrado de lo posible y una introducción en el universo del hecho". VALÉRY, P. *Teoría poética y estética*. Madrid: Ed. Machado libros, 2009, pp. 127-128.
[39] SOURIAU, *Los diferentes modos de existencia*, op. cit., p.123.
[40] HOLDERLIN citado en LYOTARD, J. *Lo inhumano. Charlas sobre el tiempo*. Buenos Aires: Ed. Manantial, 1998, p.117.

te rodea por todas partes".⁴¹ Esta potencia oculta del "gesto arquitectónico",⁴² que modula el ritmo del "tejido sensible",⁴³ es la espacialización estética que deshace la forma e intenta abolir el tiempo, envuelve al habitante y hace sentir en el instante una fuerza que no lo somete, "la obra no se recibe sino a título de esta comunidad inmediata".⁴⁴ La atmósfera creada por la materialidad arquitectónica en un juego de presencias y de ausencias, de sonidos y silencios, se hace presente en un acto irreductible del "ahí". El fenómeno poético se manifiesta en un "presente efímero", como un "acontecimiento particular" que estremece y funda el tránsito⁴⁵ al momento poético, "rompe algo en el alma, en la espera, en la reunión [...] y no obstante, es también una especie de soldadura",⁴⁶ entrelaza el

---

[41] VALÉRY, P. *Eupalinos o el arquitecto. El alma y la danza*. Madrid: Ed. Machado libros, 2004, p.39.

[42] Como el arte, dice Nancy, "es la técnica de acceso a la inaccesible composición del mundo, la prueba de su apertura –o su desgarramiento". NANCY, *La partición de las artes*, op. cit., p.67.

[43] "Esta 'rítmica' será discontinuidad en el desarrollo uniforme del presente, pluralidad de fases de presencia en desarrollo con sus retenciones y protenciones desancladas de sus impresiones originarias —'retenciones» sin cabeza y 'protenciones' sin cola—, como 'elementos salvajes' (*Wesen sauvajes*), pero constituyendo un 'ritmo', por supuesto, 'no-objetivo' [...]. Las consecuencias de la 'espacialización' del tiempo serán radicales: no puede haber temporalización concreta en el presente sin una espacialización intrínseca [...]. La 'inminencia' del futuro en el presente, su presentimiento o su anticipación, debe de ser, de algún modo, simétrica a la 'latencia' del pasado en el presente, y ambas —inminencia y latencia— pueden despertar en la distancia. [...] Esta interminable 'demora' y esta apresurada 'anticipación' se prolongan la una en la otra, desbordando ambas la duración del presente en su 'ensanchamiento' fenomenológico que es, en definitiva, 'espacialización' del tiempo". ÁLVAREZ FALCÓN, L. Esbozos, fragmentos y variaciones: Husserl después de 1988. [en línea] En *Eikasia. Revista de Filosofía*, año VI, Nº 34 (2010), pp. 113-147. [consultado el 10 de agosto de 2018]. Disponible en: http://www.revistadefilosofia.com

[44] LYOTARD, J. *Lo inhumano. Charlas sobre el tiempo*. Buenos Aires: Ed. Manantial, 1998, p. 119.

[45] Tránsito "es unidad fenoménica, merced a la mutua co-pertenencia (*Zusammengehörigkeit*) sensible (*fühlbar*) de las partes y aspectos (*Seiten*) que se destacan unitariamente en la objetividad apareciendo. Uno señala en la aparición (*Erscheinung*) al otro, con determinado orden y enlace. Y en este señalar hacia adelante y hacia atrás (*in diesen Hin-und-Rückweisungen*), lo individual mismo no es el mero contenido vivido, sino el objeto apareciendo (o su parte, o su carácter, etc.), el cual sólo aparece porque la experiencia confiere un nuevo carácter fenomenológico a los contenidos, no valiendo ya éstos por sí, sino para hacer acceder a la representación (*vorstellig machen*) un objeto distinto de ellos". HUSSERL, E. *Logische Untersuchungen*. Niemeyer: Tübingen, 1968, Bd. II, I. Teil, p. 30. (Investigaciones Lógicas I. Trad. Manuel G. Morente y José Gaos, Alianza Editorial, Madrid, 1999, p. 238). Cita realizada por Álvarez Falcón. En ÁLVAREZ FALCÓN, op. cit., p. 123.

"ser" y temporaliza el espacio,[47] creando un microcosmos, una sensación de universo.

Así, el arte de arquitectónica sucede en el "acontecer" de la existencia simultánea del ser presente despojado de su forma. Al mismo tiempo, revela la imposibilidad de la arquitectura de lograr la unidad de sus principios contradictorios, manifiestos en su realidad extática y en su realidad en acto. Hace de la arquitectura lo manifestado por Rancière acerca de la literatura: una "máquina ficcional que dispersa el orden y ordena el caos, haciendo pasar uno dentro del otro, el relato lineal y la gran rueda de las metáforas".[48] El arte de arquitectónica une y separa y, a través de la potencia del fenómeno poético, agrega nuevas presencias, abre en nosotros con su aura misteriosa el encuentro con la alteridad y la extrañeza, con lo "otro" que denominamos obra.

---

[46] VALÉRY, *Eupalinos o el arquitecto*, op. cit., p. 97.
[47] Porque "ningún mundo (*Welt*) como fenómeno, o ningún fenómeno del mundo, podrá ser sin la previa presencia de conexiones de co-pertenencia sensibles a través del tiempo". ÁLVAREZ FALCÓN, op. cit., p. 124.
[48] RANCIÈRE, *La palabra muda*, op. cit., p.219.

1.

Actualidad de la poética arquitectónica

> El asunto del espacio arquitectónico siempre es problemático, porque, ¿cómo hablar de algo que no se ve?, ¿se debe contar a través de la materia complementaria?, ¿o de su cuerpo geométrico?, ¿o de la luz?, ¿o, quizá, de la intención o de la idea? Sin duda, a través de todo eso, de lo demás, y sobre todo, de la idoneidad de sus relaciones.[1]
>
> ALBERTO MORELL

La poética arquitectónica hoy

El estudio de la arquitectura admite múltiples abordajes y diferentes perspectivas. Genealogías e ideologías atraviesan su noción y producción.

Como sabemos, desde la antigüedad se persiguió la perfección y lo bello, configurando las obras a partir de la noción de orden y simetría como líneas agradables a la vista. Por otra parte, la *mimesis* como imitación de la naturaleza dio origen a las formas de arte e hizo que el hombre no sea capaz de ver las cosas como son. Las artes, como la arquitectura en tanto símbolo, a través de la imitación produjeron un revestimiento cosmético que ocultó lo real. Como en la danza, los gestos y las actitudes figuradas con máscaras, como simulación de la realidad, busca trascender el cuerpo presente y su

---

[1] MORELL, A. *Despacio*. Buenos Aires: Ed. Nobuko, 2011, p. 33.

expresión. Esto fue sedimentando una estética que se construyó ligada a normas de referencia y conveniencia de las formas exteriores al arte y la arquitectura. Asociando lo bello con lo útil, dejando fuera la finalidad, vinculada a la aprehensión inmediata del objeto o a la búsqueda hedonista del placer. Dando lugar a una posición sensualista de la estética conformada por el orden, la precisión y la medida. Privilegiando el sentido de la vista, que explica su mecanismo inteligible y toda la teoría metafísica de las artes. Basada en la presencia de la figura y el orden racional, confiando en el sentido sensato para que éste domine la pasión, aplicado a la organización formal.

De este modo, nuestra forma de ver ha sido gobernada por la expresión externa de la forma y lo intelectual. Es decir, frente a las obras nos maravillamos ante lo explícito o evidente. Dejando de lado su mensaje latente, oculto, sentido, añadiendo la razón a lo que vemos a cambio de perder lo real. Aquello implícito en las formas, su potencia material, el relieve, la textura, la tonalidad de las cosas, la fuerza de su impresión en la sensación. Que establece un lazo entre la realidad y nuestras afecciones, entendidas como movimiento referido al tacto interno, íntimo, continuo y fuerte, diferente de la mera sensación. Que nos lleva experimentar el placer de percibir lo que sentimos al ser afectado por la forma, el color, la sombra o los detalles. Esa afección produce un movimiento interno que nos permite descubrir una imagen real del mundo, ligada al fenómeno poético. Sin embargo, este aspecto no ha sido evidenciado o considerado debidamente por la teoría y algunas prácticas arquitectónicas. Optando, muchas veces, por la forma que dio origen a la arquitectura como mediación simbólica, representación externa y material. De modo tal que dicha mediación devino en abstracción de las formas más sutiles y puras, relacionadas con el número y la medida que fue operando la apoteosis del formalismo y determinó todo lo que es en arquitectura. Porque la abstracción en arquitectura obra por mor de los números. Que se constituye principio y soporte que estructura modelos formales o arquetipos que configuran el ámbito de la mesura, dotando de razón a la organización de los espacios arquitectónicos. Excluyendo de la producción de la forma sus estructuras subyacentes y sustantivas. Además, en arquitectura la utilidad y el sistema constructivo, el lenguaje formal y sus símbolos se ofrecen como plataforma u oportunidad creativa. Que va en busca de un método proyectual que actúe como instrumento útil para el logro arquitectónico, como portador del espíritu de una época.

En síntesis, las prácticas han estado dominadas por la teoría normativa en materia poética. Tal como se observa desde los antiguos tratados, que hicieron base en el oficio, o en el juicio crítico que establece el gusto o la sensibilidad estética, desde una concepción plástica de la arquitectura. Que si bien dio cuenta de la preocupación por captar lo aparente de la forma, su estudio recién se profundizará en la modernidad. A partir de las investigaciones sobre la percepción, el pensamiento visual y la psicología ambiental, produciendo un giro hacia el sujeto. Aunque este proceso se vio interrumpido por idealismo conceptual. Así, la lógica de la razón desplazo el foco del objeto al concepto como medio o representación de una idea estructurante de la forma, relegando la potencialidad del discurso implícito o latente como elemento de significación u organización interior, que posibilita la existencia formal de lo real en arte y arquitectura.

Pero la búsqueda de una poética arquitectónica está ligada al sentir estético de las formas, más allá de sus rasgos exteriores. Sin embargo el interés se centró en la estética como estructura y organización del discurso, en la semiótica como signo y comunicación o en la retórica y sus formas sintácticas de composición. Otras veces recurriendo a la estética como instrumento de indagación formal y significativa, con el fin de sistematizar su conocimiento, olvidando la presunción de Morell,[2] sin profundizar en las relaciones[3] que se establecen entre *hecho, apariencia* y *realidad*, "cuyo

---

[2] Morell afirma que "el sentido de una cosa está en sus relaciones o, interpretando a Heráclito, la cosa solo es en virtud de la trabazón [...] la emoción traba lo universal con lo particular, tanto en lo vital como en lo particular, en el sentir como en el pensar". MORELL, *Despacio*, op. cit., p. 43.

[3] "Relación en general es una operación mental que considera ya sea un ser, ya sea una cualidad, en cuanto a este ser, o sea cualidad, supone la existencia de otro ser, o sea de otra cualidad". AGAMBEN, G. *Gusto*. Buenos Aires: Ed. Adriana Hidalgo, 2016, p. 30.

garante es la *naturaleza humana* que deshace el nudo de una naturaleza productiva, de una naturaleza sensible y de una naturaleza legisladora que se llama mímesis o representación".[4]

Naturaleza, entonces, designa un estado de las cosas. Como expresa el poema de Lucrecio "*De rerum natura*", no busca un origen o una razón sino que pone el "acento en el carácter efímero, frágil y perecedero de todos los seres existentes, de todas las combinaciones existentes incluso del mundo [...] las cosas no son siempre las mismas más que en el espacio de un instante".[5] Por lo tanto, en la búsqueda de una razón de las cosas, se pierden pensamiento y afectividad, clausurando la posibilidad de percibir, en lo que existe, un *significado excedente* más allá del presente a la vista. Y precisamente ese significado excedente es el fenómeno que manifiesta la fractura entre visible e invisible, apariencia y ser. Aquello que Platón llama lo bello, "la cosa más aparente [*ekphanéstaton*], pero de lo cual no es posible ciencia, sino sólo el amor [...] la experiencia de esta imposibilidad de aprehender el objeto de la visión como tal, de *salvar el fenómeno*".[6]

Por lo tanto, el fenómeno es un "significado fluctuante, que constituye la servidumbre de todo pensamiento acabado, es garantía de cualquier arte, poesía o invención mítica o estética".[7] Este significado sin anclaje es el que Platón percibe como belleza, pero "no se limita a realizar una distinción del significado excedente, sino que lo salva, gracias a la mediación de Eros, en la idea".[8] La idea que, como conocimiento certero y ciencia, deja libre en los fenómenos un *resto*,[9] un *saber que no-sabe*, que será ocupado por

---

[4] RANCIÈRE, J. *El malestar en la estética*. Buenos Aires: Ed. Capital intelectual, 2012, p. 16.
[5] ROSSET, C. *Lógicas de lo peor. Elementos para una filosofía trágica*. CABA: Ed. El Cuenco de Plata, 2013, pp.185-187.
[6] AGAMBEN, *Gusto*, op. cit., p. 41.
[7] Ibíd., p.46.
[8] Ibíd., p.48.
[9] Como dice Cragnolini: "Resto" es lo que impide la totalización, "el cierre dialéctico en la síntesis, *resto* es la piedra que se le atraganta al pensador que concibe la filosofía como cierre sistemático, y que intenta saldar, saldar y sanar la herida de la existencia misma". CRAGNOLINI, M. *Derrida, un pensador del resto*. Buenos Aires: Ed. La cebra. 1º ed., 2012, p.138.

el arte y lo bello. Lo bello, como lo poético,[10] es entonces "pura relación sin contenido".[11] Valor simbólico cero, puro significante con potenciales consecuencias en arte y arquitectura que la "teoría de la arquitectura"[12] debe asumir y sincronizar con la existencia material de la obra, con la relación de copresencia de todos los elementos heterogéneos que comparten su territorio y su devenir.

La teoría de la arquitectura tendrá que reconocer que la tensión entre concreto y aparente abre un ámbito de indeterminación[13] en el que se manifiesta un "fenómeno" que escapa al control de la razón. Esa presencia es la fuerza informe que llamo "poética", es el aparecer/desaparecer "sentido" que, en las relaciones que crea el ambiente, salva, liga, conmueve y a la vez libera al habitante.

Sin embargo, observamos que desde el pensamiento moderno, la búsqueda de una poética arquitectónica ha olvidado estas posibilidades, centrando el interés en encontrar leyes universales y la sistematización del saber hacer, entendiendo al arte como "hacer",[14] que a través del diseño

---

[10] Lo poético, como dice Iriarte: es "La ilusión de sentido [...] *que hace del cadáver un ser viviente* [...] voz que pierde estabilidad por las circunstancias". Iriarte, F. en: *¿Quién habla en el poema?* ARTECA, M. y otros. Buenos Aires: Ed. Del Dock, 2013, pp.70-71. Valéry agrega: "*lo que es* [...]. Es la potencia sobre ustedes de lo que es, produce sobre ustedes *lo que no es*; y esta se convierte en sensación de impotencia al contacto". VALÉRY, P. *Teoría poética y estética*. Madrid: Ed. Machado libros, 2009, p. 168.
[11] Como la define Diderot, citado en AGAMBEN, *Gusto*, op. cit., p.51.
[12] Una teoría, decimos con Agacinski "clásicamente, una teoría intenta definir la esencia de una cosa de manera conceptual. En el campo artístico, tiende a reemplazar la singularidad de las obras por su sentido y sus principios [...]. Por lo tanto, preferimos afirmar el predominio del arte sobre la teoría y el de la singularidad sobre la generalidad. Lo cual no prohíbe la teorización: pero pedimos a la teoría que también debe inventar, que se consagre a la singularidad de sus objetos. En consecuencia dejamos a la obra, a la labor, el papel decisivo". AGACINSKI, S. *Volumen. Filosofías y políticas de la arquitectura*. Buenos Aires: Ed. La marca. 1º ed., 2008, p.17.
[13] Como expresa Valéry, "la indeterminabilidad constitutiva de las cosas y de los acontecimientos que se aprecian estéticamente responden a la vasta infradeterminación [...] captado en su presencia fenoménica [...]. El juego de las apariciones hacen imposible un dominio cognitivo". SEEL, M. *Estética del aparecer*, Buenos Aires: Ed. Katz, 2010, pp. 80-86.
[14] Como sabemos desde Valéry. "La palabra arte primariamente significó manera de hacer y nada más. Esta acepción ha dejado de usarse. *Arte* es la calidad en la manera de hacer, que supone desigualdad de los modos [...] cuyo carácter puede llamarse inutilidad". VALÉRY, *Teoría poética y teoría estética*, op. cit., pp. 191-193.

busca la forma útil, y no como modo de "ser". Se ha seguido el modelo de la poética clásica, guiado por algunas teorías arquitectónicas excesivamente racionalistas que han dominado la mitad del siglo pasado y, aún hoy, conducen a un constructo de significado conceptual, desplazando de su estudio la fuerza vital[15] del fenómeno, que desata experiencias conmovedoras y nos involucra en su mundo. Para ello, es necesario no separar el cuerpo del estudio del espacio arquitectónico y, en nuestra relación con la materialidad, ir al encuentro del "acontecimiento" a través de la polifonía de texturas, cromatismos, luces y sombras que convocan a lo mágico y engendran lugares desconocidos. Porque lo arquitectónico, como señala Mele:

> En tanto fragmento de un relato ideológico pero no solo eso, tendría, como el inconsciente, su verdad en lo que no dice, lo que puede leerse en ser el revés de un texto cuyo envés, por definición, proporciona pistas falsas que es preciso interpretar para descubrir lo que oculta [...] ¿cómo interrogar aquello que calla, oculta o niega? según la propuesta de Rella, en principio las podríamos hallar en las construcciones metafóricas y aforísticas.[16]

Sin embargo, numerosos estudios sobre lo arquitectónico no han seguido la ruta propuesta por Rella que nos sugiere Mele. Se han centrado en las cualidades formales con las que intentan definir lo arquitectónico. La teoría y la crítica se ha acentuado en la especialización del conocimiento reflejado en la preocupación por los detalles formales,[17] los gestos lingüísticos,[18] o en conceptos extra estéticos,[19] configurando una taxonomía

---

[15] Como afirma Morell: "lo que ha sido la tragedia para Nietzsche, la pérdida de lo vital a favor del consuelo conceptual [...] pérdida de lo vital en sí misma −sentir y pensar− como forma intrínseca del hombre". MORELL, Despacio, op. cit., p. 43.
[16] MELE, J. Relatos críticos de la arquitectura como modos de producción cultural. Buenos Aires: Ed. Nobuko, 2011, pp. 22-25.
[17] BJARKE, I. Yes is more. Un arquicómic sobre la evolución arquitectónica. Colonia: Ed. Taschen, 2009.
[18] COOK, P. y LLEWELLYN J. Nuevos lenguajes en arquitectura. Barcelona: Ed. Gustavo Gilli, 1991.
[19] FERNÁNDEZ, R. Lógicas del proyecto. Buenos Aires: Ed. UNIGRAF, 2007.

arquitectónica fragmentada e incompleta, que ha hecho de la teoría historia y de la crítica mera descripción.

Desde la modernidad hasta el presente, el campo disciplinar se vio atraído por la relación entre ciencia y técnica, cuyo objetivo ha sido elaborar leyes y reglas a las que subsumirse, produciendo una arquitectura desde la noción de espacio-tiempo asociada al dominio racional de lo real.[20] Además, esta nueva concepción ha estado influenciada por el pensamiento poético y estético de Hegel, que define el arte como la manifestación sensible de la idea, donde fondo y forma en íntima relación constituyen el objeto estético. Por otra parte, en el sistema de las artes, ubica a la "arquitectura como arte simbólico".[21] Entiende que "la arquitectura no puede supeditar la materia al pensamiento, y las formas de aquella solo son un símbolo".[22] Así, "mediante la arquitectura el mundo exterior es purificado [...] y convertido en familiar para el espíritu".[23] De este modo la arquitectura se volatiliza a riesgo de perder el contacto con su realidad material. Riesgo que se profundiza con Kant, quien "infiere que, en arquitectura, en la medida que es un arte, lo esencial es *el dibujo* ¿Hace falta subrayar todo lo que se abandona de este modo? Ante todo, la materia [...] la relación con materiales".[24] Su influencia se observa en la arquitectura moderna que adopta el concepto de espacio como condición de posibilidad *a priori* de una idea estructurante, privilegiando el papel de anticipación de un resultado. En palabras de Esther Díaz:

> La modernidad trata de conceptualizar *a priori*, antes que interactuar con objetos concretos. Esto hizo posible la Revolución copernicana. El conocimiento

---

[20] GIEDIÓN, S. *Espacio, tiempo y arquitectura*. Madrid: Ed. Reverté, 2009.
[21] Este arte: "no puede servirse de simples signos, sino debe dar a los significados su correspondiente presencia sensible…representar dicho contenido [...] no tienen más finalidad que esa revelación, y por tal motivo es símbolo que se basta a sí mismo, de una idea esencial con un valor general y un lenguaje mudo dirigido a los espíritus". HEGEL, G. *Arquitectura*. Barcelona, Ed. Kairós, 3°ed., 2001, pp. 39-41.
[22] HEGEL, G. *Poética*. CABA: Ed. Terramar, 2005, pp. 9-19.
[23] HEGEL, G. *Estética. Introducción*. Buenos Aires: Ed. Leviatán, 1983. p. 164.
[24] AGACINSKI, op. cit., p.24.

dejó de movilizarse por lo que muestran los fenómenos [...]. Se comenzó a construir una concepción de lo real consistente en imaginar que los fenómenos no son lo que parecen [...]. Para dar cuenta de este giro cuya repercusión va mucho más allá de lo meramente cognoscitivo, se enunciaron leyes universales que trascienden lo fenoménico y que son más importantes que los fenómenos mismos.[25]

De este modo, el análisis científico busca reducir las observaciones a conceptos y el arte a reglas. Sin embargo, como expresa Andrew Bowie, "Si el arte tiene reglas, esas reglas son producto de la libertad humana, no del esfuerzo por captar unas necesidades objetivas",[26] lo que hace imposible explicar por medio de éstas el conocimiento que surge de la inmediatez de las relaciones sensoriales con el mundo o el placer estético. En Baumgarten (1750) y Hamann (1762) aparece ya una crítica a la metafísica post-estructuralista,[27] señala Bowie. Por lo tanto, las obras no son reductibles a la generalización conceptual, no pueden convertirse en axiomas, apoyándose en evidencias generales demostrables. Tampoco es posible trasladar dicho modo de conocimiento a las modalidades del lenguaje, exigiéndole una formalización rigurosa que elimine todo elemento emocional, tomando así distancia de los hechos reales. Aunque esta modalidad del lenguaje, que elimina los factores de indeterminación de los significados, fue el proyecto desarrollado por la modernidad. Dominado por el idealismo y racionalismo, el pensamiento derivó abstracto, orientado por la búsqueda de la *praecisio mundi*, pagando un alto costo. Como señala Janke:

> la precisión y exactitud de la ciencia positiva, el rigor del método científico y filosófico [...] la unidireccionalidad, la unilateralidad, la simplificación

---

[25] DÍAZ, E. *Entre la tecnociencia y el deseo. La construcción de una epistemología ampliada.* Buenos Aires: Ed. Biblos, 2007, pp.15-16.
[26] BOWIE, A. *Estética y subjetividad. La filosofía alemana de Kant a Nietzsche y la teoría estética actual.* Madrid: Ed. Visor, 1999, p.18.
[27] Ibíd., p.18.

de las relaciones del hombre con su mundo [...] es lo peligroso, porque al cortar lo poético-numinoso, se vuelve totalitaria.[28]

La advertencia de Janke sobre la disciplina neopositivista del lenguaje cognoscitivo también alcanza al nihilismo, ya que lo considera más radical que el positivismo en su crítica a la religión y a la metafísica. El problema que advierte sobre la crítica nietzscheana a la trascendencia platónica o cristiana, es que se transforma en un movimiento para proteger lo absoluto, "ahora como terrenalidad del hombre, y el ser verdadero, ahora como su devenir siempre lo mismo".[29] Janke propone una postontología como crítica a la ontología tradicional que se ha constituido como sistema defensivo, aquello que Marta Zátonyi denomina barreras ontológicas,[30] que si bien nos salvan de caer en el abismo de la infinitud del cosmos, orientada por el logos apofántico, lleva al empobrecimiento del mundo del hombre y a la reducción del sentido de existencia. De allí que Janke reclama junto a otros –Husserl, Nietzsche, Heidegger y Holderlin– en nombre de la cotidianeidad, la corporeidad, la estética y la poesía, un discurrir, un razonar y un expresarse que conserve lo simbólico de nuestro habitar la tierra. Que sea abierto a una multiplicidad de situaciones, significaciones, de nuestro modo de ser-expuesto, hacia afuera "entre el ser y la nada".[31] Existir, como dice Kierkegaard, *"ser-entre (inter-esse)* en medio de estas determinaciones del ser-como entre el tiempo y la eternidad, entre cuerpo y el alma, el cual se comporta consigo mismo en medio de esas relaciones".[32] Es necesario, entonces, que nuestra existencia "nos reinstale en

---

[28] JANKE, W. *Mito y Poesía en la crisis modernidad/posmodernidad.* Buenos Aires: Ed. La Marca, 1995, pp. 14-35.
[29] Ibíd., pp. 30-31.
[30] Véase Las barreras ontológicas: "religión, arte, ciencia y filosofía". En: ZÁTONYI, M. *Arte y creación. Los caminos de la estética.* Buenos Aires: Ed. Capital Intelectual, 2007, p.17.
[31] Como dice Heidegger: *"ser* es presencia [...]. Sucede, simplemente, que el *ser,* dador del ente, no se identifica sin embargo con éste y es por ello no-ente, es la Nada respecto a todo ente [...]. El *ser* que es permanente actividad, al entificarse en un ente no se inmoviliza en él sino que también lo anonada [...]. Ser y Nada son las dos caras de lo mismo". HEIDEGGER, M. *La experiencia del pensar.* Seguido de *Hebel, el Amigo de la Casa.* Argentina: Ed. Del copista, 2°ed., 2007, p, 12.
[32] JANKE, W. *Mito y Poesía, en la crisis modernidad/posmodernidad,* op. cit., p. 39.

una concepción mítico-poética y nos devuelva nuestra vinculación material con el ser".[33] Y a través del arte se abre esa posibilidad de conectarnos con ello. Decimos con Zátonyi:

> el arte establece un vínculo con lo numinoso, es decir con aquello que se sustrae de la razón, es inaccesible e inefable a la comprensión, lleno de misterio, estupor, secreto, siempre cargado de majestad, lugar de una energía infinita. Pero por el mismo hecho que el símbolo lo hace decible, ya se puede hablar sobre un nivel de mundanización, proceso que puede acercarnos a lo numinoso y hacerlo perceptible, soportable y, finalmente, decible.[34]

Pero esta posibilidad puja por encontrar su lugar. Porque tanto el conocimiento como el arte aún se ven sometidos a la hegemonía del pensamiento tecnocientífico contra el pensamiento poético. Como señala Lyotard:

> el dispositivo tecnocientífico, que Heidegger llama *Gestell*, "acaba" de hecho la metafísica, como él lo escribe. El principio de razón, *der Satz von Grund*, localiza la razón en el campo de la "física" en virtud del postulado, metafísico, de que todo acontecimiento del mundo debe explicarse como efecto de una causa y que la razón consiste en determinar esa causa (o esa "razón"), es decir, en racionalizar lo dado y neutralizar el futuro [...]. El espíritu, el alma misma, se estudian como si fueran interfaces en unos procesos físicos.[35]

La consecuencia del pensamiento tecnocientífico en arquitectura se observa en la adopción de los paradigmas de la lógica formal que se asumió como principio dominante desde la modernidad hasta el presente. Por otra parte, se intenta sostener la autonomía de la forma arquitectónica a través

---

[33] Ibíd., p.44.
[34] ZÁTONYI, M. *Gozar el arte, gozar la arquitectura: Asombros y soledades*. Buenos Aires: Ediciones Infinito, 2006, p.28.
[35] LYOTARD, J. *Lo inhumano*, op. cit., p. 76.

de la "idea", desde la tradición moderna. Este principio recupera la influencia de Hegel, que define al espacio como constituyente de la esencia de la arquitectura moderna. Como dice Morales:

> Fiedler afirma que la arquitectura tiene por objeto "encerrar y cubrir espacio", [...] Schmarsow, como Riegl, ya en los umbrales de nuestro siglo, trataron, tratan la arquitectura como "formadora de espacio" con la distinción hegeliana de espacio interno y externo, o de espacio cerrado y su contorno.[36]

Además, Schmarsow toma de Kant la categoría del espacio referida a la intuición humana, que debe percibirse con el desplazamiento del cuerpo. Así, la arquitectura adquirió un motivo de "vivencia" y una dimensión fenomenológica, desde la estética pintoresquista a través de la figura del *paisaje arquitectónico*, que luego Le Corbusier tradujo en *"promenade architecturale"*, entendida como "paseo arquitectónico", influyendo en los arquitectos de la modernidad. Sin embargo, estos síntomas que manifiestan la presencia de la estética kantiana desarrollada sobre la base del sujeto, la experiencia y el placer estético, que desde la premisa del juicio puede aplicarse indistintamente a objetos del arte y a objetos naturales. Se vieron truncados al adoptar la postura de Hegel, que impuso como centro de interés del pensamiento y la estética las obras de arte como manifestación del espíritu absoluto. Así, la experiencia estética y la recepción individual fueron abandonadas como objeto de reflexión. Y, de este modo, diversos tipos de abstracción se convirtieron en la nueva sensibilidad que conformaron paradigmas para el arte y la arquitectura, adoptando el aspecto más puro e intelectual, como en la obra y el pensamiento del primer Le Corbusier, que luego fue transformando recuperando la experiencia y el placer estético, hasta alcanzar una potencia poética, sensible y espiritual en sus obras, como se observa en Rochamp, la Tourette y Chandigarh.

[36] MORALES, J. *Arquitectónica: sobre la idea y el sentido de la arquitectura*. Madrid: Ed. Biblioteca Nueva, 1999, p.124.

Por otra parte, nuevos métodos racionales o irracionales de creación se experimentaron expresados en la Bauhaus con su búsqueda del arte global que impregnó todos los productos del diseño. Ese carácter abstracto y sistemático es verificable en la arquitectura de Gropius, Mies van der Rohe y Rietveld. Y en el arte, como expresa Josep Montaner,

> en las formas geométricas puras de la arquitectura moderna y en las pinturas de Picasso, Kandinsky, Malevich y Mondrían, como búsqueda de una realidad que devela aspectos formales y compositivos, que también podemos encontrar en la literatura de Joyce y en la música de Schönberg.[37]

Estos principios aún se observan en la arquitectura contemporánea, derivando en la obsesiva iconicidad de las formas arquitectónicas, respondiendo únicamente a estéticas vinculadas al sistema productivo. Aunque otras búsquedas, como las iniciadas por Wright, Aalto, Kahn y Aldo van Eyck, entre otros, abrieron a nuevas perspectivas hacia finales del siglo XX, incorporando en la consideración teórica el arte de construir, el espacio real y su habitante. Estas búsquedas tuvieron su correlato en "la corriente Latinoamericana con la presencia de Lina Bo Bardi y Luis Barragán, entre otros, que rechazaron el estilo internacional y recuperaron la mirada hacia la historia, los monumentos, la realidad y los usuarios".[38]

En este escenario se produjo la irrupción de las teorías de la cultura que hicieron eje en la experimentación en arte, que "en muchos casos, no se han limitado a acompañar o analizar el hecho cultural sino que, incluso, han prestado sus categorías a más de una corriente de ruptura",[39] con un papel político como campo de cuestionamiento. La inclusión de teorías

---

[37] MONTANER, J. *La modernidad superada. Arquitectura, arte y pensamiento del siglo XX*. Barcelona: Ed. Gustavo Gili, 4º ed., 2002, p. 10.
[38] Ibíd., p. 12.
[39] CHAVES, N. *El diseño invisible: siete lecciones sobre la intervención culta en el hábitat humano*. Buenos Aires: Ed. Paidós, 1º ed., 2006, p. 30.

antropológicas y psicoanalíticas,[40] o semióticas[41] han sido más que de acompañamiento, en muchos casos determinantes del hecho artístico, potenciando otras expectativas, poniendo en evidencia que ya no puede pensarse la arquitectura con categorías fijas. Además, el impacto de las ideas de Bachelard[42] acerca del espacio –que puede acoger la experiencia humana–, el "habitar" en Heidegger[43] –que relaciona al hombre y el lugar– y el cuerpo en Merleau-Ponty[44] –como medio de poseer un mundo–, fueron recogidas por Schütz[45] y Framptom[46] en arquitectura, y por los estudios de Arnheim[47] sobre arte y percepción. Asimismo, una nueva generación de fenomenólogos, como Henri Maldiney[48] y Martín Seel,[49] que retornan a lo existencial y lo sensitivo, tiene fuerte influencia en arquitectura. Esto se observa por ejemplo en las obras de Steven Holl, Toyo Ito y en el pensamiento de Pallasmaa,[50] que dan cuenta de la preocupación y el interés de la necesidad de acercarse a la arquitectura desde la condición material y su habitante. Además, como señala Josep Muntañola, dan cuenta de la

---

[40] Las teorías acerca del ambiente y el comportamiento humano en él, como objeto de estudio para la arquitectura, fueron introducidas por Kevin Lynch, y tomadas por Rubén Pesci, entre otros, haciendo foco en Edward Hall, Stephen Carr y otros. Véase: HALL, E. *La dimensión oculta*. Buenos Aires: Ed. Siglo XXI, 2005. LYNCH, K. *La imagen de la Ciudad*. Barcelona: Ed. G. Gili, 2015. PESCI, R. *Ambitectura*. Buenos Aires: Ed. Cepa, 2007.

[41] La arquitectura adscribe a la teoría del signo, de Eco, como algo impreciso, donde toda cosa puede ser asumida como el significante de cualquier cosa. ECO, U. *La estructura ausente*. Buenos Aires: Ed. Sudamericana, 2013. Para ampliar véase: BROADBENT, G; BUNT, R; JENCKS, C. *El lenguaje de la Arquitectura*. México: Ed. Limusa, 1991.

[42] BACHELARD, G. *La poética del espacio*. México: Ed. Fondo de Cultura Económica, 10° reimpresión, 2009.

[43] HEIDEGGER, M. *Construir, habitar, pensar*. Córdoba, Argentina: Ed. Alción, 2002.

[44] MERLEAU-PONTY, M. *Fenomenología de la percepción*. Buenos Aires: Ed. Planeta-Agostini, 1993.

[45] SCHÜLTZ, C. *Existencia, espacio y arquitectura*. Argentina: Ed. Blume, 1975.

[46] FRAMPTOM, K. *Estudio de la cultura tectónica. Poéticas de la construcción en la arquitectura de los Siglos XIX y XX*. Madrid: Ed. Akal, 1999.

[47] ARNHEIM, R. *El pensamiento visual*. Barcelona: Ed. Paidós, 1998.

[48] MALDINEY, H. Originariedad de la obra de arte [en línea] *En Documento 273 brumaria. Prácticas Artísticas, Estéticas y Políticas* [consultado el 25 de septiembre de 2018]. Disponible en: https://docplayer.es/58572984-Documento-273-originariedad-de-la-obra-de-arte-henri-maldiney.html

[49] SELL, M. *Estética del aparecer*. Madrid: Ed. Katz, 2010.

[50] PALLASMAA, J. *Los ojos de la piel. La arquitectura y los sentidos*. Barcelona: Ed. G. Gili, 2° ed., 2014.

necesidad de "suplir intuitivamente un conocimiento tan complejo como el necesario hoy en día, conocimiento de las condiciones de existencia, gustos y deseos del hombre, sus pasiones y necesidades, y al mismo conocimiento de las técnicas y los materiales".[51]

El giro moderno fue una forma de racionalidad dominadora e instrumental, aunque abrió a la reflexión sobre el arte con su papel político como campo de cuestionamiento e hizo surgir nuevas posibilidades de libertad subjetiva, en muchos ámbitos y no solo en arte. Como se observa desde Lyotard, la condición posmoderna produjo el desplazamiento definitivo de "las grandes narrativas de la ilustración que surgen en Kant y el idealismo alemán, la historia de la razón subjetiva, según Lyotard, está en decadencia".[52] De modo que en arte, "pareciera que ya no tienen sentido las concepciones de totalidad, los macro proyectos universalizantes, los contenidos de transformación radicales".[53] La posmodernidad dio paso a la idea de que la subjetividad es un efecto de los discursos, "rechaza las totalizaciones, entre ellas, las dialécticas (a las que concibe como cerradas, sin proponerse abrirse). Puede vivir en la paradoja. El suyo es el reino de la ironía".[54] La multiplicidad y los "juegos de lenguaje", como dice Lyotard, revelan ficciones donde antes se aceptaban verdades, como lo hace Venturi en *Complejidad y contradicción en arquitectura*,[55] y tal como lo "teorizan Paolo Portoghesi y Charles Jencks, y que ha sido actualizado por Ricardo Bofill, Aldo Rossi, Robert Stern, Charles Moore y otros [...] lo que carac-

---

[51] PALLASMAA, J. *Habitar*. Barcelona: Gustavo Gili, 2016, p.43.
[52] BOWIE, *Estética y subjetividad*, op. cit., p.22.
[53] MELE, J. *Modernos y contemporáneos. Ensayos Breves, Arquitectura y Arte*. Buenos Aires: Ed. Nobuko, 2010, p. 107.
[54] HUTCHEON, L. *Una poética del posmodernismo*. Buenos Aires: Ed. Prometeo, 2014. p. 22.
[55] Como dice Muntañola, Venturi "planteó las categorías de lo uno y lo otro", o la duplicidad de lectura de una forma arquitectónica leído como hecho psicofísico. El elemento de doble función, o el doble uso que un elemento arquitectónico puede jugar con respecto a la obra completa y, finalmente *El elemento convencional* o el *uso* fuera de *su* contexto original de una referencia icónica". MUNTAÑOLA, J. *Poética y arquitectura*. Barcelona: Ed. Anagrama, 1981., p.62. Véase para ampliar: VENTURI, R. *Complejidad y contradicción en arquitectura*. Barcelona: Ed. G. Gili, 2008.

terizaría al postmodernismo dentro de la ficción es aquello que aquí llamo como 'metaficción historiográfica'"[56] En palabras de Hutcheon:

> En el postmodernismo no existe la dialéctica [...]. El resultado de este deliberado rechazo a resolver contradicciones es una refutación, lo que Lyotard (1984) denomina como narrativas maestras totalizadoras de nuestra cultura, sistemas a través de los cuales solemos unificar y ordenar (también excluir) [...]. Este desafío pone en primer plano el proceso de hacer-significar en la producción y la recepción del arte. También pone, en términos discursivos más amplios, en primer plano el modo en que hacemos los "hechos" históricos, a partir de simples "eventos" del pasado, o, más generalmente, el modo en que nuestros múltiples sistemas de signos otorgan significados a nuestra experiencia.[57]

Desde esta perspectiva teórica, la arquitectura modifica su mirada introspectiva y complejiza su sentido del hacer. Busca fundamentos en la filosofía tratando de superar el modelo hipotético deductivo. En este sentido se destacan los trabajos de Tshumi y Eisenman, con relación a la deconstrucción y diseminación derridanas, y las posturas de Nouvel cercanas al pensamiento de Baudrillard vinculado al simulacro, o la presencia de la literatura en la obra de Libeskind y Koolhaas, y las artes plásticas en Gehry y Hadid. Estas producciones manifiestan la influencia de diferentes prácticas artísticas, como las que introdujo Testa en nuestro contexto cultural, privilegiando las funciones expresivas de lo real. Son los caminos que manifiestan el cambio, y derivan en lo que Olsen llama "estética del artificio",[58] conectada al universo borgeano.

---

[56] HUTCHEON, *Una poética del posmodernismo*, op. cit., p.29.
[57] Ibíd., p.31.
[58] Al respecto señala Olsen: "Pienso que Baudrillard podría haber ido más lejos en sus reflexiones, a partir de Kierkegaard y del propio Borges". Véase en: MACIEL, M. Poéticas del artificio: Borges y Kierkegaard Conversación con Lars R. Olsen. [en línea], pp. 248-257 [consultado el 25 de septiembre de 2018] Disponible en: https://www.borges.pitt.edu/sites/default/files/0711.pdf

La intertextualidad[59] atraviesa hoy a la teoría de la arquitectura, incluyendo el pensamiento y la obra de filósofos, artistas y escritores que aportan al juego de combinaciones, permutaciones de categorías y análisis que permiten ensayar nuevos enfoques y concepciones. Como anunció Muntañola: "la búsqueda de unos principios autónomos del objeto arquitectónico ha fracasado una y otra vez ante una realidad proyectual viva y mucho más compleja, este aspecto profundo es el que Venturi supo desvelar con gran ingenio".[60] Esto es lo que llevó a Antón Capitel a definir a la arquitectura como "arte impuro",[61] como ficción constructiva o enmascaramiento interior y exterior del uso. Además, otro aspecto del cambio en el modo de entender la arquitectura fue impulsado por la irrupción tecnológica y maquínica que abrió procedimientos proyectuales azarosos y arbitrarios *ex profeso*. Estas experimentaciones formales fueron influenciadas por las ideas de Deleuze y Guattari, que dieron lugar a la búsqueda de contenidos "latentes" o "reprimidos" ya existentes, como señala Alejandro Zaera-Polo, en *Un mundo lleno de agujeros*.[62] Así, se exploran técnicas de fragmentación en las relaciones entre partes y rupturas de totalidades formales que "desmanteló el imperativo categórico de la búsqueda de la unidad y el origen arquetípico de las formas arquitectónicas",[63] marcando el inicio de un nuevo discurrir del pensamiento estético de la arquitectura contemporánea.

La influencia de nuevos contenidos teóricos, las experimentaciones formales y las nuevas prácticas artísticas marcan el cambio hacia la "experiencia estética"[64] que desemboca en una explosión para los sentidos y permite abordar al arte desde una nueva sensibilidad.

---

[59] Véase en: GIMÉNEZ, C. y otros. *La arquitectura cómplice en la contemporaneidad*. Buenos Aires: Ed. Nobuko, 2011.
[60] MUNTAÑOLA, J. *Poética y arquitectura*, op. cit., p.43.
[61] CAPITEL, A. *La arquitectura como arte impuro*. Barcelona: Ed. Fundación Caja de Arquitectos de Barcelona, 2012.
[62] Zaera-Polo citado en: GIMÉNEZ, C. y otros. *La arquitectura cómplice: Teorías de la arquitectura en la contemporaneidad*, op. cit., p.155.
[63] MELE, J. *Modernos y contemporáneos*, op. cit., p.116.
[64] Como dice Luis Guerrero, como "experiencia lúdica nos permite asistir al espectáculo de un ser vivo

Hoy, ante una obra, el lector "experimenta" un continuo desplazamiento de las significaciones, su constante movimiento revela la tensión generada por el medio. Como en la oscilación de la palabra en Blanchot, "ausencia-presencia [...] lugar en tensión, o de presencia siempre desplazada [...]. Blanchot se mueve siempre "entre", en ese no-lugar entre palabra y silencio, lugar de suspensión, e indecisión, sin centro ni cierre".[65] El arte abrió a lo que Byung-Chul Han llama "estética del desastre" y Blanchot define como "enajenación radical [...]. El afuera que quebranta la interioridad el espíritu".[66] Así, se manifiesta la definitiva ruptura de la "racionalidad configuradora que necesita la mímesis".[67] La consecuencia de esta ruptura es el cuestionamiento a la subjetividad que consideraba la mente como sistema cerrado. El sujeto ya no se somete a la presencia de cosas, a sus impulsos y a su pasión. En esta relación estética con el objeto, el sujeto es libre. La nueva sensibilidad abierta por la posmodernidad manifiesta la voluntad del sujeto de abandonarse ante el flujo de sensaciones, ya no como huida hedonista del espíritu romántico sino como señala Ferguson:

> El yo moderno clásico, dirigido por la razón y el deseo, navegaba por un sendero individual a través del complejo medio interactivo de la sociedad moderna; en la sociedad contemporánea, el individuo se abandona ante el caudal de sensaciones que, con remolinos y corrientes impredecibles, fluyen por la experiencia colectiva [...]. Los escritores místicos trataron de expresar la naturaleza terrible del encuentro: la disolución de la individualidad, la sensación de ser invadido, poseído, arrancado de la tierra, tomado, inundado [...]. La pasión contemporánea es más bien una devoción total y una inmersión

---

[...] que pone en marcha un funcionamiento complejo de actividades corporales y anímicas [...] el ente animado con-vive imaginariamente con el dato extraño [...] Ellas son imágenes de la propia cosecha [...] de auto-formación del organismo a expensas del medio ambiente". GUERRERO, L. Escenas de la vida estética. En: WALTON, R. y LUTEREAU, L. (comp.) *Arqueología de la experiencia sensible*. Estética fenomenológica en la argentina. CABA: Ed. Prometeo, 2015, pp. 23-24.

[65] CRAGNOLINI, M. *Derrida, un pensador del resto*, op. cit., pp. 124.
[66] HAN, B. *La salvación de lo bello*. Buenos Aires: Ed. Herder, 2015, pp.62-63.
[67] Ibíd., p.66.

aniquiladora en el flujo de la existencia mundana. Nos dejamos llevar y nos sentimos excitados por una búsqueda espiritual, pero esa búsqueda se materializa propiamente en los objetos cotidianos [...]. Desde luego, la era de la individualidad pertenece al pasado; el mito del yo moderno tiene ahora el encanto de un cuento de hadas [...]. Con todo, lo que caracteriza ahora a nuestro mundo es más la autoconciencia que la individualidad –el yo que experimenta y no el yo constituido a través de la experiencia de los objetos–.[68]

Con Ferguson advertimos el actual retiro del sujeto en el presente temporal, que es cada vez el acto de singularizarse. Como expresa Nancy:

> la presencia o el presente es una dimensión que no es la suya, al comprometer su presencia se expone, y en el acto de existir ya no hay auto-constitución, auto-engendramiento [...] no hay relación poiética, [...] no habrá más que praxis.[69]

El sujeto es en "acto", como dice Aristóteles. Y el acto no es una presuposición, es el existir. Y en el existir singular, el sujeto "es" por sí mismo una singularidad. El individuo, entonces, es en sí distinto de lo "otro", tal como dice Nancy, "con el cual de cierta manera no hay nada en común [...] lo en común es la relación de singularidades [...] *"el ser entre"* [...] que articula una relación singular, por su singularidad, por su extrañeza y por su retirada".[70] Como en arte y arquitectura, ante la obra el individuo se expone y se ofrece a la toma sensible y estética. Y así

> libera también al objeto para su peculiaridad respectiva [...]. El arte es una praxis de libertad y reconciliación [...]. Lo bello es algo que hay delante y

---

[68] FERGUSON, H. *La pasión agotada. Estilos de vida contemporáneos.* Buenos Aires: Ed. Katz, 2010, pp. 46- 47, pp. 56-57.
[69] NANCY, J. *¿Un sujeto?* Buenos Aires: Ed. La Cebra, 2014, pp. 52-62.
[70] Ibíd., p.76.

en lo cual desaparece toda forma de dependencia y coerción [...]. Frente a lo bello el sujeto se retira.[71]

Por lo tanto, el arte y la disolución de la individualidad deshacen definitivamente el nudo de la naturaleza productiva que define el régimen de identificación, aquel que Rancière denomina "régimen estético de las artes".[72] Como dice Rancière, "La poiesis y la aisthesis, de aquí en más, se relacionan inmediatamente una con otra".[73] La combinación de estas dos fuerzas produce un ajuste de lógicas heterogéneas, se "mezcla la extrañeza de la experiencia estética con el devenir-vida del arte y el devenir-arte de la vida cotidiana".[74] La experiencia estética nos instala en un fluido diálogo entre arte y realidad como algo inacabado, y esa indeterminación es el ámbito de la poética. Como planteó Jauss en la literatura, a este ámbito abierto a la recepción lo observamos en diversas orientaciones teóricas del arte actual, que se ligan con las concepciones filosóficas existenciales o fenomenológicas. Esto produce un socavamiento de los fundamentos metafísicos de la presencia, dejando al sujeto librado a sí mismo.

El quiebre iniciado por la posmodernidad da cuenta del desplazamiento del arte como autoconciencia de lo absoluto hacia sí mismo, y permite considerar lo arquitectónico como un arte que articula espacios-tiempos-envolventes materiales-cuerpos con las superficies que reconstruyen el mundo, a través de su apropiación táctil de la realidad, recuperando la capacidad del "ser" para experimentar su relación con la extrañeza.

Esto potencia la capacidad de lo arquitectónico como arte relacional, que abre una distancia y de esta forma permite ya no crear objetos sino situaciones y encuentros con lo "otro", en oposición a la práctica dialéctica idealista y en afinidad con los vínculos heterogéneos. Lo arquitectónico

---

[71] HAN, B. *La salvación de lo bello*, op. cit., p.78.
[72] RANCIÈRE, J. *El malestar en la estética*. Buenos Aires: Ed. Clave intelectual, 2011, pp. 6-17.
[73] Ibíd., p.63.
[74] Ibíd., p. 63.

puede entenderse hoy como el arte, según Rancière, que "da testimonio de una co-presencia de los seres y las cosas que hacen el mundo [...] en la fractura fluctuante entre la provocación crítica y la indecibilidad de su sentido, entre la forma de obra expuesta y la del espacio de interacción instituido".[75] De este modo, el arte escapa del presente no ya resistiéndose a la corriente del tiempo sino colaborando con ella, revelando su obsolescencia en el instante.

Desde esta perspectiva las artes están estrechamente relacionadas y ligadas a la performatividad[76] y a las nuevas tecnologías. Como dice Boris Groys, "el arte como tal se ha vuelto fluido [...] los acontecimientos artísticos no pueden ser preservados y contemplados como obras de arte tradicionales",[77] requieren la participación activa del espectador. Sin renunciar a su condición material, el arte y la arquitectura alcanzan fluidez desde la creación de atmósferas[78] inmersivas. Sus posibilidades materiales y expresi-

---

[75] RANCIÈRE, J. *El malestar en la estética*, op. cit., pp. 75-76.

[76] "El performance es esencialmente una obra efímera, es decir, desaparece y se consume en la acción misma que, no obstante, desafía al interior de la escena y desdice su propia eventualidad, a causa de las distintas formas en que permanece a través de múltiples rastros y documentos. Este devenir ontológico del performance a partir de distintas transmigraciones materiales y formales enfatiza críticamente su dinámica temporal, problematizando –o, más bien, complejizando– con ello su condición política y emancipadora. En efecto, ese devenir nos obliga a preguntar por las modificaciones que sufren tanto la idea de "evento" como su condición política en la práctica del performance, en la medida en que esa sobre-vivencia de un presente extra-ordinario (que por definición elude las capturas) pareciera desdecir su propia condición temporal e inscribirlo en algo que pudiera describirse como un proceso de 'des-eventualización' [...] Esta idea es propuesta por Slavoj Žižek, en su libro *Acontecimiento*, específicamente en el capítulo: "Deshacer un Acontecimiento", en el que propone que es una fuerza cultural importante en el mundo contemporáneo que opera 'anulando, cancelando o desenganchando'. PINARDI, S. Notas acerca de la potencia política del performance. [en línea] En *Seminario Colección Cisneros. Arte e Ideas de América Latina*, Marzo 2, 2018. [consultado el de octubre de 2018]. Disponible en: https://www.coleccioncisneros.org/es/editorial/statements/notas-acerca-de-la-potencia-pol%C3%ADtica-del-performance

[77] GROYS, B. *Arte en flujo. Ensayo sobre la evanescencia del presente*. Buenos Aires: Ed. Caja Negra, 2016, pp. 10-12.

[78] Atmósferas en el sentido de Seel: "son el aparecer de una situación, un aparecer compuesto de temperatura y de olores, de sonidos y de transparencias, de gestos y de símbolos que tocan y afectan de un modo u otro a quienes están inmersos en esta situación". SEEL, M. *Estética del aparecer*, op. cit. Esta noción es desarrollada en la arquitectura de Zumthor como aquello que se absorbe corporalmente, y transporta la percepción de la atmósfera a *"una calidad sensorial indeterminada del espacio"*. ZUMTHOR, P. *Atmósferas. Entornos arquitectónicos. Las cosas a mi alrededor*. Barcelona: Ed. Gustavo Gili, 2006.

vas recuperan el cuerpo de los participantes y transforman toda realización arquitectónica en experiencia de un evento único. Los antecedentes de este escenario contemporáneo se pueden observar en las estéticas efímeras como expresión del arte y la cultura popular que dieron origen al Arte Pop en los años sesenta.[79] Como expresa Mele, los artistas comenzaron a trabajar en lugares públicos con instalaciones y performance, y pusieron de relieve la percepción del lugar. Las instalaciones actuales sirven de campo de experimentación arquitectónica, como muestran las obras de Sou Fujimoto, Sanaa, Zumthor, entre otros, en las últimas Bienales o en la Serpentine Gallery de Londres, desdibujando los límites del arte y la arquitectura con aspiraciones parecidas. Como manifiesta David Moriente,[80] se observa una tendencia arquitectónica hacia la que se aproximan artistas procedentes de diversos campos del arte contemporáneo, como Matta-Clark, George Schneider, Isidro Blasco, George Rousse y otros, donde el arte se arquitecturiza. De modo que asistimos, una vez más, como en otros momentos de la cultura humana,[81] a una re-contextualización del espacio arquitectónico a través de lo sensorial, que nos pone ante una nueva relación con su realidad sensible. En palabras de Julia Schulz-Dornburg:

> ésta es una época marcada por la tendencia creciente hacia una percepción sensual del espacio y la importancia cada vez mayor del observador. El interés se desplazó de las obras autónomas a las instalaciones con conceptos que incluyen al público.[82]

La arquitectura, a través de la historia, conformó una variada y rica sucesión de productos en el tiempo y en el espacio que desafían su definición. Su

---

[79] MELE, J. *Estéticas efímeras*. Buenos Aires: Ed. Nobuko, 2009.
[80] MORIENTE, D. *Poéticas arquitectónicas en el arte contemporáneo*. Madrid: Ed. Cátedra, 2010.
[81] Como lo expresa Zátonyi, en las dos vertientes, momentos que se dividen de acuerdo a la orientación ideológica de la cultura dominante. ZÁTONYI, M. *Una estética del arte y del diseño*. Buenos Aires: Ed. Nobuko, 1990.
[82] SCHULZ DORNBURG, J. *Arte y Arquitectura. Nuevas afinidades*. Barcelona: Ed. G. Gili, 2000, p. 6.

irreductible carácter "pluralista",[83] como dice Charles Jencks, permite ensayar constantemente nuevas variaciones en su concepción y en sus productos. Desde tiempos remotos la arquitectura ha traducido a formas espaciales[84] como formas significativas de nuestro estar en el mundo que, si bien responden a condicionantes históricos, programáticos y estéticos –entre otros–, constituyen una realidad compleja, donde "el mundo se halla doblado por otro mundo [...] el mundo no contiene todos los objetos", en el cual "hay algo más [...] una existencia: el deseo de una necesidad –*de nada*. No hay otra cosa que "lo que existe",[85] lo real. Este evento permite el desplazamiento simbólico[86] y da cuenta del aparecer del "fenómeno" arquitectónico, que puede entenderse como un agenciamiento[87] compuesto de fuerzas y procesos, mucho más que de entidades bien determinadas como objetos estables.

De este modo, el arte de la arquitectura hoy nos instala en-el-mundo, o más bien, en-un-cierto-mundo que nos sostiene de manera paradójica. En un mundo sin anclaje que abre una esperanza para superar las barreras ontológicas antes descriptas. Si bien la fuerza de esa conmoción que ese mundo suscita en nosotros, nos re-sitúa para seguir, coloca las cosas fuera de nuestro alcance. Y en ese "acto" conmueve y pone en movimiento un suceso del que emergen "formas" que nos relacionan con el afuera. Es una relación mediada por el cuerpo como campo de fuerzas. Elemento fundamental, dice Merleau-Ponty, "el cuerpo viviente [...] no es actuar por él sino por su intermedio [...] tener un cuerpo es, para un viviente, unirse a un medio

---

[83] BROADBENT, G; BUNT, R; JENCKS, C. *El lenguaje de la Arquitectura*, op. cit., p.81.
[84] Las formas espaciales en arquitectura no son ni euclidianas, ni einstenianas, ni fractales, ni diagramáticas, *forma espacial* significa "*lugar*", estructura del ambiente humano, hábitat construido.
[85] ROSSET, C. *Lógica de lo peor*, op. cit., p. 48.
[86] "Lo simbólico *debe entenderse* una representación que confiere sentido a una situación vivida y que, en tal modo, la pone en posesión de quien la vive [...] los símbolos son eventos, no son simples expresiones o reflejos de algo exterior. Vattimo, citado en PERNIOLA, M. *Estrategias de lo bello*, op. cit., p.56.
[87] El término "agenciamiento", da cuenta de la relación entre el pensamiento y los estados de cosas, en un mismo "plano de inmanencia". La heterogeneidad entre signos y estados de cosas, permite que unos y otros actúen entre ellos. La ontología que resulta de estas coordenadas, se esfuerza por mantener el registro del devenir por encima de la estabilidad de las entidades. Véase: DELEUZE-GUATTARI. *Mil mesetas. Capitalismo y esquizofrenia*. Valencia: Ed. Pre-Textos, 2004.

definido [...] en la experiencia humana del cuerpo propio".[88] Es en este acontecimiento en cuya intangible singularidad surge una relación completamente nueva, como dice Cragnolini recordando las palabras de Blanchot:

el espacio de lo que no afirma, no interroga, donde toda afirmación desaparece y sin embargo regresa... a partir de esa desaparición. [...] El espacio de lo extraño, de lo extranjero, es para Blanchot un campo de fuerza anónimo, donde el ser aparece desapareciendo, se afirma sustrayéndose.[89]

Abriendo el espíritu al desorden, como expresa Valéry,[90] allí ya no dispone de lo finito, es abandonado a su mera sustancia. Por lo tanto, lo que "hay" es la divagación de todos los encadenamientos posibles; así la arquitectura se define en espacios indeterminados. En palabras de Mele:

Espacios de la complejidad, de la multiplicidad donde los sistemas articulando diferencias establecen constelaciones imprevistas [...]. Hiatos en proceso que han desafiado las palabras que los podían nombrar, sustituyendo conceptos por preceptos [...]. Son espacios inciertos. ¿Es la voz que los dice, la que dándole sonidos los realiza? ¿Es la imagen que los comunica la que difumina sus bordes diversificando su figura en un fondo ambivalente? ¿Es entre lo inmaterial y su negación donde los objetos recusados experimentan su mutación?[91]

Seguramente la arquitectura es todo eso y mucho más. Porque el arte de arquitectónica se revela paradójico, se sustenta en la experiencia,[92] tocante,

---

[88] ALLOA, E. *La resistencia de lo sensible. Merleau-Ponty. Crítica de la transparencia*. Buenos Aires: Ed. Nueva visión, 2009, pp. 37-39.

[89] CRAGNOLINI, M. *Derrida, un pensador del resto*, op. cit., p. 126.

[90] "... en cuanto está en cuestión el espíritu, todo está en cuestión, todo es desorden [...], desorden que es también libertad". Valéry, citado en LYOTARD, J. *Lecturas de Infancia*. Buenos Aires: Ed. Eudeba, 1997, p.122.

[91] MELE, J. *Historia y teoría de la arquitectura del SXXI: derivas y confluencias*. Buenos Aires: Ed. Diseño, 2016, pp. 13-14.

[92] "Experiencia, del latín *experientĭa*, es el hecho de haber presenciado, sentido o conocido algo. La experiencia es la forma de conocimiento que se produce a partir de estas vivencias u observaciones". PORTO, J. y MERINO, M. *Definición de experiencia* [en línea]. Publicado: 2010. Actualizado: 2014.

en medio de una circulación de sentido que se revela inasible. Como en la experiencia de la muerte del otro, decía Bataille, "en esa conversación muda [...] patentiza lo que ya está siempre en toda relación con otro: la ausencia y el diferimiento [...] experiencia de lo imposible como espacio de riesgo, de lo indecible".[93]

El arte arquitectónico, como dice Zumthor, "no tiene nada que ver con configuraciones interesantes o con la originalidad. Trata sobre la visión interior, la comprensión y, sobre todo, la verdad. Y quizá la verdad, inesperada, sea poesía".[94]

De manera que lo arquitectónico ya no puede estudiarse desde la lógica interna de conexiones entre sistemas, como planteó la poética tradicional. Tampoco lo poético puede entenderse como producción regulada por reglas auto-referentes, como valor autónomo o forma de discurso alejada de referencias externas, sino dejando a las cosas ser tal como aparecen aquí y ahora. Así, lo arquitectónico y lo poético se conectan desde el "fenómeno en proceso" y la "diferencia ontológica", como medio vinculante con su habitante y pasaje de un encuentro con la extrañeza.

Por lo tanto, en el contexto contemporáneo, la poética arquitectónica ya no puede ser vista como organizadora de un discurso y representación mimética. Porque, tal como la define Muntañola, "sobre todo, es *poiesis*, o sea, trama que representa un mito".[95] Aunque él entiende que la poética significa e implica producción, junto a la retórica supone y genera persuasión. Define a la creación o *poiesis* arquitectónica como la capacidad de "hacer verosímil un habitar desde un construir [...] transformando poéticamente un contexto histórico y geográfico dado".[96] Sostiene que la dimensión poética es topo-

---

[consultado el 7 de octubre de 2018]. Disponible en: https://definicion.de/experiencia/ Acontecimiento vivido. Acto vivencial. Conocimiento *a posteriori*.
[93] CRAGNOLINI, M. *Derrida, un pensador del resto*, op. cit., pp.132-135.
[94] ZUMTHOR, P. *Pensar la arquitectura*, op. cit., p.19.
[95] "Poiesis" significa "poesía" en su sentido literal: hacer experiencias, experimentos como auto-observación y autocreación estética. MUNTAÑOLA, J. *Poética y arquitectura*, op. cit., p.48.
[96] Ibíd., p.48.

genética y estructura la composición. Si bien "la poética arquitectónica va en contra de ciertos usos, no se conforma con producir un receptáculo adecuado a los usos en curso, no desea reproducir un entorno, sino transformarlo, para que aumente así su sentido hacia los usuarios".[97] La dimensión poética estructura una composición dialógica entre entorno y habitante, donde la arquitectura es una envolvente o interface que necesita ser animada. De este modo, Muntañola conecta lugar, sujeto e historia. Entiende que la poética arquitectónica "es esencial en el análisis estético de la topogénesis, o sea del lugar habitado".[98] Sin embargo, no se ha profundizando la búsqueda a partir de las relaciones que establece con el cuerpo, el lugar habitado y hábitat en términos estético, espacio-temporal y poético como fenómeno.

Diferentes teorías contemporáneas sobre la poética arquitectónica se han desarrollado definiéndola como un hacer operativo que sintetiza "todos" los sistemas que la componen, sin atender que en el espacio-tiempo, el cuerpo se aplica a ellos y los abarca. Como sabemos desde Merleau-Ponty, hay una red de conexiones entre los hechos, entre las personas, y las cosas del mundo. Sin embargo, a la hora de hablar de la poética arquitectónica, no se sigue esta vía de acceso. Como observamos en Antonio Miranda Regojo, que la define como antiartística, y con ello deja afuera una constelación de objetos y funciones expresivas de la arquitectura, entendiendo que la poética arquitectónica "es lo que 'hace' la arquitectura, su construcción procesual".[99] Poética arquitectónica, para Antonio Miranda Regojo, "es hablar de interacción interna, de síntesis geométrica entre sistemas arquitectónicos, de la generación de formas como uno más de esos sistemas [...] sin restar valor estético a lo arquitectónico, establece que la arquitectura poética produce una forma propia".[100] Este pensamiento, que entiende la

---

[97] MUNTAÑOLA, J. *Topogénesis. Fundamentos de una nueva arquitectura*. Barcelona: Ed. Edicions UPC, 2009, p.12.
[98] Ibíd., p.21.
[99] Antonio Miranda Regojo citado en: AMANN, B. *La crítica poética como instrumento del proyecto arquitectónico*. CABA: Ed. Diseño Editorial, 2015, p.40.
[100] Ibíd., p.41.

obra arquitectónica desde su propia lógica de conexiones internas y sistemas intersubjetivos, junto a la poética estructuralista de Todorov,[101] como teoría de la estructura y del funcionamiento interno, es tomada por Beatriz Amann[102] como modelo de organización para una crítica poética de la arquitectura, con el fin de diferenciar las obras de arquitectura de las que no lo son, manteniendo la idea de cierta autonomía, con el espíritu de encontrar el diferencial que caracteriza la "organización" de lo arquitectónico dentro del régimen representativo.

Pero la arquitectura, como hemos dicho siguiendo a Rancière, es la profusión de figuras que metaforizan su espíritu, es decir, mucho más que organización entre sistemas componentes. Y la obra poética no se restringe a la poesía, designa toda creación artística. Como dice Aristóteles, la poética produce "una comunidad entre el hecho o persona y nuestra experiencia de ésta. Una resonancia que hace surgir un jubileo epistemológico, mientras que su discrepancia provoca el extrañamiento".[103] Quizá una aproximación a este planteo se encuentre en Campo Baeza, que entiende a la arquitectura como poesía, aunque desde una mirada idealista y abstracta, ya que para él, "la arquitectura debe basarse en la razón [...], en la adecuación entre lo pensado y lo construido".[104] Buscando una arquitectura sin adjetivos, una arquitectura esencial, se pregunta: "¿Podría atreverse alguien a proponer una arquitectura como poesía?".[105] Sí, responde, como lo hace Álvaro Siza.[106] Este último busca la belleza en la razón como instrumento, pero a través del juego compositivo de luces y sombras, presencias y ausencias como potencia de espacios y formas. Es decir, la arquitectura en Siza, como dice García, es

---

[101] TODOROV, T. *Poética estructuralista*. Madrid: Ed. Losada, 2004.
[102] AMANN, B. *La crítica poética como instrumento del proyecto arquitectónico*, op. cit.
[103] ARISTÓTELES. *Poética*. Buenos Aires: Ed. Gradifco, 1ºreimp, 2007, p.13.
[104] CAMPO BAEZA, A. *Principia Architectonica*. Buenos Aires: Ed. Diseño, 4ºed., 2014, p.16.
[105] Ibíd., p.21.
[106] Señala Campo Baeza en el discurso del reconocimiento a Siza como Doctor Honoris Causa: "Si hubiera que resumir la arquitectura de Álvaro Siza en una sola palabra, yo elegiría poesía". CAMPO BAEZA, A. *Principia Architectonica*, op. cit., p.121.

también los versos de *Libro del Desasosiego*, de Pessoa: "Todo en mí es esta tendencia a ser de inmediato otra cosa".[107] Aunque para Campo Baeza

> La belleza es algo profundo, preciso y concreto que hace remover los cimientos del hombre, que hace que el tiempo se detenga, y que hace que la obra creada permanezca en el tiempo y en la memoria de los hombres. La belleza no es algo superficial, ni vago, ni difuso.[108]

Es decir, viene de la mano de la precisión; actúa con la misma precisión con que lo hace la poesía.[109] Porque "como tan bien lo expresa Osip Mandelstam: 'En Poesía todo es medida, todo proviene de la medida y gira alrededor de ella y por ella'. Pues también en Arquitectura las medidas, el número, son centrales.".[110] Pero si todo proviene de la medida y el número, la precisión nos instala otra vez ante el riesgo que advertía Janke. Por lo tanto, si bien la poesía mide, lo hace como dice Heidegger con respecto a Friedrich Hölderlin. Y en este sentido entendemos que la medida en la poesía arquitectónica es como señala Muntañola:

> medida que se reproduce y se representa a sí misma o como medida de un destino de vida y muerte del lugar habitado, tal como he intentado describir en otros trabajos [...] La poesía es un tomar medida (*Mass-Nahme*), lo cual no es lo mismo que ser una-medida, dice Heidegger. La poesía es al mismo tiempo la admisión original a un habitar y la forma primaria de un construir [...] El hombre habita sólo en cuanto es capaz de construir. El hombre sólo en cuanto es capaz de construir en el sentido de poéticamente tomar-medida.[111]

---

[107] GARCÍA GARCÍA, R. Álvaro *Siza no es arquitecto* [en línea]. En Fundación Arquia Blog. Pensamiento y crítica. [consultado el 7 de octubre de 2018]. Disponible en: http://blogfundacion.arquia.es/2018/03/alvaro-siza-no-es-arquitecto/
[108] CAMPO BAEZA, A. *Principia Architectonica*, op. cit., p.23.
[109] Ibíd., p 24.
[110] Ibíd., p.23.
[111] MUNTAÑOLA, J. *Poética y arquitectura*, op. cit., p. 60.

Por lo tanto, sabemos desde Hölderlin que "el hombre habita poéticamente en esta tierra",[112] idea que se contrapone al existir técnicamente, porque más que maquinaria hay un espíritu. Habitar, entonces, "significa estar envuelto en los contextos del mundo mítico-numinoso".[113] Además, mientras el hombre habita y humanamente "existe", se expone a diferentes situaciones que se relacionan con el construir. De allí que la arquitectura se presenta como ámbito privilegiado. Como dice Javier Zugarrondo:

> La arquitectura es desde luego forma, pero lo es en cuanto ámbito abierto para el habitar [...] Construir es por ello de forma privilegiada un "dejar habitar". En el pliegue y despliegue del desencelamiento mora por ende una abertura para el hombre ajena tanto a dejar aparecer algo como estante en lo ya presente de la poiesis griega como del cálculo de moderna técnica.[114]

De aquí que Heidegger nos habla de la naturaleza del medir lo inmedible: la poesía. Y es por ello que la arquitectura, en tanto lugar habitado es poética, opera con "imágenes" como fuga de la forma. Es decir, con cosas que son y no son. La arquitectura como poética arquitectónica quizá sea capaz de convertir el objeto de simple aparecer en atmósfera, presencia y ausencia, en aparecer artístico, *phainomenon*. Algo difícil de analizar desde el dominio cognitivo, aunque posible de indagar desde la estética, entendida como tejido de experiencia vivida y concreta del lugar. Y a partir de esas relaciones, junto a los múltiples modos en que se exprese lo arquitectónico, tendremos acceso al aparecer de la poética como fenómeno, elemento central de orientación para la producción de la arquitectura.

---

[112] JANKE, W. *Mito y Poesía en la crisis modernidad/posmodernidad*, op. cit., p. 31.
[113] Ibíd., p 52.
[114] ZUGARRONDO, J. Prólogo a HEIDEGGER, M. *Construir, habitar, pensar*. Córdoba, Argentina: Ed. Alción, 2002, p. 9.

Será preciso, entonces, profundizar el análisis sobre lo arquitectónico para entender la arquitectura como poética. Porque lo arquitectónico, como señala Mele, "siempre conserva de alguna manera la memoria de aquello que fue durante sus inicios. Memoria de la naturaleza, cifra de un mito fundacional o mera materialidad ausente".[115] De manera que puede entenderse como un arte mnemotécnico. Que tiene la capacidad de sumergirnos en un ambiente construido que asocia representaciones espaciales a objetos o conceptos. Por otra parte lo arquitectónico se manifiesta más allá de la significación simbólica, su forma está en relación recíproca en la imagen que proyecta, de la que es posible recordar cada lugar habitado. Por lo tanto lo arquitectónico emerge transformando el espacio de soporte duradero en algo efímero.

Esta consideración sobre la fragilidad de hecho arquitectónico es determinante para superar el pensamiento acerca de la poética arquitectónica como sistema, estructura, signo o ciencia aplicada, pragmática e instrumental. A partir de reconocer las relaciones que el arte de arquitectónica suscita en nosotros, por el movimiento de significaciones, es posible pensar la poética como fenómeno, medio o ambiente envolvente que abre la experiencia a la imaginación. Convirtiendo el hábitat en una fábula emergente, según las condiciones materiales, los modos de percepción y sensación que sus mutaciones sensibles configuran como acontecimiento singular. De manera que la complejidad del hecho arquitectónico reviste un sentido que no se devela inmediatamente, emerge a partir la profusión de figuras, en el contacto con las texturas que modelan la alteridad de la materia. Una materia "inmaterial e inaparente" que no remite a cualidad sensible sino a diferentes esferas de presencia que han de instaurarse en la experiencia.

A partir de estas consideraciones desarrollamos una analítica estética, profundizando el estudio sobre este eje temático, sin rechazar el análisis de la expresión, desde la filosofía,[116] reconociendo que ésta, a veces, tiende a

---

[115] MELE, J. *Escritos sobre historia y teoría del siglo XXI: derivas y confluencias*, op. cit., p.76.
[116] Teniendo en cuenta la experiencia, porque como señala Seel, si "La filosofía del arte sustituye a la experiencia estética y se realiza finalmente la tesis hegeliana del fin del arte [...] la especificidad de la

huir de las obras para situarse en las reflexiones que las producen, reduciendo la obra a un problema lingüístico y al modo de realización. Sin atender a las diferencias ontológicas entre la arquitectura, en tanto organización y soporte, y el hecho arquitectónico como envolvente efímero. Un dispositivo que dispara en la obra como estructura operatoria, trazo y acto de hacerse presente el fenómeno poético.

Por lo tanto para avanzar en la descripción del fenómeno poético arquitectónico, indagamos primero los términos "poética" y "arquitectónica", su origen y las transformaciones en su significado. Reconociendo que ellos exhiben una tensión aparente entre campos sensibles de la percepción. En ambos sobrevuela la aberración del pasamiento puro, el "sentir", que se corresponde con territorios débiles, difusos y fronterizos. El régimen sensible de la obra de arte y arquitectura pone en evidencia un acceso privilegiado a la experiencia de los sentidos, según el cual el "fenómeno del mundo se fenomenaliza como fenómeno".[117] Sus efectuaciones y composiciones se aprehenden desde la experiencia estética. La presencia física, captada por nuestros sistemas sensitivos, se explica ligada al tratamiento de las particulares condiciones materiales, arquitectónicas. Ello nos permite comprender, identificar y resignificar categorías que dan cuenta del protagonismo que adquiere la "relación"[118] en el arte y la arquitectura actual. No como concepto psicológico, sino como reflejo de dependencia en la que lo arquitectónico se construye desde el operar del sujeto, dentro del tejido de experiencias que hacen posible la aparición de las formas temporales que el fenómeno poético manifiesta.

---

experiencia estética se identifica simplemente estético con lo que es perceptible sensiblemente". SEEL, M. *Estética del aparecer*, op. cit., p.148.

[117] Husserl citado en ÁLVAREZ FALCÓN, L. Esbozos, fragmentos y variaciones: Husserl después de 1988. [en línea] *Eikasia. Revista de Filosofía*, año VI, 34 (septiembre 2010). [consultado el 21 de octubre de 2018]. Disponible en: http://www.revistadefilosofia.org/34-04.pdf, op. cit., p. 129.

[118] Nueva relación que abrió el "giro performativo". Como señala Fischer: "difícilmente puede comprenderse con ayuda de las teorías estéticas tradicionales [...] son incapaces de comprender el aspecto crucial de este giro: la transformación de la obra de arte en acontecimiento, y la de las relaciones ligadas a ella: la de sujeto y objeto y la de los estatus material y sígnico". FISCHER-LICHTE, E. *Estética de lo performativo*. Madrid: Ed. Abada Editores 2011, pp. 45-46.

Desde este reconocimiento nuestro posicionamiento conceptual parte de una idea estética como crítica a la objetualización de la arquitectura, que no puede limitarse o definirse en una forma determinada. Entendiendo que el cambio en la estructura y el punto de vista referido a la estética y a la forma poética, está ligado a objetivos y prácticas contemporáneas que vislumbran nuevos ámbitos del arte y la arquitectura, con aspiraciones parecidas. Desde aquí avanzaremos en busca de nuevas variaciones y tendencias para la construcción de un marco teórico de referencia que comporte, modifique o altere la lógica epistémica que estructura el conocimiento para la producción de la poética arquitectónica. Orientada desde un pensamiento de la existencia, que trabaja desde el propio cuerpo en contacto con lo presente, a través de la experiencia. Siguiendo a Valéry, separando "un poco la poesía de tanta prosa y espíritu de prosa que la abruma y la vela de conocimientos inútiles para el conocimiento de su naturaleza".[119] Comprendiendo que la poética intenta producir en nosotros un "estado" o disposición que nos lleva a un punto de goce.[120]

En este estudio nos enfocamos en el "fenómeno poético arquitectónico", no como categoría general, sino desde sus especies o modalidades particulares, considerando que lo arquitectónico abre el espíritu a una clase de vida particular. A través de una multiplicidad de impresiones, afecta nuestros modos de sentir, pensar y vivir que marcan nuestra existencia. De manera que es necesario asumir que las modalidades particulares del arte de arquitectónica nos instalan en un lugar de experiencia circundado por la "presencia real".[121] Pero no iremos en busca de develar el fenómeno intuido, sino como ocurre con la sombra en Lévinas, trataremos "de tactar

---

[119] VALÉRY, P. *Teoría poética y teoría estética*, op. cit., p. 32.
[120] Este gozar-y-padecer es venida en presencia, *es* presentación sin presentidad: de esto no hay verdad de –a propósito de– el ser. Más bien la presentación es ella misma verdad. Pero verdad "a propósito de": es verdad que es, o existe en acto". NANCY, J. *El sentido del mundo*. Buenos Aires: Ed. La marca, 2003, pp.200, 201.
[121] "Huella" es la palabra que Steiner reivindica como aquello que jamás puede asimilarse como pura presencia, es sensibilidad que va más allá de lo sensible. STEINER, G. *Presencias reales. ¿Hay algo en lo que decimos?* Barcelona: Ed. Destino, 1991.

el foco matriz de la revelación que lo ilumina", y dirigir la mirada a la "llamada que excede".[122] Como vimos, la poética arquitectónica no puede estudiarse con efectividad si se aparta de los problemas que la materialidad de una obra plantea. Sus efectos múltiples nos ponen ante la presencia como sentido que gobierna el despliegue en arquitectura y en todas las artes, y manifiesta su vecindad con la poesía, aquella de la que habla Heidegger, como recogimiento y abrigo del "ser".

Por lo tanto, nuestra búsqueda apunta a comprender las modalidades de recepción y sus relaciones por el "sentido", que se ofrece como una "praxis"[123] para describir la acción y efectuación en la relación del agente y la obra, y las sensaciones que se han arreglado para producirlas, implícitas en la estructura subyacente de las formas. Atendiendo a lo dicho por Han:

> Lo bello es un escondrijo. A la belleza le resulta esencial el ocultamiento. La transparencia se lleva mal con la belleza. La belleza transparente es un oxímoron. La belleza es necesariamente una apariencia. De ella es propia una opacidad. Opaco significa «sombreado». El desvelamiento la desencanta y la destruye. Así como lo bello, obedeciendo a su esencia, es indesvelable.[124]

Para llevar a cabo el propósito de estudio realizamos una indagación encuadrada en el paradigma cualitativo, como sugiere Pérez Serrano,[125] centrados en aspectos descriptivos, especialmente a través del análisis de contenidos,[126] que permite estudiar teorías de forma sistemática y objetiva.

---

[122] LÉVINAS, E. *La realidad y su sombra. Libertad y mandato, Trascendencia y altura*. Madrid: Ed. Trota, 2001, p.19.

[123] Desde Marx, entendemos la praxis "como actividad material humana, transformadora del mundo y del hombre mismo. Esta actividad real, objetiva, es, a la vez, ideal, subjetiva y consciente". SÁNCHEZ VÁZQUEZ, A. *Filosofía de la praxis*. Buenos Aires: Ed. Siglo XXI, 1º ed., 2003, p. 475.

[124] HAN, B. *La salvación de lo bello*, op. cit., p.45.

[125] Véase PÉREZ SERRANO, G. *Investigación cualitativa. Retos e interrogantes I y II*. Madrid: Ed. La Muralla, 1994.

[126] Según Bardin, el análisis de contenido es un conjunto de instrumentos metodológicos, aplicados a los "discursos" (contenidos y continentes) extremadamente diversificados. Esta técnica va desde los datos

Este enfoque se adopta reconociendo que en arquitectura emergen "dos *aproximaciones* metodológicas diferentes, la científica y la artística"[127] y el fenómeno poético[128] las enlaza. Por lo tanto esta elección surge como alternativa al paradigma racionalista, puesto que en las disciplinas de ámbito artístico y proyectual existen diferentes problemáticas, cuestiones y restricciones que no se pueden explicar ni comprender en toda su extensión desde la metodología cuantitativa. La convergencia de las diversas nociones involucradas en el estudio de la poética arquitectónica surge en razón de la necesidad de abarcar la fuerza del fenómeno, sin olvidar ni negar el azaroso mundo que reclama la instauración de su propia existencia.

> Gris es la teoría, verde el árbol de la vida.[129]
>
> GOETHE

> Nuestra tarea surge en cada instante.
> Imprimamos la reproducción de la eternidad en nuestra vida.[130]
>
> NIETZSCHE

---

cifrados a la extracción de estructuras que se traducen en modelos. Es una hermenéutica controlada, basada en la deducción: "la inferencia", de lo oculto, lo latente, lo no aparente, lo potencial inédito, lo "no dicho", encerrado en todo mensaje. BARDIN, L. *El análisis de contenido*. Madrid: Ed. Akal, 1986.

[127] MELE, J. *Relatos críticos*, op. cit., p. 36.

[128] Conectado a partir de la experiencia estética, como sugiere Deleuze, "las formas de la experiencia y la de la obra de arte como experimentación". DELEUZE, G. *Diferencia y repetición*, op. cit., p. 420.

[129] Goethe citado en DÍAZ, E. *Entre la tecnociencia y el deseo. La construcción de una epistemología ampliada*, op. cit., p.59.

[130] Aforismo de Nietzsche, según Alois Riegl y Fritz Neumeyer citado en: ZÁTONYI, M. *Gozar el arte, gozar la arquitectura*, op. cit., p.264.

2.

Arquitectónica
o el Arte de la arquitectura

> Mi ánimo vagaba por las formas corporales y distinguía lo bello, que parece bien por sí mismo, de lo apto o conveniente, que lo parece porque se acomoda a algo, y esto lo fundamentaba con ejemplos sacados del mundo corporal.
> De eso pasé a la consideración de la naturaleza del alma; pero la falsa idea que me había formado sobre lo que es el espíritu me impedía ver la verdad. La fuerza de la verdad irrumpía en mis ojos, pero yo apartaba la mente vacilante del concepto mismo de lo incorpóreo, reduciéndolo todo a líneas, colores y volúmenes. Y porque tales cosas espirituales no las podía forjar en mi imaginación creía no poder conocer el alma [...]
> [...] yo ignoraba que la mente ha de ser iluminada por otra luz, ya que no es ella misma la esencia de la verdad [...] ficciones corpóreas que aturdían mi corazón y, sin embargo, tendía mi oído interior a la dulce melodía de tu voz.[1]
>
> San Agustín

Basándonos en la noción de que toda teorización debe derivar de aquello que pretende estudiar, nos concentramos en el hecho arquitectónico como configuración de una multiplicidad sensible de naturaleza fantasmal, un fenómeno que exhibe la doble articulación de la arquitectura. Como espacio habitado manifiesta su trans-objetualidad[2] a través de diversos aspectos de

---

[1] AGUSTÍN, Santo. *Confesiones*. Buenos Aires: Ed. Claretiana, 1° 5ª reimp., 2009, Cap. 15, pp. 108-109.
[2] Decimos con Badiou: "Trans-objetualidad entendida como la concepción según la cual todo objeto estético está inmanente e indistinguiblemente conformado por una multiplicidad sensible y una mul-

su materialidad o modo de presencia en permanente construcción. Es por ello que desarrollamos una analítica estética del arte que opera sobre las teorías y las prácticas que la sustentan, con el fin de extraer su significado del contexto en el que las obras se producen y se experimentan. Para dar cuenta del viraje estético hacia nuevas formas del arte a través de la experiencia. Esto funciona como emergente de la revolución silenciosa anunciada por Rancière, donde las "leyes de la *mimesis* definen en ellas una relación reglamentada entre una forma de hacer –una *poiesis*– y una forma de ser –una *aisthesis*– que se ve afectada por ella". Se trata de una relación de a tres, "cuyo garante se llama 'naturaleza humana', define un régimen de identificación de las artes, que he propuesto designar 'régimen representativo'".[3] Éste es el "régimen de funcionamiento del arte y como matriz discursiva, como forma de identificación de lo propio del arte y como redistribución de las relaciones entre las formas de la experiencia sensible".[4]

Las prácticas artísticas contemporáneas evidencian ese desplazamiento del "sentido" del arte hacia nuevas formas de experiencia que revelan la necesidad de indagar la trama que subyace a la percepción, al arte y sus relaciones. De esa urdiembre surge lo que denomino el pasaje del arte a la poética arquitectónica. Producto de una relación íntimamente entretejida en el acontecer cambiante de las formas artísticas, que remiten a realidades trascendentes[5] y temporales ligadas a la poesía. Con el objeto de proponer un enfoque conceptual amplio y flexible sustentado desde los discursos que tratan sobre lo poético, lo arquitectónico y lo que es adyacente. Como sabemos, desde Aristóteles el sentido poético atraviesa todas las artes, pero no como estructura de reglas que sistematizan su discurso o construyen un objeto, sino como poema.

---

tiplicidad espectral que se desarrollan, conjuntamente, a lo largo de una esfera temporal indefinida".
BADIOU, A. *Pequeño manual de inestética*. Buenos Aires: Ed. Prometeo, 2009, p. 37.
[3] RANCIÈRE, J. *El malestar en la estética*. Buenos Aires: Ed. Capital Intelectual, 2012, p. 16.
[4] Ibíd., p. 25.
[5] Trascendencia como "pasaje", noción central del paso del arte a la poética que desarrollaré más adelante.

El poema, dice Platón, "es la ruina de la discursividad de quienes lo escuchan". La *dianoia* es el pensamiento que va a través, el pensamiento que encadena y deduce. El poema es afirmación y deleite, no atraviesa nada, se queda en el umbral. El poema no es franqueamiento regulado, sino ofrenda, proposición sin ley.[6]

Sin embargo, él opone como "recurso contra el poema, la medida, el número y el peso [...] la parte antipoética del alma, la tarea del *logos* calculador".[7] Pero el poema no se alcanza calculando, como señala el maestro Frenhofer, sino a través del "espíritu, el alma, la fisonomía de las cosas y los seres",[8] ya que "La Forma es un Proteo mucho más inasible y abundante en relieves que el Proteo de la fábula",[9] sus texturas reflejan una presencia fugitiva que ninguna lógica logra retener y trasmitir. Como en el poema arquitectónico, la Forma se alcanza en el contacto con las superficies. La "fuerza" del choque supone un movimiento, un impulso, un murmullo o pasaje fugitivo en acto, aquí y ahora. Una manera de ser en el tiempo como fenómeno generador de una variedad de formas artísticas que discurren y se modelan en la experiencia estética.

Poética o el poema

Antes de avanzar en este estudio es necesario aclarar el sentido de los términos comprometidos en el mismo. "Poética" y "arquitectónica" adquieren una relevancia singular en la medida en que permiten dar cuenta de su significación y habilitan modos de producción. Nuestro abordaje indaga el

---

[6] BADIOU, A. *Pequeño manual de inestética*, op. cit., p. 67.
[7] Ibíd., p.68.
[8] BALZAC, H. *La obra maestra desconocida*. Buenos Aires: Ed. Talleres gráficos DEL, 2010, pp. 34-35.
[9] Ibíd., pp. 34-35.

desplazamiento de los conceptos implicados sin diluirlos en valoraciones axiológicas o filiaciones de tipo moral.

Aristóteles es el primero en atribuirle a "poética" un sentido vinculado a la sistematización de los géneros literarios. Sin embargo, como hemos señalado,

> la poética no se restringe a la poesía, sino que abarca toda creación artística en tanto *poiesis* [...] La *poiesis*, cuya raíz proviene del verbo "hacer" designa a toda aquella actividad que se ordena y arregla conforme a la dirección que le imponen los principios de razón o conocimiento.[10]

Es decir, el término se asocia al "hacer" o "producir" una obra desde un conocer que ordena los procedimientos. Además, en *Poética*, Aristóteles introduce la idea de acción o *mímesis*, de recepción y goce o *catarsis*, que si bien no indagaremos aquí, nos permite comprender que "poética" designa los principios de ficción de una obra, como representación de acciones. Estas nociones impactan no solo en el género literario o teatral, sino también en todas las artes a través de los mundos imaginarios que sus figuras, escenas o espacios abren. Otro es el sentido que le da Horacio al término en la *Epístola a los Pisones* o *Ars Poetica*, en donde la "poética" no se concibe como un tratado sistemático sino como una teoría del arte dirigida al drama, con influencia en el siglo XV. Lo interesante, a los fines de este estudio, es observar que Horacio incorpora los preceptos de Neoptólemo sobre "poética":

> [...] Neoptólemo distribuía su tratado en dos partes: el arte (*téchne*) y el poeta (*poètes*), subdividiendo la primera en dos secciones: la poesía (*poesis*) y el poema (*póiema*). A partir de allí la división tripartita de Jensen, quien señala en el *Ars* tres partes: *poema, poesis, poeta*; división que se ha prestado a confusiones, ya que unos entienden por "poema" lo que otros entienden por *poesis*.[11]

---

[10] ARISTÓTELES. *Poética*. Buenos Aires: Ed. Gradifco, 2007, pp. 12-13.
[11] HORACIO. *Ars poetica: arte poética*. Córdoba: EDUCC, 2005, p.11.

Horacio la entiende como *póiema*: *poema*. Toma la raíz del término que viene del griego y su acepción como "hacer", "engendrar", "dar a luz", "causar". Además, poema como género literario y manifestación de la belleza o del sentimiento estético por medio de la palabra en verso o en prosa. Por otra parte, considera "poesía" como equivalente al latín *poiesis*: "cualidad de la acción de hacer", y no producción. Si bien Horacio reglamenta la actividad poética, *Ars Poetica* está destinada a unir lo útil con lo inútil, agradar e instruir. De allí que en la era medieval el término "poética" se asocia a educación moral. Como señala Todorov, "Dante describe su propia comedia como reveladora de la filosofía moral".[12] Por otra parte, "en el siglo XVI, en Francia la exigencia funda la estética clásica, que precisa la relación de dos términos, el fin de la *poética* es la utilidad, aunque buscada por medio del placer".[13] Por su parte Diderot entiende "poética" como poesía e "inspiración que eleva el espíritu",[14] que crea un cierto estado de goce y placer del alma. En tanto Vico cambiará profundamente la noción de poesía y dirá "la poesía no inventa, no es la *tekhné* de un personaje, el artista, que construye una ficción verosímil para complacer a otro personaje llamado un espectador. Es un lenguaje que dice las cosas *"como son"*.[15] Como señala Rancière, el poema en Vico es

la cualidad de los objetos poéticos. La poesía se define por su poeticidad [...] un estado del lenguaje, una relación entre lo que dice y no dice [...] se llama poético a todo conjunto de ser susceptible de ser percibido según esta diferencia.[16]

Vico habla de "palabra muda" para expresar la distancia del lenguaje respecto de sí mismo, que expresa sus relaciones. Él disocia a través del

---

[12] TODOROV, T. *¡El arte o la vida! El caso Rembrandt. Arte y moral*. Buenos Aires: Ed. Edhasa, 2016, p. 85.
[13] Ibíd., p. 85.
[14] Ibíd., p. 86.
[15] VICO citado en: RANCIÈRE, J. *La palabra muda. Ensayo sobre las contradicciones de la literatura*. Buenos Aires. Ed: Eterna Cadencia. 2009, p. 51.
[16] Ibíd., p. 55.

poema la poética representativa de la poética expresiva. Diferencia la potencia de la "fuerza expresiva" de la "forma normativa" que estructura el discurso poético.

En siglo XVIII, Lessing y Moritz, entre otros, definen la poesía como algo acabado en sí mismo, hablan de su "inutilidad". Igual que Schelling, en referencia a los poemas de Mallarmé, que los ubica "centrados en el efecto de su propia resonancia",[17] señalando que privilegian la metáfora y la ausencia de finalidad externa. Luego con Hegel la noción de "poética" se asocia al arte y se volatiliza, porque "la poética se manifiesta bajo la forma de la misma apariencia real, representada de manera ideal",[18] estableciendo una concepción pura y contemplativa. Más tarde, Baudelaire hablará de "poética", como lo hace Horacio, señalando que "la poesía es el poema mismo: La poesía no puede, bajo pena de muerte o incumplimiento, asimilarse a la ciencia o a la moral".[19] Es decir, manifiesta su total independencia e inutilidad. Por otra parte, Bajtín definirá la poética como "dialógica y social. Dialógica porque es intersubjetiva y necesita al lector",[20] es decir, introduce una visión temporal múltiple que necesita del lector para construirse, por lo tanto, se inscribe en un plano receptivo dentro de un proceso relacional. Esta voluntad también se manifiesta en Bachelard, ya que su visión de "poética" se define como medio o fenómeno vinculante, a través de una "fenomenología de la imagen"[21] variable y "transubjetiva",[22] que necesita de un receptor activo, involucrado y cercano al objeto.

Otra es la posición de Todorov, quien dirá que "poética" significa dos actitudes, es "objeto de conocimiento y estructura abstracta".[23] Él ubica es-

---

[17] SCHELLING citado en: AMANN, B. *La crítica poética como instrumento del proyecto arquitectónico*. Buenos Aires: Ed. Diseño, 2015, p. 25.
[18] HEGEL, G. *Poética*. Buenos Aires: Ed. Terramar, 2005, p. 25.
[19] BAUDELAIRE citado en: TODOROV. *¡El arte o la vida! El caso Rembrandt. Arte y moral*, op. cit., p. 92.
[20] BAJTÍN citado en: AMANN, B., op. cit., p. 26.
[21] BACHELARD citado en: Ibíd., p. 31.
[22] Ibíd., p. 31.
[23] TODOROV, T. *Poética estructuralista*. Madrid: Ed. Losada, 2004, p. 31.

tos dos elementos en una relación de complementariedad, como estructura de organización discursiva, aunque lo interesante es que considera otros aspectos: señala que "poética" manifiesta y simboliza, es decir, que es una estructura que trabaja en un plano real y virtual a la vez.

Valéry dará un giro sobre las posiciones hasta aquí esbozadas. Su teoría poética restituye el término a su sentido primitivo, como *poiética*, no como reglas formales fijas para hacer arte, sino como un "hacer que hace", y señala:

> la palabra *Poética* ya sólo despierta la idea de prescripciones molestas y caducas [...] la noción tan simple de *hacer* es la que quería expresar. El hacer, el *poiein*, del que me quiero ocupar, es aquel que se acaba en alguna obra y que llegaré pronto a limitar a ese género de obras que se ha dado en llamar *obras del espíritu*. Son aquellas que el espíritu quiere hacerse para su propio uso, empleando para tal fin todos los medios físicos que pueden servirle.[24]

En Valéry "poética" se asocia a una forma que "hace", es decir, a un factor activo, más precisamente un acto[25] del espíritu para su propio empleo, deleite y goce. "Las obras del espíritu sólo existen en el acto. Fuera de ese acto, lo que permanece no es más que un objeto que no ofrece ninguna relación particular con el espíritu".[26] Por consiguiente, ese acto no es una acción, es una afección que produce "divergencias entre las impresiones y las significaciones o mejor entre las resonancias que provoca, en una y otra, la acción de la obra".[27] Por su parte, Lyotard distingue los ámbitos en los que "la obra como acto no es la obra como objeto".[28] Y en tanto acto,

---

[24] VALÉRY, P. *Teoría poética y estética*. Madrid: Ed. La balsa de la medusa, 2009, p. 108.
[25] "[...] todo acto del espíritu mismo está siempre acompañado de cierta atmósfera de indeterminación más o menos sensible". Ibíd., p. 118.
[26] Ibíd., p. 117.
[27] Ibíd., p. 118.
[28] LYOTARD, J. *Lecturas de infancia: Joyce, Kafka, Arendt, Sartre, Valery, Freud*. Buenos Aires: Ed. EUDEBA, 1997, p. 120.

según Valéry: "No tenemos manera alguna de alcanzar lo que anhelamos [...] Creo reconocer en esa *libertad* o *desorden* lo que por mí llamo pasibilidad".[29] El producto del "desorden" es ese acontecimiento que nos desacomoda y nos hace vibrar. En palabras de Valéry:

> Un poema es un discurso que exige y que causa una ligazón continua entre *la voz que es y la voz que llega y debe llegar*. Y esta voz debe ser tal que se imponga, y que excite el estado afectivo en el que el texto sea la única expresión verbal. [...] Excitación del estado afectivo, no insisto, hablamos sin duda de lo mismo, de un "esto" que no es en modo alguno una cosa, sino la ocasión de un sentimiento y de un sentimiento puro, en el estado kantiano [...] La voz, la doble voz – la que profiere que algo es bello y la que llama a compartir ese sentimiento.[30]

Como hemos visto en este recorrido, sin agotar su estudio, no encontramos una definición precisa del término. Desde Aristóteles, "poética" se conecta con la idea de "ficción", contradice la idea de mímesis como representación y valora la acción por sobre la idea. Desde allí su sentido fue adoptando variaciones según los distintos contextos. Para Horacio es "poema", aquello que engendra, da a luz y causa conmoción. En Vico "poética" designa "palabra muda". Hegel la asocia al arte como "Idea". Baudelaire la define por su independencia e inutilidad. Bachelard la entiende como "fenómeno" vinculante, transubjetivo. Bajtín como sentido "dialógico y relacional".

Aunque todos coinciden en señalar el desplazamiento que tensiona y desdibuja el concepto de "poética" como estructura, mímesis, idea, inconsciente, pura apariencia, empírea y dialéctica. Por esta razón adoptamos la noción propuesta por Valéry, que consiste en llamar "poética" al acto y

---

[29] VALÉRY citado en: ibíd., pp. 121-123. La "pasibilidad" de la que habla Valéry será un término que retomaremos más adelante, desde el pensamiento de Husserl, para hablar de la espacialización estética del tiempo.
[30] Ibíd., pp. 126-127.

"desvío" como obra del espíritu para su propio empleo y goce. Es un acto que acontece, nos hace vibrar, temporaliza el espacio y nos desacomoda para instalarnos en el "desorden" que no permite calcular ni medir. A través de su indeterminación, nos pone ante la imposibilidad de apropiarnos de un objeto, por medio del cual el espíritu alcanza así su estado de libertad. Por lo tanto, "poética" es "poema". Es aquello que supera la configuración por medio de la cual las cosas pierden su espesor y se desdibujan para desprenderse de lo sensible. Así, se opone a la reificación del arte. Como una voz intraducible que brota, una fuerza que produce en nosotros un estado de libertad, un modo de ser en el tiempo, en el instante intensivo de su aparición/desaparición, inasible e inaprensible. El poema resuena y se despliega en el proceso de su repentino surgimiento, haciendo del tiempo su esencia, revelándose como un fragmento de lo real. Lo poético del arte permite una liberación sensitiva. Este es el sentido que le damos a "poética" en nuestro estudio, que puede resumirse en las palabras de Derrida:

> Lo poético, digámoslo, sería eso que deseas aprender, pero de lo otro, gracias a lo otro y bajo su dictado, con el corazón [...] ¿Acaso no es eso ya, el poema, cuando se da una prenda, la llegada de un acontecimiento, en el instante en que la travesía del camino llamada traducción es tan improbable como un accidente y sin embargo intensamente soñada, requerida allí donde eso que ella promete siempre deja algo que desear? [...] Así pues surge en ti el sueño de aprender *par coeur* [aprender de memoria]. De dejarte atravesar el corazón por el dictado. De un plumazo; y esto es lo imposible, la experiencia poemática. [...] Para responder en dos palabras, *elipsis*, por ejemplo, o *elección*, *corazón* o *erizo*, te habría sido preciso desmantelar la memoria, desarmar la cultura, saber olvidar el saber, incendiar la biblioteca de las poéticas. [...] No hay nunca más que poema, antes que cualquier *poiesis*. [...] Llamarás poema de ahora en más a cierta pasión de la marca singular, la firma que repite su dispersión, cada vez más allá del *logos* [...] Su acontecimiento siempre interrumpe o desvía el saber absoluto [...] El *yo* está solamente a la llegada de

ese deseo aprender *par coeur*. Tenso para compendiarse en su propio apoyo, de este modo sin apoyo exterior, sin substancia, sin sujeto, absoluto de la escritura en sí, el *par coeur* se deja elegir más allá del cuerpo, del sexo, de la boca y de los ojos, borra los bordes, se escapa de las manos, apenas lo puedes oír, pero nos enseña el corazón.[31]

Arquitectónica

"Arquitectónica" es otro término involucrado en este estudio y ha de ser indagado atendiendo a la advertencia de Nancy: "lo importante son las cosas no las palabras [...] Pero las palabras hacen a las cosas".[32] Por lo tanto, como hemos hecho con "poética", vamos a "tratar a esa palabra según la multiplicidad de sentidos que tal vez, desde cierto punto de vista, se revelará irreductible. Lo que quiere decir que hay allí, probablemente, el síntoma de algo importante que está en juego".[33]

"Arquitectónica" es una palabra que se impuso como modelo de pensamiento en la arquitectura desde Kant y su utilización del término para caracterizar la influencia del pensamiento de Jean-Henri Lambert (1728-1777), en la fenomenología o doctrina de la apariencia, más precisamente en su *Nuevo Organon* (1764). Kant observa aquí la originalidad y amplitud de enfoque en Lambert, quien junta las partes para abarcar en el instante "todo el sistema filosófico". Es por ello que Kant concede a Lambert el título de "filósofo arquitectónico". Como dice Piché, "un *filósofo arquitectónico*

---

[31] DERRIDA, J. *¿Che cos'è la poesía?* [en línea] En *Poesía I*, 11 de noviembre de 1988. Traducción del francés: J. S. Perednik. Edición digital de *Derrida en castellano* [consultado el 23 de enero de 2019]. Disponible en: https://redaprenderycambiar.com.ar/derrida/textos/poesia.htm
[32] Nancy intenta atrapar el sentido de la palabra "sujeto", aclarando las diferencias en su acepción para la filosofía y la psicología. NANCY, J. *¿Un sujeto?* Adrogué: Ed. La cebra, 2014, p. 17.
[33] Ibíd., p. 18.

es, en efecto, aquel que no contempla la parte sino a la luz del todo, a partir de la idea".[34] Kant toma de Lambert su preocupación arquitectónica, la recomendación de distinguir entre "forma" y "materia" del conocimiento como modo para afrontar las contradicciones, el carácter antinómico de la razón y, sobre todo, la distinción entre la "lógica de la verdad" y la "lógica de la apariencia", distinción esencial para comprender el carácter de la metafísica. Este sentido del término que Kant impulsa se devela en el Capítulo Tercero de "II. Doctrina transcendental del método", donde define la arquitectónica de la Razón Pura:

> Entiendo por arquitectónica el arte de los sistemas. Puesto que la unidad sistemática es aquella que primeramente convierte al conocimiento común en ciencia, es decir, que de un mero agregado de ellos hace un sistema, resulta que la arquitectónica es la doctrina de lo científico en nuestro conocimiento en general, por tanto forma parte necesariamente de la doctrina del método […] Entiendo empero por sistema la unidad de los múltiples conocimientos bajo una idea. Esta es el concepto racional bajo la forma de un todo.[35]

En Kant, "arquitectónica" es el *arte de los sistemas* como unidad de conocimientos científicos articulados. Arquitectónica es la idea, el concepto y la ciencia de los principios de la razón. Como dice Rosales, Kant designa "arte de los sistemas", o "unidad de conocimientos racionales de la forma de un todo, en tanto lugar de lo múltiple, como el lugar de las partes entre sí es determinado *a priori* por ese concepto".[36] Esta noción de arquitectónica como "arte de sistema" se asocia al pensamiento global que organiza e integra el saber, como señala Derrida en la metáfora arquitectónica:

---

[34] PICHÉ, C. Kant, heredero del método fenomenológico de Lambert. En *Éndoxa: series filosóficas, Tema 18*. Ed. Universidad de Montreal, 2004. p. 48.
[35] KANT, I. *Crítica de la razón pura*. Buenos Aires: Ed Colihue, 2007, p. 844.
[36] ROSALES, A. *Siete ensayos sobre Kant*. Venezuela: Ed. Universidad de Los Andes Consejo de publicaciones, 1993.

La *arquitectónica* se define como un arte de sistemas; como un arte, por lo tanto, idóneo para la organización racional de las ramas del saber en su integridad. [...] Quizá el pensamiento arquitectónico no exista; pero si tuviera que haber uno, sólo se podría expresar con las dimensiones de lo elevado, lo supremo y lo sublime. Vista así, la arquitectura no es una cuestión de espacio, sino una experiencia de lo supremo que no sería superior sino, en cierto modo, más antigua que el espacio y, por tanto, es una *espacialización* del tiempo.[37]

Derrida duda acerca de la existencia del pensamiento arquitectónico como arte de sistemas. Aunque, de existir, lo vincula a una experiencia integrada a otra dimensión de lo real que da pistas acerca de lo que "arquitectura" es o debe ser, camino que hemos de recorrer siguiendo la ruta de la arquitectónica. No del pensamiento arquitectónico, que como organización racional se aproxima al pensamiento holístico, y alude a contextos y complejidades que entran en relación. El pensamiento arquitectónico, así entendido, se asocia a un tipo de pensamiento que estructura el proceso de concepción del proyecto arquitectónico. Como señala Gustavo Scheps, este es "no solamente resultado o técnica, sino que es la expresión de un tipo de pensamiento, de una manera de mirar el mundo".[38] Este modo de pensar organiza los datos de la realidad observada con la que se constituye el sistema, transfiriéndose a una estructura u organización consciente de elementos que a través del diseño configura la forma de una obra de arquitectura. Este modo de pensar puede comprenderse como sistema de pensamiento arquitectónico, pero no confundirse por arquitectónica el proceso que requiere su diseño en busca de la obra. Como hace Antonio Miranda, entre otros, que confunde arquitectónica con los recursos proyectuales para su logro, porque define arquitectónica como arte de "sistemas geométri-

---

[37] DERRIDA, J. *No escribo sin luz artificial*. Valladolid: Cuatro ediciones, 1999, pp. 133-140.
[38] SCHEPS, G. en: ALIATA, F. (comp.); SESSA, E. (comp.); SILVESTRI, G. (comp.). *Investigación y proyecto: la arquitectura como tema de tesis doctorales*. Ciudad Autónoma de Buenos Aires: Ed. Diseño, 2016, p. 85.

cos y generación de la forma".[39] Pero esos sistemas, analógicos o digitales, son dispositivos proyectuales abstractos que exploran y modelan el espacio multidimensional de la arquitectura. No designan la arquitectónica, sino que más bien están relacionados con la representación tridimensional. Ésta busca expresar el orden, como señala Louis Kahn,[40] a través del diseño proyectando una forma objetual que da cuenta de la arquitectura, pero no puede confundirse con arquitectónica alejándola de su realidad compuesta por materia y acto.

La arquitectónica surge de la arquitectura en tanto hábitat, que es espacio construido en el que vive el hombre. Ese espacio es una entidad material, y en tanto sistema es un "sistema real concreto", no ideal o conceptual. En tanto arte decimos, siguiendo lo señalado por Étienne Souriau sobre el arte concreto, que arquitectónica está "efectivamente y singularmente en obra en su existencia presente".[41] No es abstracta, ni sensación pura; es perceptual y fenoménica. Desarrollaremos más adelante estos aspectos. Ahora seguiremos el recorrido el significado del término junto a José Ricardo Morales, que designa arquitectónica como "el saber que fundamenta el sentido de la arquitectura" […] "expone críticamente algunas de las insuficiencias que afectaron tanto a la Historia del Arte y de la Arquitectura como a la Teoría de ésta última".[42] Morales se pregunta: "¿Qué hace el hombre al hacer arquitectura y qué hace del hombre la arquitectura?".[43] Indaga la correlación de la arquitectura y el hombre, a quien considera "*un ser arquitectónico que requiere de semejante arte o técnica no solo para instalarse, sino para*

---

[39] MIRANDA citado en: AMANN, B., op. cit., p. 41.
[40] "El orden *es*. El diseño es dar forma al orden […] En el *orden* está en la fuerza creadora […] A través de *orden* el qué. A través del diseño el cómo […] El *orden* es intangible […] El *orden* sostiene la integración de lo que el espacio quiere ser." KAHN, L. *Forma y Diseño*. Buenos Aires: Ed. Nueva Visión, 1984, pp. 62-63.
[41] SOURIAU, É. *Los diferentes modos de existencia / Del modo de existencia de la obra por hacer*. Prefacio de Latour, B; Stenguers, I., 1º ed. Volumen combinado. Buenos Aires: Ed. Cactus, 2017, p. 138.
[42] MORALES, J. *Arquitectónica. Sobre la idea y el sentido de la arquitectura [1966-1969]*. Madrid: Ed. Biblioteca Nueva, 1999, pp. 15-16.
[43] Ibíd., pp. 15-16.

encontrarse en el mundo".⁴⁴ Considera el saber arquitectónico como la técnica que supone recintos. Y señala que es una "técnica del estar [...] técnica de las estructuras estables para las distintas posibilidades de la habitación [...]"⁴⁵ Morales entiende que de ese modo "este hacer arquitectónico nos hace".⁴⁶ Así, abre una posibilidad de abarcar el fenómeno de la arquitectura alejándose de la concepción idealista. Sin embargo, termina por definir arquitectónica como un hacer que nos hace, en tanto permite la apropiación de un mundo, como sentido objetivado e idea representativa, donde el mundo queda reducido a esquema.

Otro camino es el propuesto por Gastón Breyer en el artículo "El acto de arquitectónica: ... y/o la costumbre de habitar".⁴⁷ En primer lugar aborda la palabra por el lado etimológico, señalando que "El término se construye con dos segmentos: *archi* y *tectónica*. La partícula ARCHI remite a una amplia familia de palabras cuyo sentido es bastante preciso. ARCHÉ O ARJÉ: lo arcaico, primitivo, comienzo, origen y lo antiguo".⁴⁸ Pero Breyer no indaga el ser u origen del *Arché*, como haremos más adelante siguiendo a Nancy. Breyer avanza sobre el otro segmento del término en cuestión:

> La partícula TECTÓNICA no es menos rica en complejidad y, en principio, abre dos vías de interpretación: producir y proteger, TECHNE de TIKTO y TECT: crear, producir, engendrar, procrear. TECTON: proteger, cubrir, recubrir, tapar, envolver un espacio interior, como cubierta. Y también, el artífice, artesano, carpintero.⁴⁹

Vista así, desde el plano etimológico, arquitectónica designa: origen o comienzo que engendra, cubre o envuelve un espacio interior. Y como señala Le

---

⁴⁴ Ibíd., pp. 15-16.
⁴⁵ Ibíd., p. 183.
⁴⁶ Ibíd., p. 216.
⁴⁷ BREYER, G. El acto de arquitectónica. En SARQUIS, J. (comp.) *Arquitectura y modos de habitar*. Buenos Aires: Ed. Nobuko, 2006, p. 37.
⁴⁸ Ibíd., p. 37.

Corbusier, "el exterior es siempre otro interior";[50] arquitectura es espacio interior, sea casa o ciudad, es un sistema de tensiones que genera lo envolvente. Retornaremos a este análisis más adelante, en la descripción del arte de arquitectónica. Ahora nos detendremos un poco más en Breyer, quien indaga el acto de arquitectónica desde el "arte de habitar", bajo el influjo de Bachelard y Kafka, a través de "cuatro hipótesis de la actitud-apertura del hombre hacia su geografía-mundo. Ellas son: la Madriguera, el Nido, el Laberinto y la Orilla del Mar".[51] Breyer concluye: arquitectónica engendra, envuelve un espacio, es madriguera o nido para habitar como acto y costumbre. Y el acto de habitar "sería la irreductible demanda del humano para proyectarse [...], y re-ubicarse en el Registro de lo Real".[52]

Breyer abre la posibilidad de profundizar la indagación sobre las formas de experimentar la espacialidad para alcanzar el sentido y significado de arquitectónica que buscamos. Pero antes retornamos por un momento el *Arche*, porque dudamos de que su sentido sea preciso, y nos preguntamos junto a Morell, ¿qué energía, fuerza o tensión produce la sístole y la diástole en las células del corazón? Los filósofos griegos concluyen con el interrogante inicial. Anaximandro dirá que arché es "*to apeiron*, lo ilimitado y que es más que los dioses".[53] Por lo tanto *arché* es aquello que "estaba" en el principio. Esto nos recuerda lo dicho por Nancy acerca de *arché* como "empuje": "*Arché* dice el primer gesto, el primer paso de quien sale adelante, quien toma la iniciativa y la vida [...] una vida arquitecta".[54] Tal es su fuerza, es "el soplo que pasa sobre las aguas, el ya-siempre presente de la presencia infinita / que no es ni un ser ni el ser, que no es principio ni causa, ni agente". Más bien, como dice Nancy: es "pasaje del uno al uno que revela haber sido [...] que no se deja

---

[49] Ibíd., p. 38.
[50] Le Corbusier citado en: PÉRGOLIS, J. *La plata express. Arquitectura, Literatura y Ciudad*. Buenos Aires: Ed. Nobuko, 2003, p. 106.
[51] BREYER en: SARQUIS, J., op. cit., p. 42.
[52] Ibíd., p. 44.
[53] MORELL, A. *Despacio*. Buenos Aires: Ed. Nobuko, 2011, p. 42.
[54] NANCY, J. *Archivida. Del sintiente y del sentido*. Buenos Aires: Ed. Quadrata, 2013, p. 59.

jamás asir [...] El empuje brota: se empuja a sí mismo [...] acción pura que al no actuar sobre nada se recibe, se padece, se apasiona".[55] *Arché* es lo indefinido que domina todos los fenómenos orgánicos e inorgánicos, corporales, espirituales, todo ser y parecer, como ánimo o alma. Tal como lo entienden los presocráticos. *Arché* no necesita de nada ni de nadie para existir por sí mismo, es un "factor activo". "Acto", como dice Aristóteles, "es el existir de la cosa, pero no de la misma forma que cuando está en potencia".[56] De allí el carácter ilimitado del *arché*, como el existir "en acto" alguna cosa. Este aspecto ha sido olvidado al vincularse al segmento *tectónico*, relacionándolo con la noción genérica de hacer, *poiesis*. Como lo entiende Frampton, tectónica es

'Arte' entendido como tekne en todo su conjunto, que indica tanto tectónica como ensamblaje, no sólo de las partes de un edificio sino también de objetos e incluso de obras de arte obras de arte en su sentido más amplio.[57]

Arquitectónica así entendida designa el "arte de la construcción". Este significado adquirió un fuerte impacto en el modo de hacer arquitectura y de entender arquitectónica. Permite considerar *arché* como origen o principio generador que organiza una forma, y "tectónica" como arte de ensamble y unión de partes, configurándola así como una composición global de carácter cerrado. Estas ideas se conectan a la tradición disciplinar, desde la *firmitas vitruviana* y las *concinnitas* de Alberti, que definen "la unidad de las partes en un todo", como "un cuerpo compuesto de partes", y como "modo de hacer". Frampton define arquitectónica como poética de la construcción, que organiza ese arte de ensamble, designándola "arte de sistema constructivo".

Sin embargo, como señala Breyer, al conectar *arché* y *tectónica*, arquitectónica designa espacio envolvente o nido para habitar, en tanto acto

---

[55] Ibíd., pp. 61-62.
[56] ARISTÓTELES. *Metafísica*. Buenos Aires: Ed. Libertador, 2003, p.151.

y costumbre del hombre para proyectarse y reubicarse en el registro de lo real. Estableciendo así el verdadero sentido de arquitectónica como "acto"[58] que exige realizarse junto a las cosas. Diferenciándose de arquitectura como "casa", que es "compuesto", como dice Aristóteles, "morada hecha de ladrillos y piedras dispuestos de una forma determinada", o el acto y la especie, es decir, "morada" [...] "alma en un cuerpo" o "alma", pues ésta es sustancia y acto de algún cuerpo".[59] Por lo tanto arquitectura en tanto "cuerpo" es hábitat o espacio construido en el que vive el hombre y, es "acto" o "hecho" arquitectónico. Forma que dispone intercambios y relaciones entre elementos y entre sí con el todo. Es decir, compuesto que entrelaza "lugar", "habitante" y "espacio-tiempo", configurado por la forma arquitectónica, que manifiesta la espacialidad regulada por las condiciones materiales.

Arquitectónica, entonces, se constituye en el "medio" que conecta al cuerpo con el mundo. Entendiendo "medio" no desde un enfoque mecanicista, como espacio material a través del cual pasa o se ubica un cuerpo —como se ha sostenido en arquitectura durante gran parte del siglo XX–, sino siguiendo lo dicho por Merleau-Ponty, medio como "posibilidad de situaciones", donde a su vez, el cuerpo es "[...] medio para hacer del medio de un mundo".[60] Arquitectónica es "medio" producto de la espacialidad emergente del acto que configura un mundo fantasmagórico habitado por múltiples modos de experiencia.

---

[57] FRAMPTON, K. *Estudios sobre cultura tectónica. Poéticas de la construcción en la arquitectura de los siglos XIX y XX*. Madrid: Ed. Akal, 1999, pp. 14-15
[58] Y en tanto acto, como señala Aristóteles: "Los actos y los intereses de los hombres no pueden sojuzgarse a ningún precepto inmutable y preciso". Por lo tanto, "[...] el estudio de los actos humanos ofrece estos inconvenientes [...] porque no pertenece al dominio de un arte sistematizado ni menos aún en el de ningún precepto formal. Pero es una necesidad constante, cuando se actúa, guiarse en función de las condiciones en que uno se encuentra". ARISTÓTELES. *Ética*. Buenos Aires: Ed. Andrómeda, 2003, pp. 41-44.
[59] ARISTÓTELES. *Metafísica*, op. cit., p. 140.
[60] ALLOA, E. *La resistencia de lo sensible: Merleau-Ponty. Crítica de la trasparencia*. Buenos Aires: Ed. Nueva Visión, 2009, pp. 39-41.

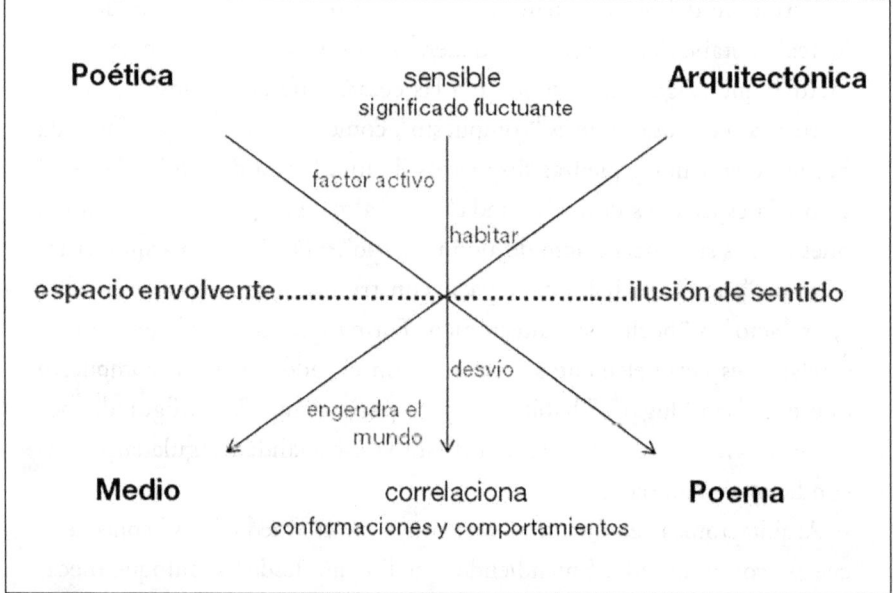

Diagrama 1

Arquitectónica pude entenderse, de acuerdo a lo señalado por Roberto Doberti, "como sistema de significación, como código que correlaciona conformaciones y comportamientos".[61] En medio de esa correlación, situados y abiertos al mundo, arquitectónica "envolvería nuestras frágiles vidas perecederas", y a su vez "[...] el *arché* mismo, disuelve el principio en la venida" y fragiliza la tectónica "[...] sobreviniendo a nada, de nada".[62]

Arquitectónica entonces es lo sensible,[63] la forma misma, parafraseando a Badiou, indistinguiblemente conformada por una multiplicidad sensible

---

[61] DOBERTI, R. *Habitar*. Buenos Aires: Ed. Nobuko, 2011, p. 52.
[62] NANCY, J. *Archivida del sintiente y el sentido*, op. cit., p. 69.
[63] Como dice Dufrenne: "lo sensible aparece por la forma, pero también hace aparecer la forma". Citado en LUTEREAU, L y WALTON, R. *Fenomenología de la Presentación Estética* [en línea]. Tesis presenta-

y una multiplicidad espectral. Es espacio envolvente del sitio, el recinto, el habitante y el acto. Arquitectónica es la temporalidad y la espacialidad configurándose en la experiencia del mundo que presenta las condiciones de habitabilidad que en ella están en juego.

Así, definido el sentido de los términos "Poética" y "arquitectónica", como se muestra en el diagrama 1, adquieren una relevancia singular y habilitan a seguir profundizando este estudio en busca del arte de la arquitectura.

> Habría que pensar el juego de entrelazamiento de arte
> y de espacio a partir de la experiencia y de la comarca.[64]
>
> HEIDEGGER

Arquitectónica o el arte de la arquitectura

Hemos definido arquitectónica por sus relaciones cualitativas, como transfiguración material de las configuraciones fijas de la arquitectura. La hemos considerado "medio", en el sentido de Merleau-Ponty, distinguiéndola "entre" el espacio y el tiempo o entre "entorno geográfico y entorno de comportamiento".[65] Hemos tenido en cuenta los aportes de Roberto Doberti cuando habla de "conformaciones y comportamientos".[66]

Es necesario profundizar el análisis para conocer las condiciones de aparición del fenómeno de arquitectónica constituyente del arte de la arquitectura. Tal vez sea posible siguiendo lo señalado por Aristóteles, teniendo pre-

---

da con el fin de cumplimentar con los requisitos finales para la obtención del título Licenciatura de la Facultad de Filosofía y Letras de la Universidad de Buenos Aires en Filosofía. Universidad de Buenos Aires, mayo de 2010, p.68 [consultado el 26 de enero de 2019]. Disponible en: file:///D:/Descargas/uba_ffyl_t_2010_860937%20(1).pdf 0

[64] HEIDEGGER, M. *El arte y el espacio*. Barcelona: Ed. Herder, 2009, p. 29.
[65] ALLOA, E. *La resistencia de lo sensible: Merleau-Ponty. Crítica de la transparencia*, op. cit., p. 36.
[66] DOBERTI, R. *Habitar*, op. cit., p. 52.

sente que "ser y ente significan unas veces lo dicho en potencia, y otras, en acto, pero cuando algo es en acto y cuando aún no, debe ser determinado en otro lugar".[67] Esto nos sugiere analizar las diferencias entre "arquitectura" y "arquitectónica" y la relación que el habitante mantiene con cada una para poder determinar las condiciones de aparición del fenómeno. Como hace Heidegger al destacar las diferencias ontológicas entre ser y ente, a partir "de una comprensión adecuada de la trascendencia [...] sugiere distinguir dos figuras [...] zanjar por medio de una suerte de *golpe de fuerza* el nudo gordiano de los problemas planteados a medias o mal planteados",[68] porque: "Evidentemente, semejante figuración geométrica no podría dar cuenta de las razones profundas que relacionan entre sí todas estas dimensiones. Sólo la construcción fenomenológica efectiva lo conseguiría".[69] Por lo tanto, habrá que observar la "cosa" como objeto estético,[70] al sujeto como habitante y a sus relaciones con dicho objeto para establecer el carácter del fenómeno[71] que denominamos "arte de arquitectura".

Es necesario concentrarse en el horizonte interno de la obra de arquitectura, entendida como objeto estético y lugar, acto perceptivo[72] y espacio envolvente resultante que surge como fenómeno en esa operatoria. Es preciso re-

---

[67] ARISTÓTELES. *Metafísica*, op. cit., p. 80.
[68] GREISCH, J. *La invención de la diferencia ontológica: Heidegger después de ser y tiempo*. Buenos Aires: Ed. Las cuarenta, 2010, pp. 81-82, 102.
[69] Ibíd., pp. 81-82, 102.
[70] "El objeto importa no tanto por su determinación objetiva como por el afecto que es capaz de suscitar [...]. Es estético todo objeto que es estetizado por una experiencia estética". Dufrenne, M. citado en: LUTEREAU, L. *Fenomenología de la Presentación Estética*, op. cit., p. 9.
[71] "En el fenómeno, que según sabemos desde Heidegger, está contenido el aparecer o el ofrecer aspectos que necesaria y constantemente presentan la posibilidad de encubrir y ocultar lo que el ente es en verdad". GUTIERREZ, E. *Cine y percepción de lo real: estudios críticos*. Prólogo Silvia Schwarzböck. Buenos Aires: Ed. Las Cuarenta, 2010, p. 85.
[72] Hacemos referencia a la percepción estética ya que: "La percepción estética y la percepción natural difieren en sus enfoques. En tanto la segunda no se dirige a los hechos en los respectivos objetos, la primera atiende a la simultaneidad y a la momentaneidad de los estados fenoménicos presentes en ellos." SEEL, M. *Estética del aparecer*. Madrid: Ed. Katz, 2010, p. 89.
"Las realizaciones estéticas no son una clase distinta de realizaciones *junto* a las realizaciones no estéticas. Son [...] más bien actos de aprehensión sensible, en cuya realización devenimos conscientes de las fuerzas que operan en ellos". Christoph Menke citado en SEEL, M. *Estética del aparecer*. Madrid: Ed. Katz, 2010, p. 90.

conocer la existencia del fenómeno, tal como aparece, fuera de la percepción natural y no como efecto de otra cosa, sino de lo que "*se da*, el fenómeno, es una materia fluyente, un estado de cosas en permanente cambio y sin ningún anclaje y ningún centro de referencia, o bien con todos ellos, de modo que cualquier punto sea centro de percepción".[73] Esto nos lleva a preguntarnos por los modos de ser del fenómeno arquitectónico para establecer su carácter, determinar sus diferencias ontológicas y descubrir en sus mutaciones la condición para designarla productora del arte de la arquitectura.

Antes de avanzar es preciso observar que la homonimia de la palabra arquitectura a veces designa "espacio-lugar" por el cual su mundo llega a existir. Como señala Zugarrondo, "aparece como *pólemos*[74] entre el construir, esto es hacer habitable la morada del hombre, y su simulacro, la mera ensambladura de formas plásticas. [...] Cierto: en lo tectónico de la arquitectura se encela lo técnico".[75] Otras veces su sentido puede asignarse a configuración u organización racional reconocible que compone una estructura. Una cierta puesta "en orden" de los espacios, sin reducirse a ello, porque la arquitectura no es sólo la disposición de lugares, sino que califica una acción: "habitar"; y sus espacios están destinados al mundo existencial humano. Son espacios "existenciarios",[76] como dice Heidegger, ya que

> Por medio del estar-en-el-mundo el espacio queda primeramente descubierto [...] Ni el espacio es en el sujeto, ni el mundo es en el espacio. El espacio es, antes bien, "en" el mundo, en tanto que el ser en mundo constitutivo del *Dasein* ha abierto un espacio.[77]

---

[73] La arquitectónica, como el cine en Deleuze, es "un fenómeno que no tiene anclaje o *los tiene todos*". Deleuze, G. citado en: GUTIERREZ, E. *Cine y percepción de lo real: estudios críticos*, op. cit., p. 34.
[74] "Pólemos - Tensión polar que genera al mundo. El mundo llega a existir por la separación que no disocia ni destruye sino que constituye". En PIACENZA CABRERA, G. *Glosario de términos griegos en Filosofía* [en línea]. Julio 2012. [consultado el 26 de enero de 2019]. Disponible en: http://terminosgriegosdefilosofia.blogspot.com/
[75] ZUGARRONDO, J. Prólogo a HEIDEGGER, M. *Construir Habitar Pensar*. Córdoba: Ed. Alción, 2002, p. 7.
[76] Heidegger describe al *Dasein* como un «ser en el mundo».
[77] HEIDEGGER, M. *El Ser y el tiempo*. Buenos Aires: Ed. Fondo de Cultura Económica, 2010, p. 127.

De allí que también puede entenderse a la arquitectura, siguiendo a Umberto Eco, como "el arte de la articulación de los espacios":

Si la arquitectura es el arte de la articulación de los espacios, la codificación de la articulación de los espacios podría ser la que Euclides dio en su geometría. Los elementos de articulación primaria podrían ser los *choremas* (chora = espacio, lugar) [...] Finalmente, podría incluso identificarse con un código *gestáltico*, que rigiera la percepción de las formas elementales.[78]

Sin embargo, en tanto código es "trazo" o "cartografía", aunque muchas veces esta última noción se impone, porque, como expresa Doberti, "Nuestra mutante apropiación perceptual del mundo conlleva la necesidad de objetivarla, de fijarla".[79] Por lo tanto la arquitectura, en tanto código, a través de una grafía describe y representa el mundo, dispone de la materia particionando el espacio, ofreciendo unas coordenadas que sitúan e interrelacionan "lugar" y "espacio-tiempo" que la componen, pero no puede olvidar los cuerpos que la habitan.

Este sistema de gran iconicidad debe relacionar "habitar", "texto" y "contexto". Y el "habitar" abarca múltiples dimensiones espaciales y temporales, como señala Valeria Sorín en "Poesía del espacio": "su estructura fundamental, sostenida en la codificación de los tipos de movimientos y las formas que asume el espacio, a través de una arquitectura invisible".[80] Que emerge en medio de múltiples relaciones, tal como se representa en el diagrama 2.

También la arquitectura puede entenderse como un "dispositivo", término clave en Foucault que Agamben redefine como

---

[78] ECO, U. *La estructura ausente*. Buenos Aires: Ed. Sudamericana, 2013, p.358.
[79] DOBERTI, R., op. cit., p. 77.
[80] Sorín, V. Poesía del espacio. En ARGAÑARAZ, U. y otros. *Leer desde el contexto*. Ciudad Autónoma de Buenos Aires: Ed. La Bohemia, 2015, pp. 18-19.

POÉTICA ARQUITECTÓNICA

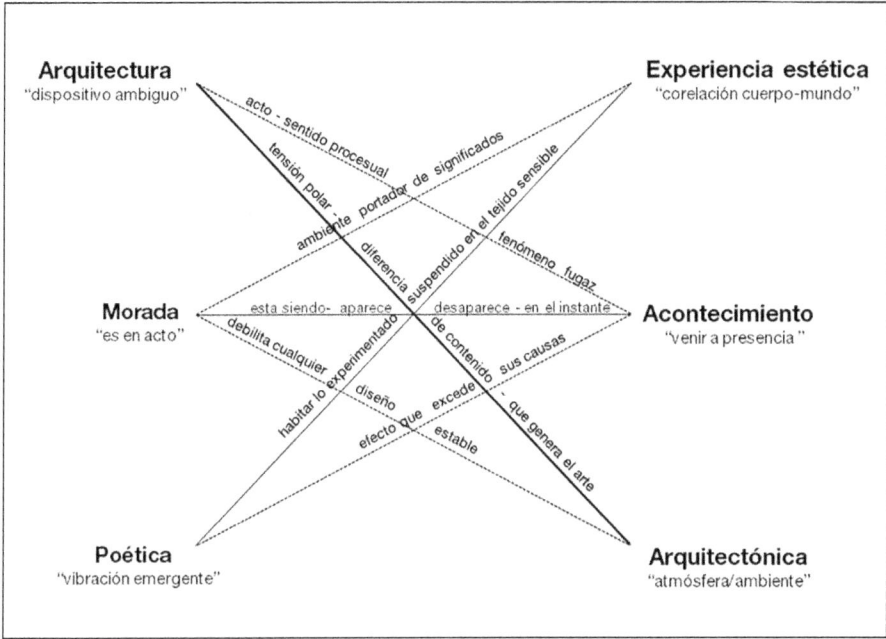

Diagrama 2

[...] la capacidad de capturar, orientar, determinar, interceptar, modelar, controlar y asegurar los gestos, las conductas, las opiniones y los discursos de los seres vivientes [...] Recapitulando, tenemos, pues, dos grandes clases, los seres vivientes (o las sustancias) y los dispositivos. Y, entre los dos, en tercer lugar, los sujetos. Lamo sujeto a lo que resulta de las relaciones, por así decirlo, del cuerpo a cuerpo entre los vivientes y los dispositivos [...] En este sentido, por ejemplo, un mismo individuo, una misma sustancia, puede ser el lugar de múltiples procesos de subjetivación.[81]

---

[81] AGAMBEN, G. ¿Qué es un dispositivo? Ciudad Autónoma de Buenos Aires: Ed. Adriana Hidalgo, 2014, p. 18.

Por lo tanto, la arquitectura no puede olvidar las relaciones que activan el proceso de subjetivación en "medio" de la espacialidad resultante. Y allí no hay una lógica dominante, sino efectos del discurso, como dice Heidegger, "textos en los que estamos situados".[82] De manera que la arquitectura, cono señala Jean Nouvel, ofrece un "espacio de seducción, este espacio virtual de la ilusión está fundado sobre estrategias precisas, y sobre estrategias que son a menudo un desvío".[83] Este aspecto ha sido desconocido por el funcionalismo arquitectónico, que cosifica y objetiva la situación, ya que "Esta escisión separa al viviente de sí mismo y de la relación inmediata con su ambiente. [...] Rompiendo o interrumpiendo esta relación, se producen para el viviente el aburrimiento [...] y lo Abierto [...]",[84] con la consecuente imposibilidad de permitirle construir su mundo.

Esta visión ha impactado en la actualidad, y se intenta sostener el funcionalismo desde una posición pragmática, asumiendo que la arquitectura es dispositivo o *gestell*, en sentido heideggeriano. Un "aparato" que dispone del hombre. Sin embargo, resulta de esas relaciones entre lo viviente y los dispositivos, el "uso" como habitación o recinto para el reposo, restauración o trabajo. Pero en la práctica social o desde su propio empleo, en tanto fenómeno material, "sirve" para habitar creando hábitos, y lo habitual es la negación del aparato. Como señala Rodolfo Kusch, éste "no es más que una trampa tecnológica que me sirve para perpetuar mi puro vivir en la habitualidad". En el *estar-siendo*, el aparato "deja de serlo en tanto ofrece habitualidad... es negado". Por lo tanto: [...] "Desde el puro *estar* ha dejado de ser cosa para ser símbolo". En este paso "[...] el objeto es negado, y está sometido a la habitualidad que se traduce en dioses".[85] Entonces, como dice Janke, "dios no está muerto. ¿Cómo podrían morir los inmortales? El dios

---

[82] Heidegger citado en: AGAMBEN, G. *¿Qué es un dispositivo?*, op. cit., p. 22.
[83] BAUDRILLARD, J; NOUVEL, J. *Los objetos singulares*. Buenos Aires: Ed. Fondo de Cultura Económica, 1º Ed. 3a reimp. , 2007., p. 14.
[84] AGAMBEN, G. *¿Qué es un dispositivo?*, op. cit., p. 20.
[85] KUSCH, R. *La negación en el pensamiento popular*. Buenos Aires: Ed. Las cuarenta, 2008, pp. 100-101.

cercano, difícil de captar, se nos ha escapado en la lejanía del más allá". Pero, nos que preguntamos con Janke "[...] ¿por qué se ha alejado el dios y se ha desplomado la sencillez mítica del mundo? Tal vez, como responde Hölderlin "porque los dioses nos cuidan".[86] Como dice Valéry "Los dioses, gratuitamente, nos dan un primer verso [...] todo ser se encuentra inicialmente en una situación dada, que no depende de él rechazar o aceptar. Eso es constitutivo de la existencia".[87] De manera que el objeto negado, al traducirse en dioses, en el puro "estar siendo", se ubica como perteneciente al mundo para sí en la habitualidad. Y como sabemos desde Sartre, "[El para sí, en tanto negatividad] *es*, en tanto que hay en él algo cuyo fundamento no es él: su presencia en el mundo".[88]

Por lo tanto, al estar presente, la arquitectura "es" una existencia necesaria, que se confunde si se piensa como "útil", con fines restringidos a satisfacer en torno a la necesidad de habitación para la vida cotidiana. Si bien esto es innegable por su carácter protector y de cobijo, la arquitectura no puede ser reducida a objeto utilitario, desplazándola de su cualidad fenoménica y de la categoría "arte". Sin embargo, la arquitectura sí se relaciona con el sentido de útil si por "útil" se entiende "sitio". La arquitectura como espacio creado es "útil" y es situado o no es. Es decir, es útil en tanto que "ha sido hecho", en el sentido heideggeriano. Es útil como lo que "es esencialmente colocado, puesto, instalado, situado. El útil tiene su 'sitio', o bien 'está por ahí', es fundamentalmente distinto de un puro estar cualquiera en el espacio".[89]

Por eso, la arquitectura en tanto útil designa sitio para "habitar",[90] como paraje y permanencia. Y el uso en la habitualidad pasó a ser símbolo que

---

[86] JANKE, W. *Mito y Poesía en la crisis modernidad/posmodernidad: Postontología*. Buenos Aires: Ed. La marca, 1995, p. 32.
[87] Valéry citado en: SOURIAU, É. *Los diferentes modos de existencia*, op. cit., p. 131.
[88] Sartre citado en: LUTEREAU, L. *Fenomenología de la presentación estética*, op. cit., p. 20.
[89] HEIDEGGER, M. *El Ser y el Tiempo*, op. cit., p. 117.
[90] Habitar, como señala Heidegger, significa "quedarse", "detenerse", "haber sido llevado a la paz"; significa: *permanecer*. Rasgo fundamental del habitar es este preservar. HEIDEGGER, M. *Construir, habitar, pensar*, op. cit., pp. 15-23.

deshace el *gestell* y se transforma en significante sin contenido. Y aunque en la habitualidad el habitar se somete a cambios culturales que determinan nuevos comportamientos y modos de vida, considerados "modos de habitar"[91] como hábito y costumbre, el habitar en el mundo es el "rasgo fundamental del hombre"[92] y no cambia. De manera que al habitar "hay posibilidades de mi proyecto existencial si hay negatividad en el horizonte en el que me he instalado [...] trasciende al mundo de los objetos",[93] que es siempre lo otro de mí. Y la alteridad del existente y la existencia, como dice Lévinas, es "el ser para la vida en la medida que se relaciona con esta naturaleza óntica de lo existente"[94] que en arquitectura, como en todo arte, es siempre presencia dinámica y temporal, que abre a una relación con la multiplicidad de presencias o constelación de imágenes en las que nos instalamos. Allí, como dice Lemagny, "el arte establece con lo real una relación de presencia [...] la experiencia artística da, no el sentido, sino la alteridad de lo real: su presencia enigmática que excede el sentido". Por lo tanto, el arte "[...] es el acontecimiento del instante –lugar de una presencia inaudita y fundadora".[95] Este lugar no es vacío ni materia; es espacio intermedio abierto por la arquitectónica, como *forma* que surge de las relaciones. Un lugar como intervalo incorporal, como lo definen los estoicos, "es el punto de pasaje de varios cuerpos que se suceden".[96] Es lugar de presencia que hace pasar al hombre a través de bosques de símbolos, como en las correspondencias de Baudelaire.

Arquitectónica es lugar de presencia enigmática, donde lo sensible se da en el instante de articulación espaciotemporal que se constituye "nexo" de

---

[91] Los modos de habitar no pueden confundirse con maneras de estar u ocupar un espacio o habitación, sino que decimos con Eco "los modos de habitar son universos sensoriales". ECO, U. *La estructura ausente*, op. cit., pp. 378-379.
[92] HEIDEGGER, M. *Construir, habitar, pensar*, op. cit., p. 19.
[93] KUSCH, R. *La negación en el pensamiento popular*, op. cit., p. 92.
[94] SCHIFFER, D. *La filosofía de Emmanuel Lévinas. Metafísica, estética y ética*. Buenos Aires: Ed Nueva Visión, 2008, p. 33.
[95] LEMAGNY, J. *La sombra y el tiempo. Ensayo sobre la fotografía como arte*. Buenos Aires: Ed. La marca, 2º ed., 2016, pp. 240-246.
[96] BRÉHIER, É. *La teoría de los incorporales en el estoicismo antiguo*. Buenos Aires: Ed Leviatán, 2011, p. 65.

cosas dispares. Arquitectónica como lugar es "medio" o espacio que denota el carácter topológico de este arte. Su topología deviene de la producción del lugar ligado a la transformación permanente, al cambio constante, como ámbito de todas las experiencias.[97] Es lugar, como dice Aristóteles, como una "envolvente inmóvil, abrigando cuerpos que pueden desplazarse y emplazarse en él".[98] Es un espacio de posición y movimiento, espaciamiento que se abre al contacto con lo presente. Por lo tanto, la topología arquitectónica se conecta con lo señalado por Boris Groys[99] acerca del arte contemporáneo como privilegio del presente. Incluye o excluye cosas e imágenes que circulan en nuestro mundo para darle un nuevo contexto. La arquitectónica, como todo lugar, es lugar de una presentación que se constituye aquí y ahora en un presente perteneciente al contexto vinculado a lo circundante. Su topología designa un arte presente, y en tanto estar aquí y ahora, es presencia sensible. La arquitectónica nos envuelve y revela el mundo a nuestro alrededor.

El carácter topológico de la arquitectura aparece en diversos autores con enfoques distintos. Se observa en la idea del nido que describe la topofilia del espacio bachelardiano. También en Norberg-Schulz desde su libro *Genius loci* (1979), donde se habla del genio del lugar, que es "espíritu guardián", espacio con significado para orientarse, encontrarse, que nos recuerda lo dicho por Morales acerca de la arquitectónica como arte del estar. En Muntañola aparece como topogénesis y búsqueda poética, como lógica del lugar y relación dialógica intertextual que entrelaza el espacio, el cuerpo y la historia para configurar la arquitectura como lugar.

---

[97] Decimos con Seel que "una experiencia corresponde a una realidad objetiva si su objeto existe independientemente de la experiencia misma. [...] Como consecuencia de esta reflexión habría que distinguir distintos tipos de objetividad, a los que la experiencia tiene acceso de distintas maneras". SEEL, M. *Estética del aparecer*, op. cit., pp. 73-74.
[98] Aristóteles citado en MUNTAÑOLA, J. *Topogénesis. Fundamentos de una nueva arquitectura*. Barcelona: Ed. UPC, 2009, p. 12.
[99] GROYS, B. *La topología del Arte Contemporáneo* [en línea]. En TEXTOS LIPAC-ROJAS-UBA. Cedido por *Esfera Pública*, 2009. [Consultado el 14 de febrero de 2019]. Disponible en: http://fernando-miguez.com.ar/wp-content/uploads/2013/01/boris-groys-la-topologia-del-arte-contemporaneo.pdf

Estas ideas adquieren cierta relevancia en la actualidad, ya que la topología establece una relación de continuidad mimética con el emplazamiento, adquiriendo un carácter topográfico. Esto puede verse en la "Ciudad de la Cultura" de Galicia, de Eisenman; en el "Zentrum Paul Klee", de Renzo Piano; en el "Centro de Alto Rendimiento de Remo do Pocinho", de Fernandes Andrade; en el "Clark Art Institute", de Tadao Ando; en el "Centro Cultural Heydar Aliyev", de Zaha Hadid; o el "Centro de Exposiciones y Convenciones de Buenos Aires", de Edgardo Minond, cuyo antecedente encontramos en "ATC Argentina Televisora Color", de Solsona, Viñoly y compañía.

En todas estas expresiones las relaciones topográficas conectan el paisaje y la arquitectura como emergente de pliegues territoriales y geomorfológicos. Aunque no surgen de la exploración de la presencia sensible, donde la topología se establece en el instante de estar presente el mundo. Como fenómeno arquitectónico que se abre en el aquí y el ahora, en el presente de su presentación de modo inmediato. Y en todo fenómeno, como dice Heidegger, "está contenido el aparecer o el ofrecer aspectos que necesaria y constantemente presenten la posibilidad de encubrir y ocultar lo que el ente es en verdad".[100] Esta presencia inaudita del fenómeno toca el sentir e implica al sintiente y el sentido, y en el contacto deshace toda fijeza. Pero ese entrelazamiento o punto de cruce es pasajero; allí la dimensión espacial se convierte en espacio temporal que despliega una dimensión existencial, convirtiéndose en aquello que Merleau-Ponty llama "quiasmo ontológico": "En vez de cortar el nudo gordiano, la nueva ontología del quiasmo se hunde más profundamente aun en el anudamiento de la experiencia sensible".[101] En esa relación de recruce simultáneo entre lugar-habitante-espacio-tiempo se despliega el presente de su topología.

Por lo tanto, esa relación con el ser se da aquí y ahora, en un diálogo silencioso a través del fenómeno de arquitectónica, establece así la dife-

---

[100] Heidegger citado en: GUTIERREZ, E. *Cine y percepción de lo real*, op. cit., p. 85.

rencia sustancial que la distingue de la arquitectura. Esta diferencia es análoga a la que señala Pablo Maurette entre la prosa y la poesía, ya que éstas "se sirven de las mismas palabras [...] pero se distinguen por las diferencias de ciertas relaciones y asociaciones que se hacen y se deshacen en nuestro organismo psíquico y nervioso".[102] Las transformaciones arquitectónicas no son metamorfosis kafkianas, sino que se dan dentro del límite de la espacialidad. Entre la tectonicidad y la experiencia opera el proceso de mutación convirtiendo la materialidad en "atmósfera",[103] suprimiendo la figura del objeto, donde la "forma"[104] resulta envolvente de nuestra propia existencia. En esa experiencia estética el cuerpo "tocado" neutraliza el "ser-ahí". La "sensación",[105] como señala Merleau-Ponty, "no es ya una propiedad de la cosa, ni siquiera el aspecto perspectivístico, sino una modificación de mi cuerpo".[106] Y lo sensible es la "presencia" que se presenta allí, pero su aseidad no es de sí sin el habitante que está puesto en ella y por ella, sino por sus cualidades, que son comportamientos del cuerpo que cambian las modalidades de presencia del fenómeno. Allí, como dice Merleau-Ponty:

> El mundo no es el que pienso, sino el que yo vivo, estoy abierto al mundo comunico indudablemente con él, pero no lo poseo; es inagotable. Hay un

---

[101] ALLOA, E. *La resistencia de lo sensible: Merleau-Ponty. Crítica de la transparencia,* op. cit., p. 96.
[102] MAURETTE, P. *El sentido olvidado: ensayo sobre el tacto.* CABA: Ed. Mardulce, 2015, p. 92.
[103] "Es dentro de esta atmósfera que se presenta la cualidad. El sentido que ésta encierra es un sentido equívoco, se trata de un valor expresivo más que de una significación lógica". MERLEAU-PONTY, M. *Fenomenología de la Percepción.* Barcelona: Ed. Planeta, 1993, p. 29.
[104] En el sentido de Dufrenne, "la forma es siempre la forma de lo sensible: a través de lo cual ella se enlaza en la materia de la que lo sensible es el efecto". Dufrenne citado en: LUTEREAU, L. *Fenomenología de la Presentación Estética,* op. cit., p. 142.
[105] Como dice Aristóteles, "una sensación que únicamente pueden llevar a cabo los cuerpos naturales orgánicos [...] un movimiento producido por una sensación en acto (*DA* 429ª 1-2 cf. *De insom.* 459ª 17-18) [...] es la interacción entre el objeto de sensación y la capacidad (*to Aistheticon*) actualizada. El órgano del sentido es activado por el objeto sensible y la sensación es lo que recibe la forma del objeto sensible sin materia (*DA* 424 A 17)". ARISTÓTELES. *Acerca del Alma (De Anima).* Prólogo de Boeri, Marcelo. Buenos Aires: Ed. Colihue, 2010, pp. CCXII-CCXIII.
[106] MERLEAU-PONTY, M. *Fenomenología de la Percepción,* op. cit., p. 339.

mundo o más bien hay el mundo: jamás puedo dar enteramente razón de esta tesis constante de mi vida.[107]

El mundo, entonces, parece moverse al azar. Por lo tanto, "El mundo fenomenológico es, no ser puro, sino el sentido que se transparenta en la intersección de mis experiencias [...] no es la explicitación de un ser previo, sino la fundación, los cimientos, del ser".[108] Así la topología del hecho arquitectónico da cuenta del fenómeno que tiene "lugar" en acto, y éste, como dice Doberti, "no se deja pensar como sustancia, sino se reconoce en lo fascinante, fantasmagórico que despierta nuestra sensibilidad [...] el sitio solo se sostiene en el ámbito de su eficacia simbólica".[109]

Por consiguiente, la arquitectura es un dispositivo ambiguo. En tanto proyecto, es cartografía y coordenada tridimensional, y en tanto hábitat o *lugar-espaciotemporal* es configuración real, como tal, fenómeno que abre a una expresión significativa de lo que el mundo expone. Arquitectura es materia estética, como dice Luis Juan Guerrero, es "resistencia y apoyo a la vez [...] que hay que vencer para que el *objetum* de nuestro entendimiento desaparezca como tal, para que se vuelva definitivamente nuestro, para que se transfigure en nuestra obra".[110] Ese proceso donde el objeto es "salvado"[111] se da en la arquitectónica como *milieu*.[112] Allí, en el "espacio habitado, investido, trabajado [...] realidad intermedia entre el mundo que existe para un observador absoluto y un dominio puramente subjetivo".[113]

---

[107] Ibíd., p. 16.
[108] Ibíd., p. 20.
[109] DOBERTI, R., op. cit., p. 84.
[110] GUERRERO, J. Escenas de la vida estética. En WALTON, R. y LUTEREAU, L (comp.) *Arqueología de la experiencia sensible. Estética fenomenológica en Argentina.* Ciudad Autónoma de Buenos Aires: Ed. Prometeo, p. 30.
[111] "Salvado", es decir "liberado", como entienden este término los antiguos.
[112] "Palabra francesa usada para Deleuze y Guattari para indicar *Umwelt*". Mundo vivido. BORGHI, S. *La casa y el cosmos. El rintonelo y la música en el pensamiento de Deleuze y Guattari.* Ciudad Autónoma de Buenos Aires: Ed. Cactus, 2014, p. 29.
[113] Merleau-Ponty citado en: ALLOA, E. *La resistencia de lo sensible: Merleau Ponty. Crítica de la transparencia*, op. cit., p. 43.

La arquitectónica realiza esa transfiguración cuyos significados nos ligan al mundo. En tanto acto, sus caracteres activos provocan o impulsan transformaciones en el instante. Porque arquitectónica es *aísthesis*, lo sensible, y en tanto sensación, como dice Aristóteles, es "una cierto tipo alteración", que puede entenderse como *páthos*, "[...] en su significado de "sentido" es una facultad y por eso un estado afectivo– y por ende, se trata de algo pasivo, hay también un modo en que puede entenderse una *aísthesis* como algo "actual" o "efectivizado".[114] Por lo tanto arquitectónica es un afecto que experimentamos y sentimos, que nos mueve producto del habitar actual efectivizado aquí y ahora.

De manera que "arquitectura" puede entenderse como realidad física espaciotemporal, y "arquitectónica" como realidad fenoménica, medio o atmósfera. Una está ligada al mundo concreto y la otra se encuentra siempre en proceso, en permanente mutación, hecho que hace fracasar todo intento intelectual y excede el simple registro desafiando la *gestalt*. Arquitectura, entonces, es "recinto protector de bienes y personas [...] acto"[115] y, como tal, "arquitectónica", lugar de despliegue de múltiples relaciones y experiencias que deshacen cualquier objetivación o anclaje en una forma plástica. Este es el verdadero sentido del término arquitectónica, "presencia" percibida en su actualidad. Acto que exige realizarse en el presente de su presentación. Una presencia que cuestiona toda permanencia, que multiplica la diferencia con la arquitectura y requiere la participación del habitante[116] para alcanzar su ontología.[117]

Arquitectónica espacializa y temporaliza a la arquitectura, y el espacio, como sabemos desde Bergson, no puede controlarse ni experimentarse desde

---

[114] ARISTÓTELES. *Acerca del Alma (De Anima)*, op. cit., pp. CXXXIV-CXXXV (DAII 5).
[115] ARISTÓTELES. *Metafísica*, op. cit., p. 139.
[116] Como señala Heidegger, "el *Dasein* como autor de la diferencia ontológica [...] Él está en el modo de la diferencia ontológica, porque él es ónticamente lo ontológicamente diferente [...] existir es, por así decir, sinónimo de efectuar esa distinción". GREISCH, J. *La invención de la diferencia ontológica*, op. cit., p. 84.
[117] Ontología que se inscribe dentro de lo que Souriau define como "existencia cualitativa [...] o variaciones en los grados de existencia". SOURIAU, É. *Los diferentes modos de existir*, op. cit., p. 100.

la conciencia, porque su multidimensionalidad abre una constelación de acontecimientos que no permite fijaciones ni delimitan un objeto. Esta es la potencia que abre la experiencia arquitectónica; ella es instantánea, imprevisible y fugaz. En tanto fenómeno experiencial, abre a "paseos por mundos desconocidos e invisibles". El acceso a ellos [...] estará vedado a todos los mecanicistas". Porque: "Todo lo que un animal hace [...] es su mundo de la acción, todo lo que el animal percibe, el mundo de la percepción" [...] Mundo de la acción y mundo de la percepción están firmemente unidos [...] forman una totalidad cerrada". Esto es lo Uexküll llama *Umwelt*, "mundo vivido".[118] Así, la arquitectónica deshace el sistema en "ambiente", en el "mundo circundante"[119] que articula "el ver en torno",[120] en el que entramos en relación con ciertos "portadores de significado".[121] Este mundo abre una urdiembre de significaciones mediante la cual ingresamos a una espacialidad en expansión en la que experimentamos temporalidades simultáneas, como en una polifonía de sonidos; nos inunda y nos sumerge en un mundo supersensorial, que nos recuerda las "Lumière en vibration" de Julio Le Parc. Por lo tanto arquitectónica, es un arte relacional e inmersivo y, como todo arte, como señala Nancy, es "una afirmación de la intrincación del contacto y la contaminación de todos los trazos discordantes [...] entrelazamiento de las formas y las fuerzas".[122]

Arquitectónica, así entendida, es espacio de posibilidad abierto entre el espaciamiento y el emplazamiento, que asociamos a lo que Platón define entre el ser y el ente como "lugar", designado bajo el nombre de *Khôra*:

---

[118] Uexküll, citado en: BORGHI, S. *La casa y el cosmos*, op. cit., p. 17.
[119] Uno de los tantos términos que construye Heidegger a partir de la palabra "mundo".
[120] Aquello que Heidegger define como "ver en torno" descubre lo "a la mano" [...] por primera vez ve el sitio en cuanto tal" [...] El "mundo circundante" no se dispone en un espacio previamente dado, sino que su específica mundanidad articula en su significatividad el plexo de conformidad [...] señalado por el ver entorno". HEIDEGGER, M. *El ser y el tiempo*, op. cit., p. 119.
[121] "Imágenes perceptivas, de carácter activo, forman un *círculo funcional*". Ibíd., p.18.
[122] NANCY, J. *La partición de las artes*. Valencia: Ed. Pretextos, 2013, p. 343.

La *Khôra* no es ni *sensible*, ni *inteligible* [...] la doble exclusión (ni/ni) y la participación (*a la vez... y, esto y aquello*). [...] Es tal vez porque conduce más allá o más acá de la polaridad sentido metafórico/sentido propio que el pensamiento de la *Khôra* excede la polaridad, sin duda análoga, del *mythos* y del *logos* [...]. Ni siquiera puede decirse que les proporciona el soporte de un sustrato o de una sustancia estable. *Khôra* no es un sujeto. No es el sujeto. Ni lo *subjetil* (*subjectile*).[123]

Khôra no da nada al dar lugar, provee un receptáculo, como lo llama Timeo, un envoltorio. Entonces, ¿dónde situarla? Como se pregunta y responde Derrida, "en un espacio vacío, no en el vacío, entre el cuerpo y el alma, al margen, en la diferencia de lugar entre ambos [...]. En la grieta, en el abismo".[124] Arquitectónica como *Khôra* es

esa hendidura abismal [...] la apertura de un lugar (*lieu*) "en" el cual todo vendría a la vez a tomar *sitio* (*place*) *y reflejarse* (puesto que son imágenes las que allí se inscriben) [...] ¿Es insignificante que esta *puesta en abismo* afecte las formas de un discurso sobre los sitios, particularmente dominada por la consideración de los lugares (puestos en la sociedad, región, territorio, país), como lugares asignados a tipos o a formas de discurso?[125]

Discursos que son el "envoltorio donde me encuentro", medio o atmósfera en la cual se realiza el mundo. Cosmos donde se forman las figuras. Lugar de lo ambiguo que no se deja alcanzar. Decimos, con Nancy, "el mundo es la pluralidad de mundos: constelación". Es decir, apertura múltiple de lugares, "[...] el espacio del 'hay' [...] no es más que el espaciamiento en cuanto tal, y [...] todo el espaciamiento –*es* el tiempo mismo–

---

[123] DERRIDA, J. *Khôra*. Buenos Aires: Ed. Amorrortu, 2011, p. 16.
[124] Ibíd., p. 42.
[125] Ibíd., p. 42.

de la existencia, [...] pues el existir se espacia, se singulariza según una infinidad de ritmos".[126]

Arquitectónica es inherente a la conformidad espacial del "mundo circundante" que se realiza a través del cuerpo. Que es el *"medio* para hacer de un medio un mundo".[127] Es decir, arquitectónica es lugar y condición de apertura. Tal es su potencialidad; "efectúa la ley, en el presente, *in actu*",[128] en el mundo. Y el mundo existe en el distanciamiento; el espaciamiento lo hace posible. Porque para que haya mundo, como señala Merleau-Ponty, "debe producirse un espacio, una desolidarización de los datos inmediatos, una virtualización del presente".[129] Éste es el modo de existencia[130] del fenómeno de arquitectónica. Un modo a través del cual deviene arte performativo, que identificamos con su naturaleza medial como mundo circundante, emergente entre elementos heterogéneos: *lugar-cuerpo-espacio-tiempo*. Receptáculo o envoltorio, constelación en constante fluctuación en el presente de su presentación temporalizado. Más que presencia aparente, aparecer de una presencia existente como atmósfera, que materializa el espacio y se siente físicamente. Como señala Böhme:

> Las atmósferas, [...] en la medida en que la presencia de las cosas, de las personas o de las constelaciones que los rodean, esto es, su "éxtasis", los "tiñen". Ellas mismas son esferas de presencias de algo, su realidad en el espacio [...] Las atmósferas pertenecen al espacio performativo no al geométrico.[131]

---

[126] NANCY, J. *El sentido del mundo*. Ciudad autónoma de Buenos Aires: Ed. La marca, 2003, pp. 222-227-229.
[127] ALLOA, E. *La resistencia de lo sensible: Merleau Ponty. Crítica de la transparencia*, op. cit., p. 41.
[128] LYOTARD, J. *Lecturas de infancia*, op. cit., p. 44.
[129] ALLOA, E. La resistencia de lo sensible. Merleau Ponty: Crítica de la transparencia, op. cit., p. 42.
[130] Porque "allí no hay revelación o manifestación, sino base de existencia [...] La existencia virtual es de una extrema pureza, de una extrema espiritualidad". SOURIAU, É. Los diferentes modos de existencia, op. cit., pp. 156-161.
[131] Böhme "no las localiza las "esferas de presencia" en las cosas que parecen irradiar, ni en los sujetos que las experimentan físicamente, sino entre ellos y en ambos al mismo tiempo". BÖHME, Gernot. citado en: FISCHER-LICHTE, E. *Estética de lo performativo*. Madrid: Ed. Abada, 2011, p. 236.

La arquitectónica, en tanto atmósfera, se localiza *entre* las cosas y los cuerpos. Sus esferas de presencias están conformadas por la intensidad[132] de las texturas, los colores, las sombras, los sonidos, los olores que configuran la forma. Por lo tanto el cuerpo "no se encuentra en frente a la atmósfera, no mantiene distancia con ella, está rodeado y envuelto por ella, sumergido en ella". Que toca el cuerpo y lo estremece. La atmósfera "[...] emerge del silencio del espacio, se expande por él para volver a extinguirse en instante después, se disipa y desaparece".[133] Como dice Zumthor, "Entro en un edificio, veo un espacio y percibo una atmósfera, y, en décimas de segundo, tengo una sensación de lo que es".[134] Como al oír un sonido, que "a pesar de su fugacidad, tiene un efecto inmediato –y a menudo duradero– en quien lo oye".[135] Por eso para Zumthor, la arquitectura en tanto arte es análoga a la música. "Todo, las cosas, la gente, el aire, los ruidos, los colores, las presencias materiales, las texturas, y también las formas. [...] Es decir: todo está solamente dentro de mí".[136] Este fenómeno emergente en la arquitectura es lo que suscita gran cantidad de asociaciones, sentimientos y significados. Como señala Zumthor la "atmósfera" es una categoría estética donde arquitectónico da cuenta de la magia de lo real. Su performatividad establece relaciones cambiantes ligadas a la imaginación emocional, donde la actividad perceptual se desarrolla según la estructura del ambiente. Condición fundamental para ver un mundo, resultante de la "estimulación ordinal"[137] señalada por Gibson. Donde el ambiente

---

[132] La intensidad "aparece subordinada a las cualidades que llenan la extensión –cualidad física de primer orden o *qualitas*, cualidad sensible de segundo orden o *quale* [...] la diferencia de intensidad constituye *el ser* de lo sensible". DELEUZE, G. *Diferencia y Repetición*. Buenos Aires: Ed. Amorrortu, pp. 335-354.
[133] FISCHER-LICHTE, E. *Estética de lo performativo*, op. cit., p. 238.
[134] ZUMTHOR, P. *Atmósferas: Entornos arquitectónicos –las cosas a mi alrededor*. Madrid: Ed. G. Gili, 2009, p. 12.
[135] FISCHER-LICHTE, E. *Estética de lo performativo*, op. cit., p. 245.
[136] ZUMTHOR, P. *Atmósferas*, op. cit., pp. 16-17.
[137] Gibson habla de "estimulación ordinal", "textura" y "gradiente de textura", "que dan razón de la percepción literal de *borde* y *superficie* y otras cualidades derivadas, más complejas, del mundo visual" para la percepción espacial y las características espacio-temporales. BAYO MARGALEF, J. *Percepción, desarrollo cognitivo y artes visuales*. Barcelona: Ed. Anthopos, 1987, p. 43.

es imagen y estímulo, "un tipo de energía física variable", porque "[...] cuando la energía lumínica que incide sobre la retina es uniforme la percepción no existe". Por lo tanto, "la condición necesaria para la visión de pauta –u orden– es una "inhomogeneidad" del conjunto", entonces, "[...] la actividad perceptual solo se explica según la estructura del ambiente".[138] Como ocurre en el juego óptico en obra de los espejos deformantes de Rafael Iglesia: "Una arquitectura incapaz de dejar una huella", es "[...] un imposible espacio de reflejos [...] su imagen cambia constantemente. Es incapaz de retener un recuerdo [...] Inquieta. [...] No copia la realidad: la perturba".[139] También, la obra del estudio SANAA en la Galería Serpentine,[140] una superficie sinuosa y espejada produce una atmósfera de límites borrosos y espacios complejos, y en ellos la experiencia deshace toda fijeza. Sejima explora en la XII Bienal de Arquitectura de Venecia una "arquitectura del aire". Siendo curadora de la muestra[141] propuso como tema *el hombre está en la arquitectura*. En esa exposición la producción gira en torno de "envolventes" que se convierten en materia de experimentación, donde la arquitectura adquiere una dimensión arquitectónica de carácter inmersivo, inunda el cuerpo en la masa amorfa que territorializa y desterritorializa permanentemente, y sin embargo acentúa su carácter topológico como presencia. Esas experiencias dan cuenta de una "fenomenología del tacto", como dice Nancy, porque "parte del recurso material-trascendental-existencial de alguna cosa en tanto diferencia material".[142] Su presencia se experimenta en la facticidad del hecho arquitectónico; en medio de ese presente espacio-temporal fluctuante se revela la diferencia ontológica con la arquitectura, producto de la relación del cuerpo con el medio, y éste a su

---

[138] Ibíd., pp. 52-55.
[139] Iglesia, Rafael. Clínica Proar en: GONZALEZ MONTANER, B. *Nueva arquitectura Argentina*. Buenos Aires: Ed. ARQ.-Clarín, 2011, p. 24.
[140] GALIANO, L. (dir.) *Revista Arquitectura viva*. "Espacios efímeros. Entre la celebración y la innovación". Madrid: Ed. Arquitectura Viva, N°141, 2011.
[141] SEJIMA, K. *XII Bienal de Venecia*. Buenos Aires: Ed. Summa +, n°112, 2010, p. 66.
[142] NANCY, J. *Archivida del sentido y del sintiente*, op. cit., p. 79.

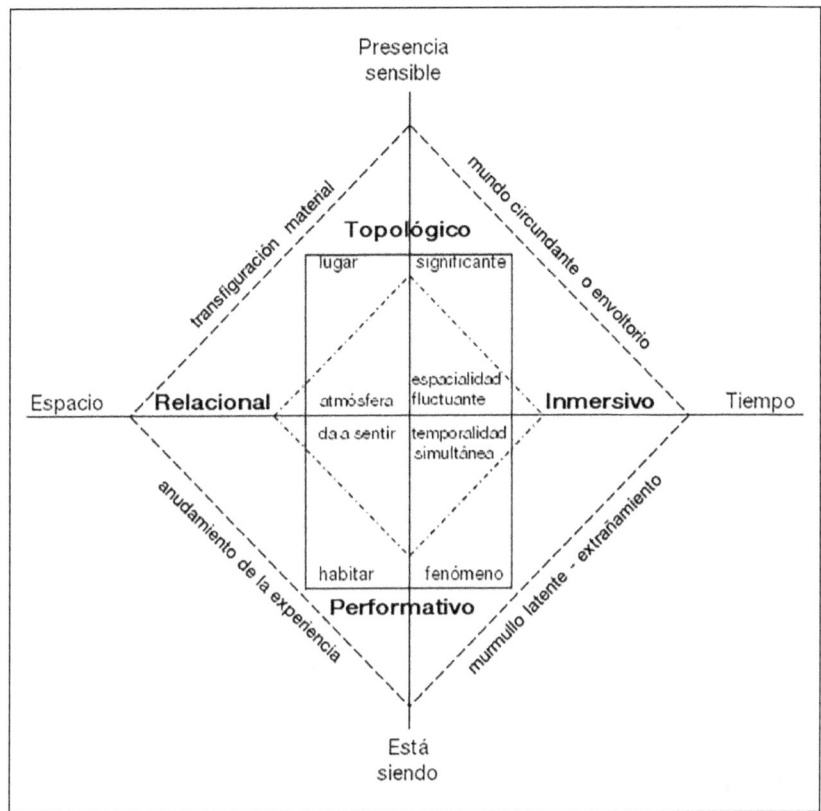

Diagrama 3

vez da cuenta de sus propias variaciones ontológicas generando ambientes habitados en mutación permanente.

Llegados a este punto, es posible afirmar que *arquitectónica es el arte de la arquitectura*. Un arte topológico, relacional, inmersivo y performativo, cuya interrelación se expresa en el diagrama 3, que representa la complejidad de este arte. Un arte que se distingue por el presente de una situación sensible en acto que exige realizarse en el contacto con las esferas de presencias que nos relacionan con el mundo en el que estamos situados. En el presente de esa relación actual nos envuelve y sumerge en una atmósfera sensible, espacio-temporal, como fenómeno emergente capaz de articular la forma con lo existente en ese acto. Ese fenómeno nos permite dimensionar el sentido de arquitectónica como arte de arquitectura.

En este recorrido hemos analizado la arquitectura y la arquitectónica, teniendo en cuenta lo señalado por Aristóteles acerca del acto,[143] y profundizando la mirada según el método heideggeriano,[144] que ha sido de extrema importancia en este estudio para entender las propias variaciones ontológicas de la arquitectónica. Éstas nos permiten definirla como agenciamiento[145] de descodificación de la arquitectura. Así, el fenómeno de arquitectónica abre una vía para romper el dispositivo sígnico y objetual y permite pasar de lo semiótico a lo semántico, a través de las modulaciones de la sensación que nos arranca de la relación de captura de la arquitectura. Ya que en la atmósfera arquitectónica en la que nos encontremos, como señala Ferguson, "estamos en transición, en un estado de preparación, de aproximación, de abandono y de indeterminación [...]. 'Tenemos' experiencias para tomar conciencia del juego de las variaciones ontológicas".[146] En ese pasaje de un estado de la materialidad, como sentido o acontecimiento de la sensación "produciéndose", se conecta lo sensible y el sintiente en sentir, como sabemos desde Aristóteles.

---

[143] Según la mayoría de los traductores, el acto sería el "existir" de la cosa.

[144] El método fenomenológico. Primero: reconstruye la mirada indagadora del ente. Segundo: Lleva al ser a su libre proyecto. Tercero: Crítica de los conceptos recibidos. GREISCH, J. *La invención de la diferencia ontológica*, op. cit., p.98.

[145] Decimos agenciamiento en el sentido de Deleuze, una multiplicidad que comporta géneros heterogéneos. No sería tanto una ontología cuanto una heterogénesis, una pragmática de la multiplicidad. Véase: HEREDIA, J. *Dispositivos y/o Agenciamientos* [en línea] Contrastes. Revista Internacional de Filosofía, vol. XIX-N°1 (2014), pp. 83-101. Departamento de Filosofía, Universidad de Málaga, Facultad de Filosofía y Letras Campus de Teatinos, E-29071 Málaga (España) [consultado el 26 de febrero de 2019]. Disponible en: https://www.uma.es/contrastes/pdfs/019/5-Juan_Manuel_Heredia.pdf.

[146] FERGUSON, H. *La pasión agotada. Estilos de la vida contemporánea*. Buenos Aires: Ed. Katz, 2010, pp. 58-61.

Por lo tanto, la arquitectónica asume una función significante en constante oscilación, deshaciendo el anclaje y la fijación con la forma. Aquí la configuración pierde su espesor desdibujándose en la experiencia que abre hacia "otro mundo". Como en la lectura, según Michèle Petit, "un reducto de algo oculto, pasajes escondidos que abren a otro mundo, ser transportado" y, "[…] es el "transporte", el desprendimiento de lo cercano, el salto fuera del marco habitual gracias al descubrimiento de que existe otro mundo, más allá". Arquitectónica, como dice Serge Tisseron: "Antes de ser un conjunto de signos por explorar y descifrar, es ante todo un espacio por habitar, y eventualmente por habitar con otros".[147] Tal es la condición habitable de la arquitectónica, relaciona experiencia y existencia, suscita acciones y afecciones ligadas al presente en la fluctuación que exhibe su ambigüedad. Como sabemos, este es el principio de todo arte. Por lo tanto, nos permite afirmar que arquitectónica es el arte de la arquitectura.

---

[147] TISSERON, S. citado en: PETIT, M. *Leer el mundo: Experiencias actuales de transmisión cultural*. Ciudad Autónoma de Buenos Aires: Ed. Fondo de Cultura Económica, 2016, pp. 49-51.

3.

Del Arte
a la Poética Arquitectónica

> Notable ejemplo de la enconada curiosidad de nuestra naturaleza, que se entretiene preocupándose por cosas futuras, como si no tuviera bastante con deber digerir las presentes.[1]
>
> MONTAIGNE

Del Arte a la Poética Arquitectónica

Luego de haber examinado la producción arquitectónica, afirmamos que la arquitectura logra el arte al distanciarse de su condición objetual, nos instala en el lugar (*Khôra*), nos sitúa en un espacio abierto que la arquitectónica transforma en medio receptor de la multiplicidad de acontecimientos que rompen la regularidad que las geometrías intentan imponernos. Y en tanto sensible opera desde la materialidad como agenciamiento de descodificación de la arquitectura. Este espacio fluctuante y paradojal, producto de la atmósfera, abre una constelación de presencias[2] que revelan el juego de

---

[1] Montaigne citado en: ROSSET, C. *Lo real y su doble. Ensayo sobre la ilusión.* Ciudad Autónoma de Buenos Aires: Ed. Libros del Zorzal, 2015, p.72.

[2] María José Contreras Lorenzini dice: "la presencia se enlaza con la ausencia: por ejemplo, la presencia del pasado se teje delicadamente con la ausencia de un presente o la falta de un futuro. Detrás de

sus variaciones ontológicas y suscitan, en la experiencia del lugar, acciones y afecciones que interrumpen la continuidad temporal ligándose al poema, arrojando el espíritu al libre uso del sitio para construir su mundo.

Arquitectónica en tanto arte, como señala Nancy, "[...] da a sentir. ¿Qué? Una cierta formación del mundo contemporáneo, una cierta puesta en forma, una cierta percepción de sí del mundo. [...] permite una circulación de reconocimientos, de identificaciones, de sentimientos, pero sin fijarlos en una significación terminal".[3] El espacio arquitectónico "está allí para ser experimentado",[4] como algo distinto de un producto subjetivo; más bien pretende ser una experiencia de él. Invita a ver otras posibilidades, "avizora modos de vida entre lo actual de un presente espacializado y lo inactual de una potencia inacabada del tiempo".[5] Arquitectónica es la presentación de una fragmentación del espacio-tiempo que se produce como acontecimiento y venida de un instante que aparece/desaparece como un murmullo, a través de la disolución de la forma, "habría algo en ella inasible e innombrable que se anuncia pero escapa, y que solo puede aparecer en poesía".[6] Y en tanto forma privada de referencia, se relaciona con el presente en su actualidad.

Así, el presente espacializado ya no hace referencia a una arquitectura de la tectonicidad, más bien del *archi*, como impulso que tiende al devenir y fragiliza a la tectónica en la experiencia de esa realidad amorfa. Donde nos damos como pasaje del ser presente, que emerge del aparecer estético. En este movimiento sensible de temporalización y virtualización del presente

---

toda presencia se esconde una sombra, la sombra de todo aquello que resta ausente". CONTRERAS LORENZINI, M. Estéticas de la presencia: otros aires en el teatro chileno de principios del siglo XXI [en línea]. En Revista de Teoría y Crítica Teatral *Telón de Fondo*. N° 10, diciembre, 2009, p. 3. [consultado el 28 de febrero de 2019]. Disponible en: file:///D:/Descargas/esteticas-de-la-presencia-otros-aires-en-el-teatro-chileno-de-principios-del-siglo-xxi%20(1).pdf

[3] NANCY, J. *El arte hoy*. CABA: Ed. Prometeo, 2014., p. 24.
[4] SEEL, M. *Estética del aparecer*. Buenos Aires: Ed. Katz, 2010., p. 73.
[5] Ibíd., p. 75.
[6] LÉVINAS, E. *La realidad y su sombra, Libertad y mandato, Trascendencia y altura*. Madrid: Ed. Trota, 2001, p. 24.

se abre el paso del arte a la poética arquitectónica, que "obra como la naturaleza: simula, finge [...] dice la verdad de la apariencia [...] allí donde la verdad es otra de sí, hija del devenir, de la metamorfosis y en suma, como la poesía, de la nada".[7] Que es una "existencia tallada en una estrofa de pura nada",[8] que no es lo imaginario, sino lo virtual. "Modo de existencia particularmente rico en una multitud de presencias".[9] Éstas producen la fractura entre visible e invisible, apariencia y aparecer. Y como nos recuerda Agamben, esa es la paradojal definición platónica de belleza: "la visibilidad de lo invisible, la aparición sensible de la idea"[10] que surge a partir de la "acción" del edificio sobre el habitante, en la que se experimentan los espacios arquitectónicos como un fenómeno que fulgura, resultante de las variaciones que la materialidad ofrece a los sentidos.

De esta manera, emerge el sentido arquitectónico como fuerza sensible que unifica dos órdenes de relaciones que tienden a oponerse como si fuesen antitéticas. Si bien el espacio como cuerpo o figura tiene un rol privilegiado, su existencia "reica" se hunde en el dudoso mundo producto de la experiencia del presente. Como señala Souriau, en ese tránsito se "constituye una cabeza de puente del fenómeno",[11] un modo de existencia que se "da" como presencia sensible a cada instante. Se presenta no como "algo" sino más bien como "nada",[12] pregunta fundamental en Leibniz que, según lo considera Heidegger, lleva implícita la respuesta:

El mismo Leibniz, que fue el primero en enunciar el *principio de razón suficiente*, luego de enumerar una larga lista de principios dice en el parágrafo 35

---

[7] GIVONE, S. *Historia de la nada*. Buenos Aires: Ed. Adriana Hidalgo, 2009, p. 191.
[8] SOURIAU, É. *Los diferentes modos de existencia*. Buenos Aires: Ed. Cactus, 2017., p. 159.
[9] Ibíd., p. 159.
[10] AGAMBEN, G. *Gusto*. Ciudad Autónoma de Buenos Aires: Ed. Adriana Hidalgo, 2016, p. 13.
[11] SOURIAU, É. *Los diferentes modos de existencia*, op. cit., p. 151.
[12] "El Ser es presencia [...] el Ser, dador del ente, no se identifica sin embargo con éste y es por ello no-ente; es la Nada respecto de todo ente [...] La Nada, dice Heidegger, no es el indeterminado enfrente del ente sino que se descubre como perteneciente al Ser del ente". Arturo García Estrada en el prólogo de: HEIDEGGER, M. *La experiencia del pensar. Hebel, el amigo de la casa*. Córdoba: Ed. Del copista, 2007, p. 12.

de la *Monadología*: Hay por último [...] principios primitivos, que no pueden ser probados y no necesitan de ello [...] El principio se da en la intuición. Intuición deriva del latín *intuere* que significa mirar atentamente, ver, observar, examinar. Al principio se lo ve, se lo muestra, nunca se lo demuestra.[13]

Por lo tanto, en el arte, como dice Leopardi, "La nada es principio, origen, antes que resultado".[14] Retoma lo señalado por Solger, quien entiende el arte "constitutivamente ligado a la nada [...] en la medida en que la idea necesariamente se aniquila, a fin de que lo particular pueda manifestarse en lo universal".[15] De allí Leopardi junto a Schopenhauer expresan que, "el arte *desfonda* el principio de razón y, poniendo la nada en la raíz de lo real, presenta el modelo de una experiencia de la verdad [...] una experiencia donde la verdad [...] soporta, lleva en sí misma la propia contradicción".[16] Por eso decimos, el arte es la ruina de aquellas teorías arquitectónicas que intentan prever y calcular para justificar y demostrar ideas siguiendo los principios de la ciencia moderna. Olvidando, tal vez, que la arquitectura no construye ideas, sino, como señala Pallasmaa, "presenta el drama de la construcción silenciosa en la materia [...] es un silencio receptor".[17] Solo en la singularidad de la experiencia arquitectónica tenemos la "certeza" de una presencia como existencia, a partir de una vibración que evidencia la presentación de un fenómeno tocante. Como fuerza que atraviesa el cuerpo y abre "nuestra sensibilidad a una nueva posibilidad de formas que ella ignoraba hasta aquí".[18] Este fenómeno tocante interrumpe la percepción natural en un acto vibratorio y da a sentir un excedente del sentido sensato. Como dice Nancy, "el toque es totalmente en acto, en acto es su móvil". Y por lo tanto, "ese acto se acompaña con su propio exceso que es su goce, [...] siempre

---

[13] Ibíd., pp. 13-14.
[14] Leopardi citado en: GIVONE, S. *Historia de la nada*, op. cit., p. 185.
[15] Ibíd., p. 144.
[16] Ibíd., p. 202.
[17] PALLASMAA, J. *Los ojos de la piel. La arquitectura y los sentidos*. Barcelona: Ed. G. Gili. 2014, p. 63.
[18] NANCY, J. *El arte hoy*, op. cit., p. 25.

un abismo hacia el cual yace o se derrama la *ruhr* del *berühren*".[19] De este modo, la presencia sensible deshace esquemas y figuras, y "En primer lugar, queda el gesto, y, en segundo lugar, aunque no se sepa cuál sería la palabra más apropiada, se diría que al final del gesto queda el signo, pero un signo que ya no significa".[20] Es más bien un indicio, como un sonido que sacude y se recibe sin mediaciones. Abriendo al afuera, "da presencia y cuerpo a lo que se desvanece".[21] Por lo tanto, "hay que saber oír en una obra algo que no es audible y que no se puede ni se debe buscar hacer oír por otros medios",[22] sino por lo que produce en primera instancia, al abrirse, el sentido. Eso que provoca "el distanciamiento de una presencia, una presencia que se presenta al margen de sí misma. Espacio y espasmo".[23]

En lo arquitectónico, en tanto experiencia del lugar y espacio de una presentación, como

> En actitud natural vivimos en los objetos, extraviados en ellos por así decirlo. [...] Precisamente por ello hará falta la violencia, explícita y contra-aperceptiva, de la *epojé*. [...] No se está, en rigor, "en" el "mundo" de la vida. Antes bien se es, a las cosas (y a uno mismo) a su través.[24]

En el obrar de esa presentación, que se hace cada vez, en un sentido en acto que comienza, acaba y se repite, es donde la arquitectura da cuenta de su carácter inmutable y eterno, que no es el espejismo de la inmovilidad buscada por Giorgio Grassi.[25] Es más bien una presencia que nos inmoviliza por un instante que insiste en repetirse. Es una presencia que

---

[19] NANCY, J. *Archivida. Del sintiente y el sentido*, Buenos Aires: Ed. Quadrata, 2014, p. 23.
[20] NANCY, J. *El arte hoy*, op. cit., p. 32.
[21] Ibíd., p. 62.
[22] Ibíd., p. 63.
[23] NANCY, J. *La partición de las artes*. Universidad Politécnica de Valencia: Ed. Pre-textos, 2013, p. 293.
[24] POSADA VARELA, P. Sobre el fenomenologizar como cinestesia concretizante [en línea]. En *Investigaciones Fenomenológicas*, n. 11, 2014, 223-248, pp. 224-225. [consultado el 1 de marzo de 2019). Disponible en: https://www2.uned.es/dpto_fim/InvFen/InvFen11/pdf/11_Posada.pdf
[25] GRASSI, G. *Arquitectura, lengua muerta y otros escritos*. Barcelona: Ed. El Serbal, 2002.

en su inmutabilidad anafórica, como le "ocurre" a los cuerpos, dice Nancy, "llegan, vienen para destacarse y a singularizarse y, después, desaparecen en la totalidad o la nada. Lo que llega de ese modo y que se marcha –pero marcharse es también un llegar– es una presencia, es decir, un sentido".[26] Así, en la experiencia de esa venida en presencia en el instante, surge el fenómeno[27] inaprensible que da vida al poema arquitectónico. El arte trabaja sobre la experiencia del paso de una vibración única, acto que produce en el tránsito la "destrucción" formal que hace al poema. Porque "el poema es la cosa hecha por el hacer mismo. Esta cosa que es abolida y planteada, es el acceso al sentido. El acceso se deshace como pasaje, como proceso".[28] Es decir, el orden sensible del discurso se rompe en el instante en que el fenómeno poético corta el lenguaje y se perfila al encuentro con lo real en su extático emerger, abandonado al devenir que acontece sin dejar rastro. El lenguaje inarticulado de "la poesía consiste en hacer que todo hable, en depositar, en contrapartida, todo el habla en las cosas, la propia habla como cosa hecha y más que perfecta".[29] Porque su eficacia consiste en sustituir la palabra justa por la "textura" verbal. Como dice Gaya, "La poesía no habla. Canta [...] Su mensaje es música [...] Ahora, si la poesía, además del poema, fuera un lugar, podría ser quien habla en ese lugar. Quien dice ahí. O quien habla en lugar de la poesía".[30] Si fuera un lugar, entonces, el que habla allí es el poema arquitectónico. Lugar del aparecer de una presencia insensible "como exigencia de acceso al sentido [...] se mantiene agazapado como un animal, tenso como un resorte, y así, ya en acto",[31] da lugar al fenómeno poético.

---

[26] NANCY, J. *La partición de las artes*, op. cit., p. 329.
[27] "Un *fenómeno* consiste en trasladarlo de la configuración mereológica de fondo propia de la actitud natural, donde lo absoluto es el mundo, a esa otra configuración mereológica, propia de la actitud fenomenológica, donde lo absoluto es la correlación de constitución entre la vida transcendental y el mundo. A ese trasvase llamamos fenomenalización". POSADA VARELA, P., *Sobre el fenomenologizar como cinestesia concretizante*, op. cit., p. 226.
[28] NANCY, J. *La partición de las artes*, op. cit., p. 126.
[29] Ibíd., p. 127.
[30] Miguel Gaya en: ARTECA, M. *¿Quién habla en el poema?* Buenos Aires. Ed. Del Dock, 2013, pp. 49-50.
[31] NANCY, J. *La partición de las artes*, op. cit., p. 128.

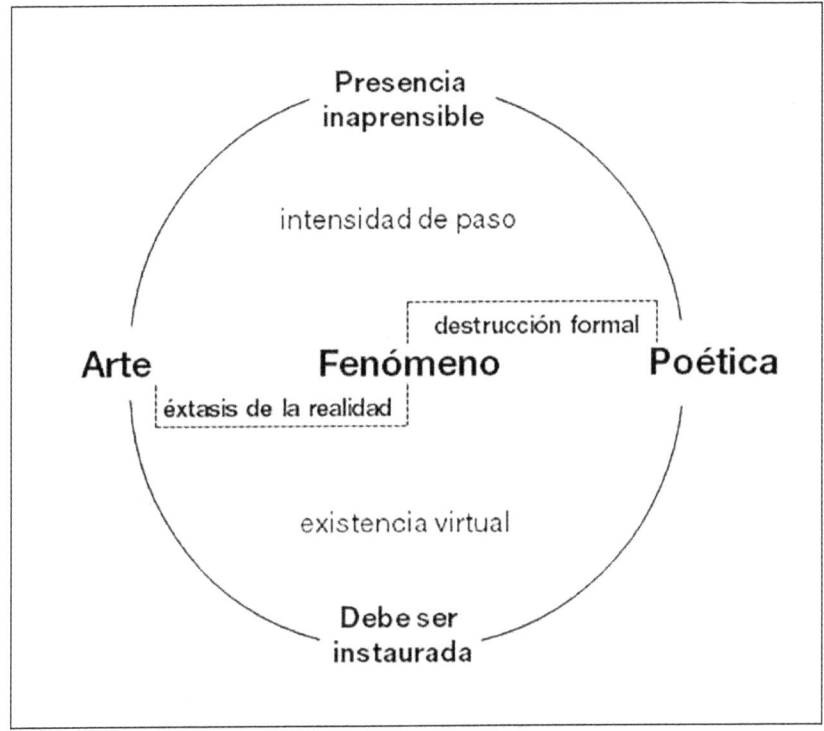

Diagrama 4

La arquitectónica como arte de la arquitectura, en la experiencia situada, da paso a una perfección mayor, al fenómeno poético que deshace toda configuración formal. Así, la arquitectónica articula imágenes poéticas en el presente de lo que la apariencia muestra. En una suerte de éxtasis de la realidad, efectúa el pasaje del arte al poema arquitectónico como presencia actuante. Como se describe en el diagrama 4.

Por esto, decimos con Leopardi: "La razón exacta y geométrica es completamente inadecuada en relación al secreto", de las presencias existentes, que "están fundadas sobre la nada", porque [...] la totalidad de lo que existe...aparece, compuesta, conformada y ordenada a un efecto poético".[32] Y ese efecto que la obra produce, como dice Valéry, "se declara en unos instantes", aunque advierte: "Todos esos efectos, que en ocasiones llegan al prodigio, son instantáneos, como todo aquello que dispone de sensibilidad; atacan de la forma más rápida los puntos estratégicos que dominan nuestra vida afectiva [...]".[33] Y todo lo que atañe al sentir acontece en el instante "de otorgar a algunos fenómenos pasajeros cierta existencia, cierta duración permanente [...] un arquitecto muy listo percibió el efecto y se empeñó en multiplicarlo".[34]

Como sabemos, no fue solo uno; lo ha hecho Ictino, Calícrates, Agripa y, más tarde, Miguel Ángel, Andrea Palladio, Karl Friedrich Schinkel, Antoni Gaudí, Víctor Horta, Frank Lloyd Wright, Alejandro Bustillo, seguidos por Carlo Scarpa, Louis Kahn, Alvar Aalto, Amancio Williams, Aldo Rossi, Rafael Moneo, Oscar Niemeyer, Lina Bo Bardi, Juan Borchers, Ricardo Legorreta Vilchis, Clorindo Testa, Glenn Murcutt y tantos otros hasta nuestros días. Han multiplicado el efecto con diferentes recursos; desde la tradición arquitectónica hicieron resonar lo inobjetivable abriendo el precedente al giro de la experiencia estética contemporánea.

Pero las palabras de Valéry nos llevan a pensar en Le Corbusier, porque su obra es representativa del cambio, en especial *La Tourette* (1960), donde construye espacios enigmáticos e inmersivos.

A través de la materialidad produce una atmósfera de tinieblas que nos recuerda lo dicho por Tanizaki: "Están hechas de una materia diferente a la de las tinieblas de la noche en un camino y, [...] parecen estar formadas de corpúsculos como de una ceniza tenue, cuyas parcelas resplandecieran con todos los color del arco iris".[35] Una especie de bruma nos envuelve e

---

[32] GIVONE, S. *Historia de la nada*, op. cit., p. 203.
[33] VALÉRY, P. *Teoría poética y estética*, Madrid: Ed. La balsa de la medusa, 2009, pp. 114-125.
[34] VALÉRY, P. *Notas sobre la poesía*. Ciudad Autónoma de Buenos Aires: Ed. Hilos, 2015, pp. 18-20.
[35] TANIZAKI, J. *El elogio de la sombra*. Madrid: Ed. Siruela, 2013, pp. 78-79.

POÉTICA ARQUITECTÓNICA

FIGURA 1.
Convento La Sainte Marie de la Tourette,
de Le Corbusier

FIGURA 2.
El pabellón Alemán en Barcelona,
de Mies van der Rohe

involucra, nos sitúa en un territorio místico[36] que apela a la experiencia del presente, donde la percepción pierde el sentido de referencias de las formas para alcanzar fuerza poética.

Sucede lo mismo en la obra de Ludwig Mies van der Rohe. En *El Pabellón de Barcelona* (1929) recurre a la abstracción y a la pureza formal como principios, despojando a la arquitectura de la masa y la pesadez de la materia, transfigurando sus aspectos ornamentales a través de la "simpleza" de la figura para capturar su belleza silenciosa y alcanzar la verdad. Porque lo verdadero, como señala Hegel, es "la quietud simple y transparente. Pero dicha quietud es tal por efecto de la embriaguez [...].

La duda suspendida entre la distinción y la disolución, entre las figuras claras y el tumulto, la confusión, el magma",[37] agrega Nancy. Mies van der Rohe pone en juego la tensión y el equilibrio espacial a través de la tersura de lo liso y lo pulido, las transparencias, los reflejos y las sombras, para hacernos experimentar el silencio y la ausencia que intensifican la suspensión del tiempo y deshacen la figura ligada, así, a la poesía. Como en los espacios "de Barragán o Ando, [...] la metafísica se hace presente",[38] dice Marta Zátonyi; "Acaso la metafísica se hace espacio, acaso por eso se siente la presencia de lo divino o de lo numinoso, acaso por ello hay una llamada a la entrega total. Por eso la voluptuosidad, por eso el estremecimiento".[39]

Así, el poema arquitectónico pone en primer plano la cuestión existencial, "habla sobre la necesidad de comprometerse con una libertad incondicional, para alcanzar la construcción de la autenticidad vital".[40] Que es aquello que Valéry denomina "libertad de espíritu", que "no es sensible, no

---

[36] Mircea Eliade dice: "los mitos son expresión del tiempo circular, del eterno retorno, que rompe la linealidad y homogeneidad del tiempo cronológico y profano y, por lo tanto, constituye una manifestación de lo sagrado". Eliade citado en: MARTÍ ARÍS, C. *Silencios elocuentes*. Barcelona: Ed. UPC, 1999, p. 44.
[37] Hegel citado en: NANCY, J. *Embriaguez*. Lanús: Ed La Cebra, 2014, p. 10.
[38] ZÁTONYI, M. *Gozar el arte, gozar la arquitectura: Asombros y soledades*. Buenos Aires: Ediciones Infinito, 2008, p. 268.
[39] Ibíd., p. 268.
[40] Ibíd., p. 269.

es concebida, no es deseada sino por efecto de un contraste",⁴¹ como efecto del choque del espíritu y la materia.

En este sentido se juega el valor de la poética arquitectónica, que no solo pone en contacto al receptor con lo real y lo libera de la opresión de la forma, sino también libera al productor de la urgencia y la necesidad de producir el hábitat condicionado por la contingencia social para producir para alguien, desde lo propio, y dar sentido de "casa" a la habitación como lugar y estancia para el sosiego del alma humana. Así, se ubica por fuera de la sistematización homogeneizante y del funcionalismo mercantil deshumanizante, ya anunciado por Ortega y Gasset (1925). Además, la poética arquitectónica ataca la acefalia cultural de la formación tecnocrática y el avance "deculturador"⁴² de la "sociedad del espectáculo",⁴³ señalado por Norberto Chaves (2006). Porque la libertad de espíritu es libertad cultural e implica la construcción de ámbitos individuales y colectivos compartidos, que solo es posible de alcanzar habitando con el otro y con "lo Otro", abierto a la extrañeza que produce la alteridad de sí mismo. Como dice Byung-Chul Han,

> libre significa perteneciente a los amigos o a los amantes. Uno se siente libre en una relación de amor y amistad. […]. Libertad es un concepto relacional *par excellence*. Libertad no es posible sin un sostén […] la ausencia de pautas temporales desborda y sobreexcita al individuo.⁴⁴

Esto ocurre en la aceleración y en la dinámica de cambios de los acontecimientos contemporáneos. Aunque esta temporalidad en sentido estricto "es

---

⁴¹ ARTAUD, A.; Valéry, P. *Libertad de espíritu*. Buenos Aires: Ed. Leviatán, 2005, p. 52.
⁴² CHAVES, N. La intervención como interferencia. La ideología hegemónica en las operaciones modernizadoras de la arquitectura histórica [en línea]. En *Archivo de Norberto Chaves* [consultado el 6 de marzo de 2019]. Disponible en: https://www.norbertochaves.com/articulos/texto/la_intervencion_como_interferencia
⁴³ Ibíd.
⁴⁴ HAN, B. *El aroma del tiempo: Un ensayo filosófico sobre el arte de demorarse*. Barcelona: Ed. Herder, 2015, p. 53.

un fenómeno genuinamente *moderno*. Presupone un proceso de desarrollo lineal, teleológico",[45] un proceso que la sociedad moderna instaló desde falsos supuestos. Y este escenario temporal, como advierte Agamben, conduce a la "pérdida de la experiencia y la infantilización del ser humano".[46] La sociedad moderna asoció la experiencia al experimento, pero "la condición de la experiencia no es el conocimiento [...] sino como supo Montaigne, ya que "en él la subjetividad y el conocimiento todavía no se separaron".[47] Por lo tanto, no será posible alcanzar la libertad de espíritu desde el divertimento alienante y la dispersión temporal que diluye la experiencia de lo real y no permite captar su densidad ontológica. Para alcanzar la construcción de la autenticidad vital, reclamada por Zátonyi, es necesario reconducir la experiencia desde la facticidad temporal del presente sin abolir el tiempo. Porque solo "la experiencia de la duración, y no el número de experiencias, hace que una vida sea plena".[48] Por esto propongo el giro a la poética y la recuperación de la temporalidad, porque su potencia política consiste, como dice Alain Badiou, en "renunciar a la esencia progresiva de la historia [...] proponer un balance del siglo XX que sea como un aparato de filtrar, en lo que tuvo lugar aquello mismo que no pudo tener lugar, que estaba en el *impasse*".[49]

Si bien el arte del siglo XX abrió el paso a la construcción de la subjetividad, al diluir la temporalidad en la forma, siguió atado al ente y no basado en la ontología de la nada; quedó atrapado en la metafísica de la presencia, entendida como imaginación, representación abstracta, o algo fuera del lugar. Pero la "presencia" en el arte no es un objeto, ni un sujeto, ni un despojo, un diferimiento del presente o algo ausente, es más bien

---

[45] Ibíd., p. 54.
[46] AGAMBEN citado en: PERNIOLA, M. *Estrategias de lo bello. Estética italiana contemporánea*. Buenos Aires: Ed. Las Cuarenta, 2017, p. 126.
[47] Montaigne citado en: PERNIOLA, Ibíd., p. 131.
[48] HAN, B. *El aroma del tiempo*, op. cit., p. 57.
[49] BADIOU, A. *En busca de lo real perdido*. Buenos Aires: Ed. Amorrortu, 2016, pp. 82-83.
[50] "El silencio es quizás una palabra, una palabra paradójica, el mutismo de la palabra [...] La palabra, casi privada de sentido, es ruidosa. El silencio es silencio limitado (la palabra es relativamente silenciosa, en

el "silencio"[50] de la forma que abre a la experiencia en el contacto, y que habla desde el mutismo de la presencia, "Entra de improvisto en el hombre y requiere una larga maduración. En lo imperceptible de lo que es siempre lo mismo oculta su bendición".[51] Como lo eterno e inmutable,[52] es imagen retenida, demora y silencio, y en la "espera" surgen dioses y mundo. Como dice Heidegger, siguiendo al maestro Eckhart, "solo en lo no dicho de su lenguaje Dios es Dios".[53] El arte expresa una presencia inaprensible en el dominio de lo físico pero "presente" en el reino fenomenológico. La imagen artística es un aparecer atmosférico que se muestra suspendido en lo sensible y abre la cinestesia fenomenologizante.[54] Surge en la retracción del presente como una "duración única, a saber, la condición de un permanente desaparecer".[55] En este acto de paso del sentido desligado del ser surge el poema, como "enajenación radical", "desastre", dice Blanchot. Fuera del lenguaje en "el afuera silencioso –silencio del silencio- que de ningún modo tendría relación con el lenguaje, [...] saliendo de él desde siempre, vela aquello que no ha comenzado ni terminará".[56] El efecto del poema produce la fenomenalización del fenómeno, y en el presente actuante abre a un nuevo campo de existencia de las "cosas", que dan cuenta de un mundo fuera de ellas. Una existencia que es más que el efecto fugaz y

la medida en que porta aquello en lo que se ausente, el sentido ya ausente)". BLANCHOT, M. *La escritura del desastre*. Madrid: Ed. Trotta, 2015, p.51.
[51] HEIDEGGER, M. Camino de campo. Barcelona: Ed. Herder, 2º ed. 2003, p. 31.
[52] Como sabemos desde Heidegger es el *ser* como existente. Lo que en Parménides es: el todo, "según la verdad de las cosas" (*katà tèn tôn pragmáton alétheian*), es eterno e inmóvil y sólo "por un falso punto de vista" (*kath' hypólepsin pseudê*) el devenir parece tener alguna consistencia. He aquí la mirada que abarca la totalidad y ve el sólido apoyarse de ésta sobre lo inmutable, una visón que se contrapone a la mirada que persigue fantasmas exhibiendo mundos ilusorios, emitiendo opiniones carentes de valor. Vale decir: si hay algo más allá del ser, esto es otro respecto del ser, y por ello "el no ser absolutamente no existe". Parménides citado en: GIVONE, S. *Historia de la nada*, op. cit., p. 53.
[53] Ibíd., p. 31.
[54] "... la cinestesia fenomenologizante es una entidad compuesta, es decir, una concrescencia entre vida y mundo intensificada". POSADA VARELA, P. *Sobre el fenomenologizar como cinestesia concretizante*, op. cit., p .240.
[55] SEEL, M. *Estética del aparecer*, op. cit., p. 225.
[56] BLANCHOT, M. *La escritura del desastre*, op. cit., p. 55.

transitorio del arte moderno,[57] es fenómeno en sí, no causado, ni revelado, ni manifiesto, y sin embargo real. Su intensidad produce la perforación de la atmósfera sensible de base y fenomenaliza el fenómeno en el instante de su presentación, da cuenta de su existencia temporal y se revela como fenómeno poético.

Pero no basta con reconocer la existencia de este fenómeno. Como dice Souriau, "no se trata de constatar los modos reconocidos e indubitables de existencia sino de conquistarlos […] en la condición humana real".[58] Por lo tanto, es necesaria su instauración, que solo será posible instalados "en" la realidad de esa atmósfera sensible que nos toca, y que nuestra percepción capta en la experiencia del instante. Ya que, como sabemos desde Bergson, "por rápida que se la suponga, ocupa un cierto espesor de duración".[59] De este modo, la imagen sensible "musicaliza" el instante en el presente; su cadencia lo prolonga hacia el futuro, no lo diluye y así construye el tiempo. Por lo tanto, la instauración del fenómeno poético arquitectónico se produce habitando "la taxia musical del mundo dada en la sensación como ritmo, de donde exhala precisamente la *esencia obscura e inasible* de la sombra".[60]

La arquitectónica en tanto imagen disuelve la objetualidad. Su "existencia fragmentaria hace señas al sistema al que despide",[61] quedando suspendido en el tiempo. Esta forma especial de aparecer en el instante, en que la materia es suspendida en lo sensible, es vehículo de acción y experiencia del presente, "corte casi instantáneo que nuestra percepción practica en la masa en vías de derrame".[62] Porque en la arquitectónica, como dicen Deleuze y Guattari, "Mientras el material dure, la sensación goza de una eternidad

---

[57] Como reclama Baudelaire, "la modernidad es lo transitorio, lo fugaz, lo contingente, es la mitad del arte, cuya otra mitad es lo eterno e inmutable". BAUDELAIRE, C. *El pintor de la vida moderna*. Ciudad de Buenos Aires: Ed Taurus, 2013, p. 22.
[58] SOURIAU, É, *Los diferentes modos de existencia*, op. cit., p.187.
[59] BERGSON, H. *Materia y Memoria*. Buenos Aires: Ed. Cactus. 2006, p. 86.
[60] LÉVINAS, E. *La realidad y su sombra: Libertad y mandato, Trascendencia y altura*. Madrid: Ed. Trotta, 2001, p. 37.
[61] BLANCHOT, M. *La escritura del desastre*, op. cit., p. 59.
[62] BERGSON, H. *Materia y Memoria*, op. cit., p. 161.

durante esos mismos instantes. La sensación no se realiza en el material sin que el material se traslade por completo a la sensación, al precepto o al afecto".[63] Por lo tanto la materialidad produce el acontecimiento que se experimenta a través de lo que denominamos "espacialización estética del tiempo", que profundizaremos más adelante siguiendo a Husserl.

Ahora nos detendremos en este proceso que produjo una fisura conceptual en el arte moderno.[64] Aunque aún persisten algunas concepciones arquitectónicas "neo-modernas" bajo el pretexto de la pérdida del locus, adhiriendo a un sistema espacial cerrado, sin tener en cuenta que, como dice Schlegel, "Tener un sistema: eso es lo mortal para el espíritu; no tenerlo: también eso es mortal. De ahí la necesidad de mantener, perdiéndolas, a la vez ambas exigencias".[65] Esto es lo que permite la operatoria que realiza la poética arquitectónica. En tanto imagen y silencio de las formas, no niega la sistematización. Más bien arroba la presencia en la experiencia, requiere del "yo" para la concreción de su existencia. Recurre a un "sistema" de orden fenomenológico. En palabras de Posada Varela, éste es "el entero sistema de correlaciones transcendentales en que consiste la intersubjetividad transcendental (a lo largo de la historia), y que tiene al mundo como su correlato constitutivo".[66]

La poética arquitectónica articula la presencia en acto, y presentándose se expone al contacto en la experiencia, y ese choque presenta algo[67] que antes allí no existía: formas que se muestran y velan, en una danza que teatraliza las apariencias,[68] en un aparecer metafísico de la existencia. Esa presencia, como señala Nancy, "procede de la declaración de existencia –y la existencia

---

[63] DELEUZE, G. y GUATTARI, F. *¿Qué es la filosofía?* Barcelona: Ed. Anagrama, 2006., p.167.
[64] ARGAN, G. *El arte moderno. Del Iluminismo a los movimientos contemporáneos.* Madrid: Ed. Akal, 1991.
[65] Ibíd., p. 59.
[66] POSADA VARELA, P. *Sobre el fenomenologizar como cinestesia concretizante*, op. cit., p. 239.
[67] Algo que surge de la indeterminación consecuente de la cinestesia fenomenologizante. "Lo que tiene todo el aspecto de un hecho ontológico último, no es más que un espejismo que depende del lugar arquitectónico". Ibíd., p. 246.
[68] "La apariencia es la incapacidad del hombre de verlo todo". GIVONE, S. *Historia de la nada*, op. cit., p. 51.

misma es el ser declarado, presentado, no retenido en sí. Es el ser que da señal de sí mismo".[69]

Por lo tanto, la poética arquitectónica es la *forma* de la arquitectura como sentido puro, *Khôra, lugar*, "espaciamiento que no es precedido por ningún trazo, por ningún contorno, en realidad tampoco por ninguna nominación [...] aquello mismo que es indispensable al trazado, a la raya, al estiramiento de un trazo sea el que fuere".[70] Como las "elocuentes rayas" derridanas, que "suplementan y suplen a su manera lo que rayan también los trazo [...] el sentido como una figura acabada, la representación, la significación, lo propio o el tropo como giro de lo propio".[71] Así, la fuerza poética se oculta en las "formas leves". En palabras de Roberto Fernández, "Un *aire* que hace líquido los territorios, vacuas las ciudades, y atectónicas las arquitecturas".[72] Esta es la potencia poética emergente de las variaciones de la presencia arquitectónica. Ella es la fuente que anuda la forma en las vidas instituyentes. Que toma su impulso en "esta 'parte', de suyo dehiscente o des-concrescente [...] Nos estamos refiriendo al "espectador transcendental".[73] Que produce un fundamental desalineamiento espacial en la suspensión de la existencia del mundo. Porque efectivamente, en el abismo de sentido, a través del fluir del lugar (*Chôra*) en el tiempo, "volvemos de regreso, por los agujeros del absoluto".[74] Allí, fuera de todo, "en el fluir del lugar: lo absoluto no es otra cosa que (no '*es*') lo disoluto, lo disuelto, lo derramado fuera. Presencias que se eclipsan en un trance, una danza, una cadencia".[75]

Quizás este aspecto de la poética arquitectónica sea un galimatías para la arquitectura. Tal vez, lo sea su naturaleza compleja. Por sus múltiples condicionantes y particulares demandas, su condición material concreta no lleva

---

[69] NANCY, J. *La partición de las artes*, op. cit., p. 333.
[70] Ibíd., p. 345.
[71] Ibíd., p. 346.
[72] FERNÁNDEZ, R. *Formas Leves*. Perú: Ed. Epígrafe, 2005, p. 12.
[73] POSADA VARELA, P., *Sobre el fenomenologizar como cinestesia concretizante*, op. cit., p. 240.
[74] LÉVINAS, E. *La realidad y su sombra*, op. cit., p. 37.
[75] NANCY, J. *Embriaguez*, op. cit., p. 26.

a considerar el "simple" ritmo del *arché* que domina e impulsa la forma y su construcción. Sin embargo, su naturaleza compleja se esconde en la naturalidad del efecto poético. Como señala Baudelaire, "Es presumible que el poeta, de haber sabido hablar en lengua corriente, hubiera dicho: *¡La simplicidad embellece la belleza!*, lo que equivale a la siguiente verdad, de un género de lo más inesperado: *la nada embellece lo que es*".[76] Una nada que es todo en el mundo, como en el "arte balzaquiano". "Nada"[77] en arte es neutralidad ontológica, realidad amorfa que corta del encadenamiento temporal del mundo y evidencia la mutación constante de lo dado. Esta ruptura temporal marca el paso definitivo del arte a la poética arquitectónica, que da cuenta del desdoblamiento de lo real en su sombra. Como señala Lévinas:

> la obra de arte no es en sí, contra lo que se cree normalmente, conocimiento y revelación. Va a los fondos del desconocimiento y deja a la conciencia ante algo innombrable e inasible, que solo la poesía puede evocar desde un pneumatismo abierto a otro [...] El cerne de la obra inquieta [...].[78]

En la arquitectónica la materia es reducida a polvo, tinieblas que no se desvanecen, materia que fluye y se expresa como apariencia incierta y atmósfera sensible sin cristalizarse en una forma. Ese fenómeno experiencial permanece con su forma difusa en el devenir rítmico del tiempo, como continuidad de lo múltiple. La intensidad del aparecer/desaparecer de esa realidad amorfa afecta al sentido, que pierde su referencia y corta en el instante el clivaje de la subjetividad y la objetividad. Allí donde coincidían

---

[76] BAUDELAIRE, C. *El pintor de la vida moderna*, op. cit., p. 47.
[77] Llamamos "Así, a cierto tipo de *epojé* (neutralidad y suspensión en Husserl, deshumanización en Fink, hipérbole en Richir) corresponde un determinado tipo de re(con)ducción (en Husserl, reducción fenomenológica ontológicamente neutral en Investigaciones Lógicas, y reducción transcendental constituyente a partir del giro transcendental de la fenomenología, reducción meóntica en Fink, reducción arquitectónica en Richir)". POSADA VARELA, P., *Sobre el fenomenologizar como cinestesia concretizante*, op. cit., p. 246.
[78] LÉVINAS, E. *La realidad y su sombra*, op. cit., p. 29.

espíritu y materia, "Oímos al cuerpo dudar de los logros de la mente, vemos a la mente desesperar frente a la cacofonía del cuerpo".[79] En medio de este proceso acontece el aparecer inaprensible de la presencia, surge el poema del asombro. Será en la instauración del presente de la experiencia arquitectónica, que funda el tránsito del arte a la poética arquitectónica, el lugar donde la trascendencia estética da cuenta de la primacía del tiempo sobre el espacio. Hace posible pensar en un cambio de paradigma espacial en la arquitectura mediante un sentido estético del tiempo. Como intuye Ignasi Solà-Morales, en lo que él denomina, parafraseando a Zygmunt Bauman, "arquitectura líquida":

[...] aquellas arquitecturas que están a medio camino entre el espacio y el tiempo, viviendo en tensión de las propiedades opuestas. Toda arquitectura que recoja este proceso como lo más esencial se estará colocando en vía de los valores tardo-modernos explorados por la arquitectura actual.[80]

En algunas obras y protagonistas de la arquitectura contemporánea observamos esta actitud señalada por Solà-Morales. A modo de ejemplo de esta perspectiva estética, destaco como precedente la arquitectura de Alvar Aalto. Más precisamente el *Ayuntamiento de Säynätsalo* (1949), donde busca la relación con el medio natural, a través de las texturas, colores y sombras que intensifican su topología en la densidad sensible. La hapticidad es el recurso que utiliza para conectarnos con un tiempo suspendo en la materia como búsqueda poética. Más tarde, estos recursos, entre otros multisensoriales, se recuperan y complejizan en la arquitectura de Juhani Pallasmaa, como por ejemplo en *Carelia-talossa* (1985). También en la obra de Peter Zumthor, en especial en la *Capilla de campo Bruder Klaus* (2007), que condensa un alto sentido poético y trascendental. Asimismo, la arquitectura de Louis Kahn, con otro presupuesto estético, retorna al mutismo eterno de

---

[79] SEEL, M. *Estética del aparecer*, op. cit., p. 230.
[80] SOLÀ MORALES, I. *Territorios*. Barcelona, Editorial Gustavo Gili, 2002, p.127.

las formas, como en la *Asamblea Nacional de Bangladesh* (1964 -1982). Sus formas se exhiben como palabra oscilante y territorio fuera del discurso, asociando el sosiego a la poesía del espacio. Como hace Souto de Moura en la *Casa de Alcanena* (1992), a través de la abstracción y la inmutabilidad; presenta una materialidad como naturaleza muerta que hace flotar al objeto en relación al paisaje. Así, manifiesta una imagen múltiple como vehículo sensorial en permanente estado de suspensión temporal, como expresión de una atmósfera metafísica y existencial.

Aunque destacamos estos precedentes, observamos que aún se encuentran conectados a los principios de la poética modera, ligados a las vanguardias artísticas del siglo XX. Si bien, como señala Claudia Kozak, "Quebraron la secuencialidad matemática abriendo el tiempo a otras dimensiones. Quizá, detuvieron el tiempo, o mejor lo suspendieron para permitir otros modos de percepción y experiencia".[81] Sin embargo, "se trató en todas esas experiencias artísticas más de una aspiración que de una realización completamente efectiva y esto en parte debido a la disponibilidad de recursos técnicos".[82] En cambio, "El desafío, para el arte contemporáneo, está dado por el hecho de que ahora los medios técnicos sí permiten hacer de modo eficiente lo que no podía hacerse antes: del holopoema tridimensional a la simultaneidad interactiva telemática".[83] En vista a superar el tiempo lineal, la homogeneidad espacial y la cristalización del presente.

Esta concepción temporal ligada al devenir y a transformación arquitectónica ya la observamos en las obras de Pallasmaa y Zumthor, donde ha comenzado a expresar un sutil desplazamiento hacia espacios inmersivos y

---

[81] KOZAK, C. La conquista del presente Algunas reflexiones en torno del concepto de simultaneidad en el eje arte/técnica. [en línea] En *Exploratorio Argentino Ludión. Poéticas-políticas tecnológicas*. Ponencia leída en las VIII Jornadas Nacionales de Investigadores en Comunicación "Intervenciones en el campo de la comunicación: un debate sobre la construcción de horizontalidades". Universidad Nacional de La Plata, 16 al 18 septiembre de 2004. [consultado el 13 de marzo de 2019]. Disponible en: http://ludion.org/archivos/articulo/La_conquista_del_presente.pdf

[82] KOZAK, C. *El tiempo del arte. Ubicuidad y técnica en el siglo XX*. En INDIJ, G. (ed.) *Sobre el tiempo*. Buenos Aires: Ed. La Marca, 2008, pp. 190-191.

[83] Ibíd., p. 192.

performativos en fluctuación que cortan la línea temporal en el instante y abren paso a la poética. También en las obras de Tadao Ando, que explora estos caminos desde la sensualidad espacial. Como en la *Iglesia de la Luz, Ibaraki* (1989) materializa serenidad y espacialidad con contrastes de luz y sombras, con una escala de proximidad intimista que opera desde el concepto de *shintai* ("ser sensitivo"). Porque, según Ando, "el *shintai* es el único que construye o entiende la arquitectura".[84]

En la obra, el ser sensitivo responde al mundo en el instante abierto por el espacio, que a través de la claridad tenue de luz atrapa el encanto sutil de lo bello en la penumbra y la duración del tiempo. El poema de Ando se alinea al pensamiento de Tanizaki, para quien "lo bello no es una sustancia en sí sino tan sólo un dibujo de sombras, un juego de claroscuros producido por la yuxtaposición de diferentes sustancias".[85] Son presencias que se revelan en un presente sustraído a la temporalidad.

La búsqueda de estas experiencias en la arquitectura se intensifica. En el *Centro Cultural Jean-Marie Tjibaou* (1998), Renzo Piano recurre al sonido como presencia simbólica y sensible resonante. Nos recuerda al poema electrónico que compuso Le Corbusier para el *Pabellón Philips* (1958), realizado junto a Iannis Xenakis. Aunque esa atmósfera sonora de gran intensidad fue producto de los recursos tecnológicos, y en cambio la obra de Piano es producto de la naturaleza.

Aprovecha el emplazamiento particular dentro de una reserva natural, a lo largo de la costa entre el bosque y las bisas del mar, para recuperar el *genius loci*. Logra captar lo esencial del fenómeno que allí susurra como una voz que viene de la historia de la existencia humana. Piano va en busca del sonido que el paso del viento producía entre los árboles perdidos del lugar, encarnado en el espíritu de la cultura indígena, casi destruida a comienzos del siglo XX por los colonos. A través de unas "cáscaras" de madera curvada

---

[84] FRAMPTON, K. *Estudios sobre cultura tectónica. Poéticas de la construcción en la arquitectura de los siglos XIX y XX*, op. cit., p. 21.
[85] TANIZAKI, J. *El elogio de la sombra*, op. cit., p. 69.

FIGURA 3. *Iglesia de la Luz, Ibaraki,* de Tadao Ando

FIGURAS 4 y 5. *Centro Cultural Jean-Marie Tjibaou,* de Renzo Piano

FIGURAS 6 y 7.
Museo Judío de Berlín, de Daniel Libeskind

produce el gesto simbólico que reconstruye el paisaje y es el medio para captar sonido del paso del viento entre las tablas. Los sonidos y las vibraciones que esto produce demanda pausa, requiere una escucha atenta que hace tangible la conexión con el sentido del espacio y la presencia del tiempo. El lugar expresa el encuentro con la historia en un presente duradero suspendido en ese instante poético.

Una arquitectónica de alta intensidad experiencial y complejidad espacial presenta el *Museo Judío de Berlín* (1999), de Daniel Libeskind.

Al mutismo de las formas y los contrapuntos espaciales de las texturas y las sombras, suma la tensión dramática de la memoria que intensifica el silencio de sus espacios. Aquí "[...] la arquitectura, que, al final, es la invisible estructura del orden"[86] de este envoltorio espacial de indeterminación, nos conecta con nuestra propia soledad y con la ausencia. Este encuentro con lo arcano expresa, en la suspensión de esa densidad sensible, la presencia invisible de la otredad que se revela como falta. Enfatiza la pérdida de la

---

[86] ANDO citado en: ZÁTONYI, M. *Gozar el arte, gozar la arquitectura: Asombros y soledades*, op. cit., p. 70.

existencia humana, hace presente la muerte. La fuerza y la fragilidad de esa "realidad suprafísica"[87] que construye el poema de Libeskind nos recuerda las palabras de Inés Púrpura:

> Contradicciones
> Construcciones
> Habitaciones
> Ser la hoja y la espina
> Hay algo que vuelve
> Pero nunca
> Nunca
> Intacto
> [...]
> El tiempo está clavado en mis manos
> Camino por otra habitación
> Caen los pétalos de los recuerdos
> Los poemas no son suficientes[88]

El giro estético se profundiza hacia la levedad de la forma y el acontecer temporal del instante en la poética arquitectónica contemporánea. Que se desplaza "entre" la inmutabilidad y pesadez de la piedra, y la levedad y lo efímero de las estructuras ligeras como cristales, que disuelven la forma y dejan tras de sí sus efectos. La arquitectura se mueve entre los paradigmas vitruvianos y los efectos del mundo líquido baumaniano, sin abandonar ninguno. Porque la arquitectura no puede prescindir de la solidez estructural, ni de la ductilidad de los muros como membranas y límites del mundo. Como tampoco puede eludir la vibración que producen sus texturas, la diversidad e intensidad cromática de sus colores, las apariciones y fugas de las

---

[87] TADDEI, E. *Morir: nuestra angustia vital.* Córdoba: Ed. Del Copista, 2011, p. 17.
[88] PÚRPURA, I. *Recién llegada. La7 analógicas.* Buenos Aires: Ed. Ausencia, Colección distancias- poesía & analógicas, 2017, pp. 3-7.

FIGURAS 8 y 9.
Mediateca de Sendai, de Toyoo Itō

luces y las sombras. Trabajando con la materialidad y los efectos que estos fenómenos o dimensiones de lo real producen en la experiencia y el contacto corporal, es posible dar forma al tiempo, sin prescindir de la materia espacial, a través de los diferentes modos de la materialidad y de la inspiración poética. Así lo hacen algunos arquitectos que insinúan las fuerzas incalculables que unen y separan a la vida humana del contacto con lo real. Quizás, siguiendo lo dicho por Bachelard, "el poeta del fuego, el del agua y el de la tierra no trasmiten la misma inspiración que el poeta del aire".[89]

Veamos algunos ejemplos paradigmáticos, empezando por Toyoo Itō, que a partir de sus exploraciones fenomenológicas va en busca de una "arquitectura de límites difusos",[90] concebida a través del término "transparencia".

Itō materializa, a partir de las posibilidades tecnologías, aquello que Kozak denomina "holopoema tridimensional", y "simultaneidad interactiva". Como hace en la *Mediateca de Sendai* (1998-2001), donde las relaciones formales se desdibujan en un juego de realidades y virtualidades envolventes. Las apariciones de lo material y de lo inmaterial producen fugas y reflejos que se multiplican sin formas definidas. Los destellos cromáticos y los contrastes, entre luces y sombras, construyen el lugar como atmósfera sensitiva que enfatiza el valor temporal de la experiencia situada como efecto poético.

El estudio RCR, compuesto por Rafael Aranda, Carmen Pigem y Ramón Vilalta, establece límites materiales ambiguos en el restaurante *Les Cols* (2002-2003). Los recursos materiales, ópticos y físicos que provee el cristal deshacen la fijeza formal y sustituyen la firmeza por la fluidez que rompe la gravedad y pesantez del volumen.

Las transparencias, además, proveen la liviandad y los contrapuntos de luces y sombras que no permiten reconocer con precisión los límites del espacio. La multiplicidad y la simultaneidad de lo interno y lo externo producen un efecto de inmaterialidad que disuelve la forma sin desvanecer el

---

[89] BACHELARD, G. *El aire y los sueños*. Buenos Aires: Ed. Fondo de Cultura Económica, 2004, p. 13.
[90] ITO, T. *Arquitectura de límites difusos*. Barcelona: Ed. G. Gili, 2007.

FIGURAS 10, 11 y 12.
Les Cols Pavellons, de RCR

FIGURAS 13 a 16.
Museo Provincial de Bellas Artes Emilio Caraffa, de GGMPU Arquitectos y Lucio Morini

mundo circundante. Por el contrario, esa fluidez crea una atmósfera de alta densidad sensible que sublima la realidad y hace experimentar el tiempo en la imagen del presente, abriendo a un futuro inasible que construye la poesía arquitectónica.

Lo mismo ocurre en la ampliación del *Museo Emilio Caraffa* (2008), de GGMPU Arquitectos y Lucio Morini, donde se utilizan los principios antes descriptos.

Aunque con límites formales más definidos, la luz filtrada con cierto grado de opacidad del material, junto a la intensidad de los contrastes y las texturas, logran una claridad tenue, sin desvanecer la forma sino desdibujándola, para crear una atmósfera sensitiva de alta densidad sensible que prolonga la duración en la experiencia y capta el paso de esos matices en un instante irrecuperable como expresión poética.

El estudio SANAA, de los arquitectos japoneses Kazuyo Sejima y Ryue Nishizawa, también trabaja como Toyoo Itō en el *Museo Louvre-Lens* (2005-2012), pero entiende la trasparencia y las superficies refractantes como espacio relacional.

Sejima y Nishizawa crean un juego de reflejos con intención de "disolver" el edificio en la atmósfera circundante e intensificar la experiencia, en la que el tiempo tiene una importancia vital. Para estas realizaciones se sirven de las exploraciones que realizan a través de instalaciones y exposiciones, como la de la *Bienal de Sharjah* (2013). Una performance que ubica como protagonistas a la experiencia y al lugar, relacionando lo próximo ligado al cuerpo, como aspecto de intimidad y espacio de relación interpersonal. Con estos recursos, como observa Wigley, "la experiencia de cualquier edificio es una compleja coreografía en la que las dimensiones quedan enfocadas y desenfocadas alternativamente. [...] La arquitectura no posee ninguna medida fija. Fluctúa, palpita y parpadea".[91] Las obras de SANAA, siempre,

---

[91] WIGLEY, M. Delgada delgadez. En *El croquis*. SANAA 2011-2015: sistemas de continuidad. Número monográfico. Madrid: Ed. El Croquis, 2015, n° 179/180; 373 p., p. 28.

FIGURAS 17 a 20.
Museo Louvre-Lens,
de SANAA

FIGURAS 21 a 23.
Instituto de Arte Contemporáneo, de Steven Holl

hacen señas al sistema que despiden, lo deshacen con la intensidad que produce la perforación de la presencia, que queda suspendida del fenómeno arquitectónico de base y "fenomeniza" el fenómeno en el instante poético.

Por último, observemos el trabajo de Steven Holl, quien quizás sea el referente más destacado de la poética arquitectónica contemporánea. Con sus búsquedas fenomenológicas, en línea *merleaupontiana*, desarrolló un amplio recorrido de investigaciones teóricas y proyectuales que ha puesto en juego en sus obras.

En el *Instituto de Arte Contemporáneo* (2018), en Richmond, centra la fuerza de su arquitectura en la fragilización tectónica de la materia. Esto da cuenta de la arquitectura del *archi* antes descripta, para ir en busca de la experiencia del tiempo. Trabaja con la atmósfera arquitectónica y su relación con los sentidos a través de una materialidad que difumina la forma. Recurre a la opacidad del cristal, las transparencias y la luz filtrada, indirecta y difusa, que produce una claridad tenue e insinuante. Los contrastes de sombra intensifican el contacto físico con las superficies de sus texturas generando una performatividad arquitectónica de relación con el lugar, que habla del tiempo como duración de esa situación en el espacio. En todas sus obras subyace la cuestión temporal, que cobra importancia en *Scale and Color Light Time*, publicado por Lars Müller en 2012, donde describe los tiempos en la arquitectura, "el tiempo diurno, el tiempo de las estaciones, el tiempo lineal [...] el tiempo cíclico [...] el tiempo local [...] el tiempo global [...] el tiempo como duración de la concepción [...] de la construcción y el tiempo experimental".[92] Aunque reconoce Holl:

> Escribí eso, pero ahora sé que está incompleto [...] falta el tiempo más importante de todos, el tiempo *inconmensurable*. Le Corbusier, Louis Kahn y

---

[92] SANCHO, J. y GARCÍA ABRIL, A. Conceptos y melodías. Una conversación con Steven Holl. En *El croquis*. STEVEN Holl architects: 2008-2014: conceptos y melodías. Número monográfico. Madrid: Ed. El Croquis, 2014, nº 172, p. 16.

otros grandes arquitectos han tenido ese sentido del tiempo. Le Corbusier lo llamó el espacio inefable, que es el tiempo inefable.[93]

Sin embargo, en sus obras está presente el tiempo inefable emergente en la "pasividad visible" del arte arquitectónico, que señala un afuera inscripto en la base sensible, que va desde el espacio hacia el tiempo en busca de la elevación del espíritu como fenómeno poético.

En los ejemplos analizados se observa la forma y la materialidad arquitectónica que en la experiencia y la captación interior del fenómeno poético, dan cuenta de la arquitectura como objeto paradójico, objeto material y metafísica de la materia, que está ahí, sin estarlo. Inquieta, perturba el espacio y el tiempo; entre la apariencia y el aparecer expone su verdad en el sentir y muestra lo que es, el ser que siempre desborda y revela lo real, la presencia que se sustrae y fluye. El momento presente es el sitio de su fragilidad, lugar de extrema sensibilidad donde el mundo no es algo evidente, sino una posibilidad de exploración de las formas que nos ubican en el corazón de lo arquitectónico para captar a la arquitectura por su centro. Pero por cierto, las formas en arquitectura no son un receptáculo neutro, como todo arte. La arquitectura debe ser pensada, tener una intención y un principio para modelar esa infraestructura material que expresa la infraestructura espiritual como su fuerza.

Resumiendo, podemos decir que todo el sistema de pensamiento poético arquitectónico converge en dos actitudes. Una teniente a la soledad del instante vivido y la otra al surgimiento de las formas sentidas, que presentan la puesta en escena de la sensualidad en sus superficies. Allí hacen eclosión las imágenes provenientes del ambiente que revelan las formas en la incandescencia del instante, entre la suspensión y la prolongación del tiempo, entre el enigma y la duración emergente de la *espacialización estética del tiempo*. La materia arquitectónica trabaja modelando volúmenes espaciales que en la experiencia envolvente ponen en movimiento el sentido del espacio y del

---

[93] Ibíd., p. 16.

tiempo que acontece como fenómeno en el contacto. En el espaciamiento abierto, por sus cualidades táctiles y el retraso temporal, revela la presencia de lo real que corta el tiempo en el instante de su presentación, condición de todo arte. Una presencia que no es una ilusión, más bien deshace la ilusión y presenta la realidad de los matices como verdad y belleza.

Por lo tanto, la arquitectónica como arte de la arquitectura, es la espacialización estética del tiempo que hace al poema arquitectónico. Esta triple tesis es sostenida a partir del reconocimiento de la ruptura temporal del arte contemporáneo, que nos pone en relación inmediata ante un mundo desprovisto de consistencia material, o mejor aún, ante la fuerza de sus cualidades segundas, la tonalidad, el timbre, la atmósfera que, a través del poema, toma cuerpo y emerge el sentido del tiempo y de nuestra fragilidad.

> Todo de alguna forma primero es.
> Luego se desvanece.[94]
>
> INÉS PÚRPURA

La espacialización estética del tiempo

Este fenómeno se pone en evidencia a partir de la suspensión de la materia arquitectónica en el espacio y la duración en el tiempo. Dos realidades sensibles que coinciden en el presente de la forma y en la subjetivad de la experiencia estética. Como sabemos, el fenómeno y la duración han sido la preocupación central en Bergson y Husserl. Pero éste último es quien trata en sus investigaciones[95] la simultaneidad entre las objetividades sensibles a

---

[94] PÚRPURA, I. *Recién llegada*, op. cit., p. 4.
[95] En *Investigaciones lógicas*, Husserl habla de la distinción entre "sensibilidad y entendimiento", entre intuiciones sensibles e intuiciones categoriales. HUSSERL, E. *Investigaciones Lógicas I*. Trad. Manuel G. Morente y José Gaos. Madrid: Ed. Alianza, 1999.

partir de las síntesis asociativas en el tiempo. Tal como surge del volumen XI de la *husserliana*, rescatado por Álvarez Falcón. Husserl parte del "hecho de que la "simultaneidad" de objetividades sensibles en la conciencia se debe a la "asociación". La subjetividad se dirige intencionalmente a dos o más objetividades sensibles que existen simultáneamente, estableciendo un vínculo temporal".[96] Evidenciando que "Tanto la síntesis temporal como la síntesis asociativa retienen las objetividades sensibles y las simultanean en el tiempo, en el presente".[97] Las síntesis asociativas constituyen el fenómeno decisivo para entender la espacialización estética del tiempo, que pone en continuidad lo no idéntico en una co-pertenencia o coexistencia. Por lo tanto, "No habría, pues, 'temporalización' en el presente, sin la 'espacialización' que resulta de la co-pertenencia en la organización de las multiplicidades sensibles a través del tiempo".[98] Porque

> Ningún 'mundo' (*Welt*) como fenómeno, o ningún fenómeno del mundo, podrá ser sin la previa presencia de 'conexiones de co-pertenencia sensibles' [...]. La "vibración" de un elemento hará que, en la distancia, otro elemento entre en resonancia al unísono, "despertándolo" (*Weckung*) en la separación. Tal resonancia atravesará de golpe el interior del presente, ahora ya espacializado.[99]

De este modo se presenta en las superficies materiales la modulación rítmica de las esferas de presencia arquitectónica, que mezcla sus cualidades y produce la resonancia, según la cual el mundo se fenomeniza, como vimos anteriormente. En palabras de Husserl, "de este modo las apariciones de la rítmica, instauradas a partir de la simple repetición de los contenidos inar-

---

[96] ÁLVAREZ FALCÓN, L. Esbozos, fragmentos y variaciones: Husserl después de1988. [en línea]. En *Eikasia, Revista de Filosofía*, año VI, 34. 2010, p. 120. [consultado el 16 de marzo de 2019] Disponible en: http://www.revistadefilosofia.org/34-04.pdf
[97] Ibíd., p. 121.
[98] Ibíd., p. 123.
[99] Ibíd., p. 124.

ticulados, son propiedades de la *forma temporal*, que pueden surgir como similares en diferentes esferas sensibles y fundar la cohesión afectiva".[100] Esto es la síntesis pasiva del tiempo, también señalada por Lévinas y Heidegger. Para este último, la espera "no cuenta como algo concreto. Más bien señala una relación con lo que escapa a toda fórmula de cálculo [...] se trata de un sustraerse".[101] De allí que la pasividad instaura el tiempo en la experiencia del presente. Por lo tanto, como señala William James: "si la experiencia es lo que parece, tenemos una especie de sentido espacial del tiempo puro, un sentido para el cual la duración vacía es un estímulo adecuado a la ocupación del tiempo".[102] En tanto, Husserl hablará de pasividad, desde la perspectiva genética. A él no le interesa la estructura formal y abstracta sino, como señala Andrés Osswald, el análisis genético, porque está "orientado a indagar los procesos que hacen posible la constitución de contenido", de aquello que dura y, "que puede explicar la subjetividad".[103] Husserl se interesa por el contenido del tiempo, indaga la "síntesis de asociación" que hace posible la experiencia del tiempo, en "la constitución del material sensible que tiene lugar en el presente viviente y sobre el que ha de volverse el yo".[104] Este punto es relevante en nuestro estudio. Porque la conciencia se determina a sí misma a partir de su propia experiencia, es decir motivada por las cosas y el mundo a través del tiempo. Como señala Husserl, "La conciencia concebida como un curso temporal que está permanentemente en génesis, cuyos momentos no se relacionan a la manera de uno-tras-otro sino *uno a partir de otro*",[105] intervalo donde el yo "está completamente vacío [...] el yo fenomenológicamente reducido, no es [...] nada peculiar que flote sobre sus

---

[100] Ibíd., p. 128.
[101] HAN, B. *El aroma del tiempo: un ensayo filosófico sobre el arte de demorarse*, op. cit., p. 111.
[102] JAMES, W. La percepción del tiempo. En INDIJ, G. *Sobre el Tiempo*, op. cit., p. 148.
[103] OSSWALD, A. El concepto de pasividad en Husserl. [en línea] En *ARETÉ Revista de Filosofía*. Perú: Ed. Fondo Pontificia Universidad Católica. Vol. XXVI Nº1, 2014., p. 36. [consultado el 17 de marzo de 2019]. Disponible en: revistas.pucp.edu.pe/index.php/arête/article/download/9275/9688
[104] Ibíd., p. 37.
[105] Ibíd., p. 38.

múltiples vivencias, es simplemente idéntico a la unidad sintética propia de estas".[106] Osswald agrega, "El yo ni es la síntesis de sus contenidos ni es un polo que esté dirigido a ellos de manera vacía y pura; el yo es un polo de actos".[107] Hay, por lo tanto, en la síntesis de asociación, un momento en el cual un sujeto deviene en el tiempo, "De allí que sea importante distinguir entre el tiempo inmanente que a cada rato se llena de nuevos contenidos y la 'sedimentación' de los actos yoicos".[108] Por lo tanto, la "síntesis de asociación" esta "caracterizada por la vacuidad y la pureza del sujeto que deviene en el tiempo"[109] que anteceden y condicionan los actos. Husserl llamará a esta dimensión de la experiencia "pasividad" […] "génesis de la pasividad", que "[…] está siempre presente en el acontecer del pasado, tal como la propia a-percepción".[110] Por lo tanto, en Husserl "todo lo que es habitual pertenece a la pasividad",[111] ubicando "el origen de la sensación por fuera de la sensibilidad" en una relación entre sensibilidad y entendimiento como unidad profunda. Donde tanto los actos como los datos de sensación poseen una dimensión temporal. Así Husserl explica "cómo un contenido inmanente (una sensación) se convierte en un objeto trascendente […] que tanto los actos como los datos de sensación poseen una duración temporal",[112] duración que, "no solo hace posible la percepción de los objetos externos, sino que posibilita, al mismo tiempo, la percepción misma y, en general todos los actos de conciencia" De este modo, "[…] la síntesis temporal permite concebir por primera vez un modo de la conciencia no-objetivante y que, en tanto constituye la duración de los actos, es condición de posibilidad del yo activo".[113] De modo que, la sensibilidad no es solo receptividad,

---

[106] Ibíd., p. 38.
[107] Ibíd., p. 38.
[108] Ibíd., p. 38.
[109] Ibíd., p. 39.
[110] Ibíd., p. 39.
[111] Ibíd., p. 40.
[112] Ibíd., p. 45.
[113] Ibíd., p. 45.

sino que ella posee la facultad de pre-construir por sí misma las unidades temporales en el sentir del tiempo y de la duración fluyente [...]. En el espacio intersticial se encuentra la noción de afección, concepto-puente entre la pasividad y la actividad.[114]

Esta noción constituye la estructura fundamental de la espacialización estética del tiempo que construye el poema. Porque el espacio de flotación de una materia fluyente, arquitectónica, nos afecta, y en la pasividad de la experiencia surge como [...] "silenciosa intensidad, aquello que no se puede acoger [...] suspensión del ser, síncope como corte del tiempo".[115] El no relato, dice Blanchot, "Pasividad directamente visible en la magia, del canto, de la música, de la poesía".[116] Esta discontinuidad en el desarrollo del presente retenido, producto de la *aistheton*, rompe la temporalidad lineal, y en esa interminable demora del instante que se prolonga aparece la pluralidad de fases de presencia que desborda la duración del presente y fenomenaliza el fenómeno, como fuerza de iniciativa. En "la sensibilidad ya nos anuncia la presencia, en nuestro ámbito espiritual, del conquistador invisible que ajustará nuestros pasos -hasta aquí apresurados y vacilantes por la seducción de una engañosa lejanía- al ritmo creador del instante plenamente vivido"[117] de la creación poética. Porque, como señala Valéry, "la 'creación poética' es creación de la espera".[118] El poema surge en el tiempo del intervalo, como lugar de la espacialización estética del tiempo. Que es precisamente, un lugar intermedio entre nosotros y el mundo, donde el objeto se hace fenómeno. Es siempre "fuera de sí que algo deviene experimentable: algo deviene sensibles solo en el cuerpo intermedio que está entre el objeto y el sujeto. Es este *metaxu* (y no directamente las cosas mismas) el que nos ofrece todas

---

[114] Ibíd., p .47.
[115] BLANCHOT, M. *La escritura del desastre*, op. cit., p. 30.
[116] Ibíd., p. 47.
[117] ASTRADA, C. Entre el presente y el futuro. En INDIJ, G. *Sobre el tiempo*, op. cit., p. 224.
[118] VALÉRY, P. *Notas sobre Poesía*, op. cit., p. 59.

nuestras experiencias",[119] y anuncia la llegada del poema arquitectónico, que se presenta aquí y ahora en una impredecible demora. Allí, inmersos en el aroma del tiempo, dice Han, "la mayor felicidad brota en el demorarse contemplativo en la belleza, antiguamente llamada teoría".[120] Amamos algo en ella que no es el espacio ni el tiempo; tampoco, como dice Derrida, "se reduce a una cualidad estética cualquiera, a una fuente de gozo formal, ese algo estaría en lugar del secreto. En el lugar de un secreto absoluto. Ahí estaría la pasión. No hay pasión sin secreto".[121] Todo poema "se separa de su fuente presunta y permanece así *au secret* [incomunicado]"[122] y nos apasiona. Porque, "El secreto, si lo hay, no se oculta [...] Sencillamente no se ve [...] lo hay donde no lo hay [...] Como un efecto. Se lo puede alegar como inexpugnable recurso".[123] Por lo tanto, decimos con Derrida:

"No veo razón alguna para no darle el nombre de 'vida', 'existencia', 'huella'. Y no es lo contrario" [...] "el simulacro testimonia una vez más una posibilidad que lo supera, esa superación resta, (*es*) el resto, resta siéndolo, aun cuando, justamente, no se pueda confiar aquí en ningún testimonio determinable [...] Eso es, a mi parecer, lo que resta, la soledad absoluta de una pasión sin martirio".[124]

En ella anida "el aflujo de lo inmotivado, de lo que está presente para nada",[125] de donde el arte saca su realidad, como un vestigio del cual surge el poema arquitectónico.

---

[119] COCCIA, E. *La vida sensible*, op. cit., pp. 25-26.
[120] HAN, B. *El aroma del tiempo: Un ensayo filosófico sobre el arte de demorarse*, op. cit., p. 125.
[121] DERRIDA, J. *Pasiones*. Buenos Aires: Ed. Amorrortu, 2011, p. 61.
[122] Ibíd., p. 64.
[123] Ibíd., p. 65.
[124] Ibíd., pp. 66- 67.
[125] LEMAGNY, J. *La sombra y el tiempo*, op. cit., p. 267.

POÉTICA ARQUITECTÓNICA

> El pasado es un prólogo.[126]
> W. Shakespeare

Estas consideraciones epistemológicas, estéticas y de la teoría del arte y la arquitectura, esbozadas hasta aquí, han sido fundadas sobre algunos presupuestos filosóficos derivados de la poética de la materia. Que, como dice Daniel Belinche, "inaugura además una decisión pedagógica. Comenzar por su exploración y sus combinaciones antes que por las fórmulas o los estilos [...] No se parte de una representación concreta. Hay un movimiento, un juego de significantes",[127] que producen un desplazamiento que permite deconstruir el hecho racional. Sugiere un modelo de actuación a partir de la diferencia e inestabilidad que la poética inaugura, tomando en préstamo los aportes que la interdisciplinariedad ayuda a construir, generando diferentes perspectivas e interpretaciones para la creación de nuevos marcos conceptuales.

Sabemos que la pedagogía es insuficiente si no ayuda a superar el vacío teórico y la falta de reflexión sobre las prácticas que manifiesta la enseñanza del arte y la arquitectura. De allí nuestro interés por la filosofía, que ha quedado reducida a fórmulas sin valor, y es necesario recuperar como plataforma de pensamiento para "ocuparse de uno mismo", como señaló Foucault, y para entender los cambios de paradigma del arte y la cultura en fluctuación, que son las referencias directas e indirectas de este estudio. Aunque debo decir, también, que trato de elucidar los conceptos que articulan las posibilidades del cambio en arquitectura, por fuera de las categorías tradicionales del espacio-tiempo, de los supuestos proyectuales del diseño, de la estética formal y de las imágenes icónicas dominantes del discurso disciplinar. En este sentido, el trayecto del libro seguirá profundizando el cruce con las artes tratando de esclarecer las categorías implicadas en el cambio, con la mirada puesta en el fragmento constituyente del fenómeno poético

---

[126] INDIJ. *Sobre el Tiempo*, op. cit., p. 297.
[127] BELINCHE, D. *Arte, poética y educación*. La Plata: el autor, 2011, p. 33.

en cuestión. Como sugiere Zátonyi. "¡Sigamos leyendo la obra fragmento a fragmento! Sigamos entendiendo las partes para construir la esencia de un todo, incluso, de varios todos".[128]

Para ello, en los próximos capítulos, emprenderemos la tarea de resignificación del espacio-tiempo fuera de la conciencia objetivante e instalada en el fenómeno estético. En la imagen como medio inmersivo articulador de la arquitectónica. En el silencio de las formas como mutismo y "ruido", insonoridad estético arquitectónica. En la teatralidad como constructora de la presencia performativa atravesada por la tecnología. Y finalmente arribaremos a la estética de la arquitectura como acontecer del tiempo espacializado, *suceso* productor del fenómeno poético.

> Los caminos: son dos. El de aquel hombre
> de hierro y de soberbia, y que cabalga,
> firme en su fe, por la dudosa selva
> del mundo, entre las belfas y la danza
> inmóvil del demonio y de la muerte,
> y el otro, el breve, el mío [...]
> Yo seré la ceniza y la tiniebla,
> yo, que partí después, habré alcanzado
> mi término mortal; tú, que no eres,
> tú, caballero de la recta espada
> y de la selva rígida, tu paso
> proseguirás mientras los hombres duren.
> Imperturbable, imaginario, eterno.[129]
>
> JORGE LUIS BORGES

---

[128] ZÁTONYI, M. *Juglares y trovadores: derivas estéticas*. Buenos Aires: Ed. Capital Intelectual, 2011, p.180.
[129] BORGES, J. *Obras Completas II*. Buenos Aires: Ed. Emecé. 2007, pp. 439-4403

4.

Espacio, Tiempo
Emergencia poética en la arquitectura

El poema de Dante ha preservado la astronomía ptolemaica, que durante mil cuatrocientos años rigió la imaginación de los hombres. La tierra ocupa el centro del universo. Es una esfera inmóvil; en torno giran nueve esferas concéntricas.

De hipothesibus motuum coelestium commentariolus es el tímido título que Copérnico, negador de Aristóteles, puso al manuscrito que trasformó nuestra visión del cosmos. Para un hombre, para Giordano Bruno, la rotura de las bóvedas estelares fue una liberación.

Buscó palabras para declarar a los hombres el espacio copernicano y en una página famosa estampó: "Podemos afirmar con certidumbre que el universo es todo centro, o que el centro del universo está en todas partes y la circunferencia en ninguna" (*De la causa, principio de uno*, V).

Esto se escribió con exultación, en 1584, todavía en la luz del Renacimiento; setenta años después, no quedaba un reflejo de ese fervor y los hombres se sintieron perdidos en el tiempo y en el espacio.

En aquel siglo desanimado, el espacio absoluto que inspiró los hexámetros de Lucrecio, el espacio absoluto que había sido una liberación para Bruno, fue un laberinto y un abismo para Pascal.

Quizá la historia universal es la historia de la diversa entonación de algunas metáforas.[1]

Jorge Luis Borges

---

[1] BORGES, J. L. La esfera de Pascal. En *Obras completas II*. Buenos Aires: Ed. Planeta, 2007, pp. 16-19.

Espacio

Diversas concepciones teóricas sobre el espacio han atravesado la historia de la arquitectura como un campo de experimentación y control de las expresiones proyectuales. En la concepción clásica la teoría dominante "estima exclusivamente el aspecto corpóreo de la arquitectura considerando este arte [...] en su condición "somática" (de "soma", un cuerpo muerto [...], inhabitado)".[2] Como dice Morales, "soma no solo indica lo corpóreo, sino que especifica el concepto de corporeidad, refiriéndolo a "lo corporal" como "cuerpo humano", entendido, "como un *integrum* constituido por partes".[3] De esta noción adquirió la arquitectura la condición de "cuerpo geométrico". Esta teoría, impuesta desde Vitrubio al Renacimiento, condujo al absoluto olvido del hombre como "habitante", solo se limitó a advertir las relaciones armónicas del cuerpo, estimando exclusivamente las formas arquitectónicas como sólidos geométricos.

La concepción moderna, que surge en el siglo XVII, plantea una idea funcional de la arquitectura, radicalmente distinta a la anteriormente expuesta. La nueva concepción considera al "mundo en su actividad", o sea, "la vida en la vida"[4] fuera de la sustancia corporal. Aquí la perfección es algo diferente del cuerpo consolidado y estable que constituye un volumen. Más bien, se asoció al vacío que permite un dinamismo o actividad vinculada a la idea de función, entendida en sentido aristotélico como *energeia*, como lo que pone en movimiento. Esta última representó "al edificio y a sus habitantes en sus relaciones activas".[5] Entendida así, "el correlato de la arquitectura y el usuario [...] se muestran en juego como configuradores y configurados, ya que la arquitectura permite ciertos tipos de vida [...] *esquemas de conducta humana, a los que*

---

[2] MORALES, J. *Arquitectónica*. Madrid: Ed. Biblioteca Nueva, 1999, p.105.
[3] Ibíd., p.105.
[4] Ibíd., p.113.
[5] Ibíd., p.114.

da lugar".⁶ Por lo tanto, las funciones que se le atribuyen al edificio, ya no entendido como soma, cuerpo muerto o sólido geométrico, no deben atribuirse a los espacios que permiten el desplazamiento o la "circulación", sino a "lo que *da lugar a nuestra praxis*",⁷ al sitio como morada para ser habitada en la habitualidad. La función en arquitectura representa y designa *lugar* como activación operativa de las obras para disfrutarlas plenamente en su uso. Esto conlleva una carga significativa diferente de la concepción llamada "funcionalista", que redujo la función a analogías biológicas y a esquemas de encajes espaciales y arquitectónicos. Porque la arquitectura como "lo que pone en operación" implica comprender el concepto de función como aquello que se ofrece a usos, hábitos, costumbres, necesidades, o modos de habitar. De aquí surge el deber del habitante hacia el pleno habitar a partir del construir, como ha de ser exigido más adelante por Heidegger.⁸

Leibniz planteó otra noción del espacio como objeto de entendimiento basado en el cálculo infinitesimal. De esta manera, temporalizó el espacio. En su teoría relacional del pliegue y el despliegue, que se manifiesta en la continuidad y discontinuidad del espacio en el arte barroco y en el trato de la materia, expresa la condición de un acontecimiento que se precede tanto como se sucede a sí mismo. Y en tanto acontecimiento, como afirma Deleuze: "Cualquier acontecimiento se dirige al alma y al espíritu".⁹ Y agrega: "Cada mónada, o al menos cada sustancia individual es llamada 'actual'. Expresa la totalidad del mundo".¹⁰ Ese mundo no existe fuera de las mónadas que lo expresan; sólo existe *en* las mónadas y es, en sí, virtual. Como lo entiende Leibniz: "El mundo es la serie infinita de los estados de acontecimientos, puedo decir: el acontecimiento como virtualidad remite

---

[6] Ibíd., p.119.
[7] Ibíd., p.121.
[8] "Todo construir es en sí un habitar. No habitamos porque hemos construido, sino que construimos y hemos construido en la medida en que habitamos, es decir, en cuanto somos los que habitan". En HEIDEGGER, M. *Construir, Habitar, Pensar*. Córdoba: Ed. Alción, 2007, p. 21.
[9] DELEUZE, G. *Exasperación de la filosofía. El Leibniz de Deleuze*. Buenos Aires: Ed. Cactus, 2009, p. 350.
[10] Ibíd., p. 350.

a las sustancias individuales que lo expresan".[11] La relación virtual-actual es una especie de tensión, donde "todas las mónadas son para el mundo y a la vez cada mundo está en cada mónada".[12] Es así que el acontecimiento implica esos movimientos en que lo virtual se actualiza siempre en el alma. En Leibniz, agrega Deleuze: "lo posible se realiza siempre en el mundo de la materia, del cuerpo".[13] El barroco revela ese extraño circuito a través de las texturas que enlazan los pliegues del alma con los de la materia.

Estos principios serán revisados en la contemporaneidad, ya que la arquitectura supone una noción no funcional, "sino practicable, en cuanto da lugar a nuestra praxis", como señalo Morales. Ésta obtiene plenitud mediante la apropiación, que corresponde al haber humano y a la habitabilidad propuesta. Sin embargo, en el mundo moderno, impactarán las ideas de Hegel, quien consideró al espacio absoluto como atributo de la arquitectura. Como Konrad Fiedler, quien sostiene que esta "tiene por objeto encerrar y cubrir espacio".[14] Este planteo se impuso en el trato de las relaciones entre espacio y superficie, lo que llevó a algunos autores como Schmarsow y Riegl a definir a la arquitectura como "formadora de espacio".[15] La visión hegeliana de espacio fue abriendo paso a una reflexión sobre lo interno y externo o al espacio cerrado y su contorno, como algo móvil, que dará lugar a la disolución de la perspectiva tridimensional Renacentista. Impactando en la representación del espacio, que se vio influenciado por Kant, a partir de la categoría del espacio referida a la intuición humana. Sato Kotani dice al respecto: "Kant llama al espacio, *Imagen pura*, diferente de las imágenes empíricas que requieren del objeto también empírico al que referirse. El espacio es condición de posibilidad de los objetos",[16] es decir, es condición fundamental para hacer presente a los objetos. De aquí que el espacio debe

---

[11] Ibíd., p. 350.
[12] Ibíd., p. 351.
[13] Ibíd., p. 359
[14] MORALES, op. cit., p.124.
[15] Ibíd., p. 124.
[16] SATO KOTANI, A. *Los tiempos del espacio*. Buenos Aires: Ed. Nobuko, 2010, p.234.

percibirse con el desplazamiento del cuerpo, en movimiento. De aquí que el espacio arquitectónico *es* recorrible, distinguiéndose de las modalidades de la pintura y la escultura. Desde esta concepción, el espacio en la arquitectura, se entiende como magnitud infinita que admite sólo fragmentos, como condición de posibilidad de la figura o forma, sin que pueda ser apreciado cualitativamente.

Aunque el problema central que se planteó desde esta idea "espacial" de la arquitectura alejó demasiado a los hombres en su concepción teórica, la consideración de la acción humana, como experiencia del espacio percibido a través del desplazamiento, reconoce a un sujeto observador que se relaciona y articula con el espacio diferentes niveles e imágenes cambiantes, dando paso a la imaginación como posibilidad de superar el límite del espacio lógico, como espíritu absoluto de la obra.

El impacto de estas ideas se observa en las prácticas de la arquitectura moderna, en obras producidas a través del "descubrimiento del espacio" como "creación", que dominó gran parte del arte del siglo XX, y abrió a una larga experimentación, como dice Giedión, cuyos "resultados brotaron del subconsciente de manera repentina".[17]

La ruptura definitiva con el espacio tradicional se expresó en la pintura de las vanguardias europeas, a través de las producciones de Pablo Picasso, Georges Braque, Juan Gris, entre otros. Y esta tendencia de ruptura se desplegó en la arquitectura del "primer" Le Corbusier, en su etapa purista. Que luego se irá transformándose hasta alcanzar una dimensión sensible y poética superior, haciendo sentir su independencia de la forma. Sin embargo al principio define a la arquitectura como "el juego sabio, correcto y magnífico de los volúmenes reunidos bajo la luz. Nuestros ojos están hechos para ver las formas bajo la luz: las formas y los claros revelan las formas".[18] Si bien,

---

[17] GIEDIÓN, S. *Espacio, tiempo y arquitectura: el futuro de una nueva tradición.* Barcelona: Ed Revereté, 2009, p. 434.
[18] LE CORBUSIER. Hacia una Arquitectura. Barcelona: Ed. Apóstrofe, 1998, p.16.

da cuenta de la incorporación de un observador activo, es aún una visión reduccionista del fenómeno arquitectónico. Tal como expresa Rancière:

> [...] surge de la mirada feliz como expresión de un pensamiento en los prismas que recorta la luz. La satisfacción exacta de las necesidades de la vida moderna es también una educación del ojo en la de la armonías de las formas, y de la educación de los espíritus para una sociedad armoniosa, una sociedad redimida al individualismo, purificada, que éste deposita en las superficies de los edificios y objetos, superficies enfermizas, decorado cotidiano de los hombres. Pero la superficie funcional se desdobla. Por un lado la pura funcionalidad es ya expresión de una necesidad interior, una espiritualidad.[19]

Rancière nos deposita en la realidad de la arquitectura, aquella que da cuenta de la existencia, en primer lugar, en nuestra percepción espacial, que requiere nuestra interacción con la forma. Como había expresado Schopenhauer, a través de la noción del espacio arquitectónico como fenoménico y pragmático. Destacando el aspecto que las cosas ofrecen ante nuestros sentidos en el primer contacto que tenemos ellas, y que denominamos experiencia. De allí surge su pragmatismo. En tanto experiencia, es un sentir y un comprobar, una actividad de participación y vivencia de un evento proveniente de las cosas que suceden a nuestro alrededor, a partir del encuentro de la realidad con nuestra existencia. El espacio surge del contacto y se elabora de un modo relacional, como conocimiento *empírico* y *a posteriori*, que se manifiesta mediante operaciones humanas y tiene condición cualitativa. Este modo de conocimiento relacional del espacio evidencia la ruptura del sistema causal y elimina las relaciones de causa y efecto, al igual que las del espacio interior con el exterior, que constituye un espacio sensible. Por lo tanto, su construcción requiere otra mirada.

---

[19] RANCIÈRE, J. *Aisthesis. Escenas del régimen estético del arte*. Buenos Aires: Ed. Manantial, 2013, p.179.

Así, comienza a trastabillar el pensamiento idealista moderno sobre el espacio y los modos de conocimiento, ideas que han estado dominadas por la imposición del pensamiento y la cultura iluminista. Como lo expresan Adorno y Horkheimer, "el Iluminismo consistía en liberar al mundo de la magia mediante la ciencia, disolver los mitos y confutar la imaginación".[20] Su presupuesto parte del "intelecto que vence a la superstición debe ser el amo de la naturaleza desencantada".[21] A partir de allí, la materia fue dominada, más allá de toda ilusión respecto a fuerzas superiores a ella o inmanentes en ella: "Lo que no se adapta al criterio del cálculo y de la utilidad es, a los ojos del iluminismo, sospechoso".[22] Por lo tanto el espacio en la arquitectura, como objeto de conocimiento y finalidad del proyecto inaugurado en el siglo XIX, tomó forma institucional bajo esa manera de conocimiento, y desde esa noción toda la arquitectura moderna fue producida y asociada a ella.

El problema del espacio como objeto de conocimiento en la arquitectura, radica en que no se puede universalizar en un concepto. Porque la arquitectura es un problema de *lugar* que parte de lo real, y su forma de conocimiento requiere considerar un sujeto existente como habitante del mundo que ella propone. Este modo de conocimiento, como lo expresa Kusch, "sufre la gravidez del suelo",[23] requiere de una dialéctica del mero "estar", opuesta a la filosofía del "ser". Esto permite examinar la categoría existencial del "estar", que se contrapone al "ser", entendido como ente, que domina parte del pensamiento europeo. El "estar", dice Kusch, supone un situarse cerca de un centro donde se concentran y conservan energías mágicas y divinas que se deben respetar y conjurar. Por contrapartida, el "ser" se entronca con la ansiedad occidental del "ser alguien", el deseo de colmar con contenido y significado

---

[20] ADORNO y HORKHEIMER. *Dialéctica del Iluminismo* (1944). [en línea] Digitalización por Diego Burd, 2004. [consultado el 12 de febrero de 2018]. Disponible en: https://www.marxists.org/espanol/adorno/1944-il.htm
[21] Ibíd., p.3.
[22] Ibíd., p.9.
[23] KUSCH, R. *América Profunda. Obras Completas I.* Rosário (Argentina): Ed. Fundación Ross, 2000, p.21.

un vacío que se fija en la intimidad profunda del sujeto occidental. Pero *estar* demanda una manera provisoria e indeterminada de existencia –*existentia*–, que en latín quiere decir: "estar parado de pie ahí afuera". Y para ello, hay que articular un mundo que signifique algo. Hay una necesidad de dar un sentido a la existencia, un orden simbólico. Estructuras que permitan un conjunto de actividades, donde se vive, se sueña, se canta, se baila, se trabaja, se realizan ritos y acciones, que el mundo del arte nos permite experimentar, sin las cuales nos sería imposible vivir. Por lo tanto, como dice Adorno: "todo ritual implica una concepción del acontecer, así como del proceso específico que debe ser influido por el encantamiento".[24] Todo ritual implica un mito, es decir, no se trata de una relación de intencionalidad sino de afinidad. Esto se evidencia en el pensamiento de Kusch, que expone la dignidad filosófica de las cosmovisiones originarias americanas, que hoy están siendo recuperadas como tema de investigación e inspiración para el arte.

Ante una cultura basada en el exceso y en la sobre estimulación sensual, se necesita *recuperar nuestras primarias facultades sensoriales*: ver, oír, tocar, sentir, tal como propone Susan Sontag,[25] para que nuestra experiencia frente al arte sea real.

Las diversas concepciones, esbozadas aquí sin agotar el tema, muestran las divergencias de los paradigmas identificadores de la arquitectura que formaron las bases de algunas posturas entre lo formal, lo funcional y el hedonismo técnico, que aún perduran. Pero la arquitectura es una concepción amplia, porque abarca todo los aspectos de la vida humana. Representa el conjunto de las modificaciones y alteraciones introducidas en la superficie terrestre, con el objetivo de satisfacer las "necesidades humanas"[26] que trascienden el orden práctico.

---

[24] ADORNO y HORKHEIMER, op. cit., p. 11.
[25] Artista americana de origen judío, que en su famoso artículo "Notas sobre lo camp" (1964) dice: "Lo que ahora importa es recuperar nuestro sentidos. Debemos aprender a ver más, a oír más, a sentir más".
[26] Aquellas definidas por Abraham Maslow, que abarcan valores, creencias, afectos, sentimientos, pensamientos, expectativas, actitudes, comportamientos. Tal como describe en la conocida "pirámide de las necesidades humanas", presentada en su libro *A Theory of Human Motivation*, publicado en 1943.

Si bien la arquitectura se inserta en una ideología, manifiesta una dimensión temporal más allá de la eventualidad de la moda y sus gestos. A veces ha estado más ligada a lo psicológico, lo antropológico, lo sociológico, o a lo semiótico, pero se mueve siempre en un campo de tensiones entre lo real y la realidad, donde la ficción construye el mundo que la obra abre a su experiencia. Las condiciones que hacen posible el conocimiento y la constitución de la realidad nos remiten necesariamente al ámbito de la Estética, en tanto lugar, tejido sensible, y teoría paradigmática. Y al arte, en todas sus manifestaciones, que se presenta como un lúcido banco de pruebas donde descubrir los dinamismos básicos de la propia subjetividad, como intento de generar sentido y de constituir el mundo que nos rodea.

En el espacio arquitectónico se desarrolla una exploración para la construcción del mundo. Esta tiene lugar dentro de la propia matriz de la forma, y es el corazón de sus principios. Los elementos de composición van de lo visible a lo invisible, de la solidez a lo ambiental. Sus presupuestos hoy se están volviendo atmosféricos, es decir, pasan a convertirse en recurso y herramienta de producción. El vocabulario meteorológico y ambiental que es utilizado para describir los fenómenos atmosféricos (convección, presión, depresiones, temperaturas), pasa a ser parte del lenguaje arquitectónico. Se busca integrar el mundo circundante y lo ambiental, no solo como propósito de la arquitectura contemporánea, sino también como un proceso que abre a otras dimensiones y definiciones espaciales en las artes. Estos objetivos que aparecen en la práctica arquitectónica contemporánea, abarcan múltiples campos del arte, como observamos en los espacios desarrollados por Olafur Eliasson, Diller-Scofidio y otros artistas, preocupados por la creación de "ambientes", en algunos casos producidos con la incorporación de nuevas tecnológicas, que nos sumergen en los *escenarios inmersivos* de la producción artística actual.

Como se observa en la primera exposición individual de Olafur Eliasson en Latinoamérica, realizada en el marco del Festival Internacional de

FIGURAS 24 y 25.
Panorama del arco iris en Aarhus, Dinamarca, de Olafur Eliasson

FIGURAS 26 y 27.
Su Cuerpo de Trabajo, de Olafur Eliasson

Arte Contemporáneo SESC Videobrasil de San Pablo 2011, presentó la obra *Su Cuerpo de Trabajo*. Esta obra tiene como antecedente *Su arco iris panorama*, un mirador urbano construido en Aarhus Dinamarca sobre la terraza del museo ARoS de arte contemporáneo, en el cual difumina los límites del espacio.

El área de intervención de *Su Cuerpo de Trabajo* está pensada como un espacio público que permite la interacción de muchas personas con el objeto artístico. Eliasson configura una disposición laberíntica construida con numerosos planos translúcidos plenos de color y luz, para crear una temperatura ambiental de ensoñación producida por los efectos ópticos.

La percepción del espacio arquitectónico altera los parámetros espaciales que lo definen, crea atmósferas etéreas que diluyen los límites físicos del espacio. Se trata de dispositivos de luz, en el sentido en que los enuncia Deleuze, que establecen relaciones entre los elementos que forman parte de la instalación y el espacio en el que se ubican, y que ofrecen una visualización de lo sensible en fluctuación, modulando el espacio y su percepción. La capacidad de transformar y descontextualizar perceptivamente el espacio, por medio de planos de luz y color, genera espacios complejos que repercuten en nuestra experiencia subjetiva. La percepción de inmaterialidad del entorno rompe con la noción de fondo/figura y constituye una realidad subjetiva en la que lo medible y cuantificable desaparece, remitiéndonos a una dimensión espacial que se diluye.

La eficacia de la obra está ligada al tratamiento de las condiciones atmosféricas del ambiente. Ellas crean cierta tensión que nos pone ante el estado espacial de un fenómeno temporal en una experiencia emocional, íntima y profunda. Esta vivencia abre a distintos significados que reemplazan los rígidos sistemas formales establecidos por conceptos o jerarquías discursivas. Nuestra actividad inmersa en esa atmósfera de incertidumbre, generada por el ambiente que en los intersticios desdibuja el espacio, rompe la *Gestalt*, aparece como una fricción de lo real, que revela "una historia evidente y otra cifrada", como nos propone Ricardo

Piglia[27] en su libro *Formas breves*, potenciada por lo dicho y lo no dicho, lo que se muestra y se insinúa, es decir, una instancia abierta a la experiencia del espectador/habitante.

Esta arquitectura está llamada a explorar nuevos campos de la experiencia que apenas se puede asimilar o idealizar, como ocurre con el sentido cutáneo, el olfativo, el respirable, todos relacionados con las cualidades invisibles de la forma. De esas relaciones resulta la complejidad experiencial, una *experiencia afectiva* que evidencia la "duración" bergsoniana. Aquella donde "los datos inmediatos a la conciencia son ante todo emociones, son el efecto que produce el fluir del tiempo en la sensibilidad", el hecho de "sentir" derramarse el tiempo en nosotros y "vibrar interiormente".[28] En esa emoción profunda, "el número del fenómeno o situación sobrepasa el umbral que nuestra razón admite",[29] las condiciones de indeterminación de la figura-fondo yuxtapuesta rompen con la noción de espacio cuantificable y medible y nos enfrenta a una ambigüedad donde la arquitectura expresa su condición laberíntica, y en ella reconocemos la dimensión poética que el agenciamiento arquitectónico propone.

---

[27] PIGLIA, R. Nueva tesis sobre el cuento. En *Formas Breves*, Buenos Aires: Temas Grupo Editorial, 1999, pp. 103-134.
[28] LAPOUJADE, D. *Potencias del tiempo. Versiones de Bergson.* Buenos Aires: Ed. Cactus, 2011, p.7.
[29] Ibíd., p.41.

> No sé qué opinará mi lector. No pretendo saber qué cosa es el tiempo (ni siquiera si es una "cosa") pero adivino que el curso del tiempo y el tiempo son un solo misterio y no dos. Dunne, lo sospecho, comete un error parecido al de los distraídos poetas que hablan (digamos) de la luna que muestra su rojo disco, sustituyendo así a una indivisa imagen visual un sujeto, verbo y complemento, que no es otro que el mismo sujeto, ligeramente enmascarado.[30]
>
> Jorge Luis Borges

Tiempo

Hemos visto que el problema de la construcción del arte de arquitectónica[31] se debate en la relación entre el sujeto y el artefacto artístico. Donde no existe un sistema de objetos regulado por leyes formales que garanticen la eficacia estética. Sino lo que hay es una presencia que abre el anhelo del sujeto por relacionarse con un mundo[32] todavía en construcción, a través de la mediación del cuerpo.[33] Es decir, el cuerpo del sujeto establece el mundo a partir de algo que le hace salir de sí, que conmueve su espíritu y por ello no es un afuera desprendido del sujeto. Al decir de Merleau-Ponty, no es un "fuera de alcance [...], todo afuera está dado en tanto afuera alcanza, daña y fisura con ello toda la interioridad".[34] Merleau-Ponty plantea esto como

---

[30] BORGES, J. L. El tiempo y J. W. Dunne. *Obras completas II*. Bs As: Ed. Planeta, 2007, p. 31.
[31] Entendida como *"atmósfera"- "medio circundante"- "Lugar"- "Khora"*. Tal como hemos definido en el capítulo uno de este libro.
[32] Para que haya un mundo debe producirse un espacio. El mundo, sostiene Merleau-Ponty, no es, como todavía pensaba el kantianismo, un sistema de relaciones apriorísticas; no es "como un cubo de cristal" que deja ver "sus facetas ocultas o su transparencia actual" (Alloa, 2009). Por el contrario, es un espacio "habitado, investido y trabajado" (Alloa, 2009). En ALLOA, E. *La resistencia de lo sensible. Merleau-Ponty. Crítica de la transparencia*. Buenos Aires: Ed. Nueva Visión, 2009, p. 42.
[33] Merleau-Ponty dice: "tener un cuerpo es, para un viviente, unirse a un medio definido, continuamente". En MERLEAU-PONTY, M. *Fenomenología de la percepción*. Buenos Aires: Planeta Agostini, 1992, p. 97.
[34] Ibíd., p.20.

superación del solipsismo, donde "Las nociones idealistas de concepto, idea, espíritu y representación son sustituidas [...] por las de articulación, borde, dimensión, nivel, configuración, cuya fundamentación empírica ha establecido la psicología de la Gestalt y cuya evidencia procede de la experiencia estético-perceptiva".[35]

El reconocimiento de esa relación en la construcción del arte, tanto en el teatro, la música, la literatura como en la arquitectura, se da en torno a un drama casi sin "acción". Despojado de la psicología, se nos ofrece en el lugar de todas nuestras experiencias y sensaciones que estructuran nuestro encuentro con el mundo, como ése que propone la obra como objeto estético, producido por la indeterminación en su aparecer.[36]

El aparecer de una presencia real se asocia a la percepción y el recuerdo, como lo expresa Paul Valéry en *Eupalinos o el arquitecto*: "En la rememoración de los placeres de la percepción sensible, desborda Fredo en entusiasmo: '¡Pero revivo, pero vuelvo a ver el efímero cielo!' [...]–'Todo eso suena en este lugar, extrañamente' resume Sócrates los sorprendentes recuerdos".[37] Pero el aparecer no es más que sombras de lo invisible, su finalidad es "iluminar la invisibilidad que todo lo visible deja traslucir",[38] como una vibración interior, produce el fluir del tiempo en la sensibilidad. El sentir es donde se provocan resultados variables, simultáneos, que nos revelan un tejido de elementos sensibles sin jerarquías ni relaciones definidas. Se trata de aquellas relaciones a las que hace referencia Rancière,[39] donde la imagen

---

[35] SOLÀ-MORALES, I. *Arquitectura y existencialismo: Una crisis de la Arquitectura moderna*. [en línea] Universitat Politècnica de Catalunya: Escola Tècnica Superior d'Arquitectura de Barcelona, 1991. [consultado el 12 de febrero de 2018]. Disponible en: https://dialnet.unirioja.es/servlet/articulo;jsessionid=A4B233D65BF13D212992560F489A6E41.dialnet02?codigo=2188131

[36] "El objeto estético se percibe en la simultaneidad y en la interacción de sus apariciones, las cuales evaden toda descripción". En SEEL, M. *Estética del aparecer*. España: Ed. Katz, 2010, p.86.

[37] SEEL, op. cit., p.25.

[38] ÁLVAREZ FALCÓN, L. *Las sombras de lo invisible. Merleau- Ponty, siete lecciones*. Madrid: Ed. Eutelequia, 2011, p.347.

[39] El tejido sensible y la forma de inteligibilidad. En RANCIÈRE, J. *Aisthesis. Escenas del régimen estético del arte*. Buenos Aires: Ed. Manantial, 2013, p.9.

real se pierde y da lugar a la imagen virtual producto de nuestras significaciones, emociones y recuerdos presentes. Como espacios imaginarios y no por ello menos reales. La emoción provoca imágenes inquietantes, el sentir nos conmueve y confunde.

Según Bergamin:

> la virtud mágica del recuerdo puede engañarnos fácilmente si no la manejamos con cautela. Porque las imágenes y figuraciones que nos evoca, tienden a precipitarse por salir a luz, unas antes que otras, para hacerse reconocer por la conciencia. Y lo que es más grave, suelen interceptar el paso a las sensaciones de que nacieron, o con las que nacieron, evocando un mundo de imaginativas complejidades aparentes, entre las cuales se desliza, como un gusanillo corruptor de esas mismas sensaciones e imágenes evocadas, la sutileza enredadora de nuestro juicio. De manera que, a veces, se sobreponen, con tiempos y espacios diferentes, las figuraciones del recuerdo, no por obedecer al encanto vivo con que las promueve el alma en nosotros, por la memoria, sino a esa especie de conceptuación prematura, de clarificación o cristalización racional que nos anuncia su presencia, como su paso fugitivo, por quedarse solo con su huella, con el vestigio imperceptible, fuera de esa misma conceptuación racional que digo de su paso: huella, vestigio mortal siempre para el poder ilusorio de los recuerdos. San Agustín, que fue tal vez el primero en descubrirle a la conciencia humana el poder creador, la poesía de este mecanismo espiritual, diríamos, de los recuerdos, de la memoria, forzando expresamente al alma, para que lo haga, nuestra propia experiencia temporal, pasajera, momentánea de la vida. Yo puedo decir que de lo primero que empecé a desconfiar, desde mi infancia, fue de la inestabilidad huidiza de mi propia experiencia viva.[40]

---

[40] BERGAMIN, J. Ahora que me acuerdo. (Fragmentos del Capítulo I del libro "Recuerdos del esqueleto"). En BERGAMIN, J. y otros, *Entregas de La Licorne 1-2. I. Homenaje a Paul Éluard.* Montevideo: Ed. Entregas de la Licorne, 1953, pp. 62-63.

Esta larga cita de Bergamin no hace más que remitirnos a la necesidad de pensar de otro modo, de buscar por fuera de la memoria los caminos para hacer inteligibles la "temporalización del espacio". Observamos que el lugar de "aparición", en el arte y en la arquitectura, se da en la expresión material en estado puro. No puede concebirse en otro lugar más que en la materialidad, porque allí es donde el espacio contiene la materia como lugar de explosión o movimiento de lo humano, revelado por la indeterminación que abre diferentes lecturas, que hace del espacio un objeto derivado de lo arquitectónico.

Es especialmente en la indeterminación en donde se expresa el denominador común del tiempo y el ambiente. Ella es capaz de introducir la incertidumbre, la ambigüedad y la sospecha, en contra de la representación de alternativas claras al discurso. Frente al lenguaje se manifiesta como pérdida de fuerza cognoscitiva y de inmediatez. Por lo tanto, en la materialidad es donde el "aparecer de una indeterminación" se expresa como superficie de una repercusión. Como dice Juan Carlos Pérgolis citando a Calvino, para quien "la literatura (y quizás solo ella, enfatiza) puede crear los anticuerpos que la contrarresten",[41] ya que "Sus imágenes son emociones concebidas a priori y luego proyectadas como tales".[42]

Por tanto, aparecer e indeterminación nos recuerdan lo dicho por Rancière acerca de la obra artística *La puerta del infierno*: "la obra de Rodin podría resumirse en una invención esencial, que da al fragmento y a lo inacabado el valor del todo".[43] Gustave Geffroy ve, en el descubrimiento de Rodin, "Las nuevas actitudes [...], la infinidad de las actitudes posibles, que se engendran unas a otras por la descomposiciones y recomposiciones de los movimientos y se multiplican en fugitivos aspectos cada vez que el cuerpo se mueve".[44] Allí, no hay formas definidas. No hay más

---

[41] PÉRGOLIS, J. C. *La Plata Express: Arquitectura-Literatura-Ciudad*. Buenos Aires: Ed. Nobuko, 2005, p. 10.
[42] Ibíd., p.10.
[43] RANCIÈRE, op. cit., p.186.
[44] Ibíd., p. 188.

que actitudes, unidades formadas por encuentros múltiples de cuerpos con la luz, la sombra y otros cuerpos. Son superficies que muestran y velan las fuerzas invisibles que asedian las figuras, como espíritus que no tienen ninguna forma, ni un lugar determinado y sin embargo construyen el poema. Presentan lo que hay inacabado, como actitudes posibles, gestos fugitivos y aspectos vinculados a las superficies como fuerzas invisibles.

Estos aspectos nos llevan a Leibniz, al concepto de "vínculo substancial", como quiasmo, canal, lazo y nudo de las texturas de la materia y cualidades del alma. Dice Leibniz: "[...] no sólo hay pliegues de la materia y repliegues de la materia, sino que interviene un *vinculum* [...] que cose cuerpo vivo y cuerpo viviente, cuerpo de la mónada".[45] Deleuze aclara que Leibniz dice *vinculum* en referencia a la palabra *eco*: "El milagro del eco, nos dirá Leibniz, es introducir una unidad segunda, pero esta unidad segunda será esencial pues es así como va a explicar el *Vinculum*, esta especie de corte del cuerpo viviente".[46] Un acontecimiento, algo que nos mantiene de pie, lo constitutivo del cuerpo viviente: "En Leibniz, cuando lo posible se realiza, miren el contexto en Leibniz [...] pero cuando lo posible se realiza siempre es en el mundo de la materia, del cuerpo. Cuando lo virtual se actualiza es siempre en el alma".[47]

Así el acontecimiento es doble, es más que una bifurcación, porque se precede como se sucede a sí mismo, en una serie infinita. Como en las lecciones sobre la temporalidad del mundo de Heidegger, "En el ahora lo transitorio deviene accesible en su tránsito y lo que reposa deviene en reposo".[48] Allí, en el acontecimiento, se da lo que "aparece". La simultaneidad y el cambio se concretan en la atención a la momentaneidad como duración de la presencia sensible:

---

[45] DELEUZE, op. cit., p.357.
[46] HERNÁNDEZ, E. *Les cours de Gilles Deleuze*. [en línea] 1987. Disponible en: https://www.webdeleuze.com/textes/153
[47] DELEUZE, op. cit., p.p. 358-359.
[48] SEEL, op. cit., p.51.

El *acto* de entender la presencia de esa *plenitud*, también significa una condición temporal especial, pues la atención al juego de las apariciones de un objeto sólo acontece cuando nos *demoramos* y salimos a su encuentro, en una actitud que constituye un fin en sí mismo.[49]

En ese tiempo suspendido surge un conocimiento confuso, como lo expresa Baumgarten, es un entramado de aspectos palpitantes, que se demoran ante el proceso del aparecer. Martín Seel amplía esta idea de Baumgarten: "en la atención a lo que aparece hay *algo que encontrar y que experimentar* que no se encuentra ni se experimenta por otra vía".[50]

Es en la pérdida de simplicidad de la palabra, como se experimenta en la "la edad de la estética" anunciada por Rancière,[51] donde el ruido de la palabra y el despliegue de lo visible se da en el "acontecimiento del aparecer". Aquí el tiempo es una realidad "suspendida" y afianzada en el "instante". No podrá transportar su ser de uno a otro instante para hacer de él una duración, como hemos visto en la espacialización estética del tiempo. Ese es el carácter dramático del instante. Tal vez pueda hacernos presentir la realidad en esa ruptura del ser, allí donde la idea de lo discontinuo se impone, porque "el tiempo sólo tiene una realidad, la del Instante".[52] El tiempo, más que el devenir, es la duración de un instante suspendido, es el ritmo, la modulación que "corta" el encadenamiento. Como nos dice Bachelard: "la filosofía bergsoniana es una filosofía de la acción; la filosofía roupneliana es una filosofía del acto",[53] destacando que Roupnel muestra cómo con instantes sin duración se puede construir la duración, "lo que en esta ocasión constituirá la prueba, creemos que de una manera enteramente positiva, del carácter metafísico primordial del instante y, en consecuencia, del carácter indirecto y mediato de la duración".[54]

---

[49] Ibíd., p.58.
[50] Ibíd., p.63.
[51] RANCIÈRE, op. cit., p.144.
[52] BACHELARD, G. *La intuición del instante*. México: Ed. Fondo de Cultura Económica, 2002, 2º reimpresión, p.11.
[53] Ibíd., p.12.
[54] Ibíd., p.13.

Lo enunciado por Roupnel es realizado en el arte de la puesta en escena. Esta técnica de ejecución toma vigencia en la arquitectura actual, conectada al arte de Instalación y su énfasis en la situación. Lo anunciado por primera vez por Adolphe Appia "que fue una extensión del arte del "utilero" relegado por Aristóteles",[55] es el principio mismo del arte llamado "Puesta en escena", que consiste en:

> [...] dar a la música de los poderes oscuros su escena de manifestación sensible, hacer oír en las modulaciones y suspensiones de la palabra el diálogo silencioso que habita el diálogo explícito, ofrecer a la escena del encuentro con lo Desconocido su forma visible, su espacio, su luz, sus actitudes o sus desplazamientos.[56]

La manifestación de ese encuentro con lo desconocido es la resonancia que se explica por una fuerza infinitamente grande que se desarrolla en un tiempo infinitamente breve, que abre a una multitud de direcciones y diferentes niveles espacio-temporales.

Estos aspectos de la intensidad del instante revelan una actividad subjetiva que produce un desplazamiento, una ruptura de las relaciones del fondo-figura y del espacio-tiempo moderno. Durante esta actividad, no interviene la razón fragmentando, dividiendo, midiendo, ni reconstruyendo la forma sobre un plano superficial de la experiencia, según la lógica de la representación. Interviene, en cambio, la inteligencia sentiente, desde la "emoción profunda" y la pasividad que todo lo organiza, según la pluralidad de niveles que escapan a la razón.

De este modo, el tiempo no pasa por afuera de nosotros de manera abstracta ni tampoco es producto de las figuraciones del recuerdo. Se produce en el afecto, en la energía espiritual de un instante de intensidad. Por lo tanto, se puede comprender como una "contemplación activa". Milmaniene sostiene:

---

[55] RANCIÈRE, op. cit., 145.
[56] Ibíd., p.145.

La subjetividad, conformada por un tiempo vacío, se restituye como el *yo del acto o acontecimiento*, dado que sólo se adquiere identidad ontológica en tanto emerge una entidad pulsional, que se logra distinguir como tal, es decir, un modo de existencia deviene de otro a través de la ruptura que impone el amor o la muerte en un instante de viraje o cambio decisivo, de modo que el sujeto se obtiene en la formula "Yo es otro", "Yo seré" o más bien "ya soy Otro". Otro que surge o surgirá en mí lugar.[57]

Por lo tanto la intuición del instante es una concepción activa de la experiencia. Allí, "las curvas de la música siempre son curvas del cuerpo, de un territorio oscuro entre el sujeto y el objeto, es decir de un cuerpo inmerso en el mundo afectivo y eróticamente".[58] El arte explica la temporalidad del espacio ligado al tratamiento de las particulares condiciones materiales. Ellas saldrán al encuentro de nuestros sentidos como forma de un aparecer indeterminado. Como en Las Termas de Vals, Peter Zumthor crea una atmósfera natural para el ritual del baño.

A partir de las cualidades de la piedra, la oscuridad y la luz y sus reflejos en el agua, el vapor que satura el aire, su acústica, manifiesta la voluntad de una expresión material situacional y emotiva. La materialidad con sus cualidades secundarias, tonalidades, texturas y efectos sensibles transforma las superficies y sus relaciones espaciales, insinúa y despierta la duda de los espacios que alberga. Sus planos articulados, rítmicos y despojados de luz quedan habitados por sombras. Tal como en la idea teatral de Appia, se exhibe una *puesta en escena* que construye una envolvente que realza la fluidez del tiempo. Así, la construcción arquitectónica solo tiene una realidad, la del instante. La imaginación nos sumerge en la sensación de una presencia poética. La "luz" pasa entonces de la razón al corazón: "La poesía desconfía

---

[57] MILMANIENE, J. *El tiempo del sujeto. Acerca del tiempo y la subjetivación*. Buenos Aires: Ed. Biblos, 2005, pp.150-151.
[58] Esta es una cita de Albrecht Wellmer que realiza Martín Seel. Para Seel, la cita es pertinente porque resume la relación que existe entre la excitación cognitiva y corporal característica de la música.

FIGURAS 28 a 30.
Las Termas de Vals, de Peter Zumthor

del discurso. [...] Se ve actuar en él una resistencia al significado que lo mantiene muy cerca del silencio de las estatuas".[59]

La obra es una impresión sin palabras. Es la escucha de una voz interior, un murmullo escondido, un eco, un pulso, un latido. Tal vez en la expresión plástica consiste el drama que produce la irradiación invisible de ese sentimiento. Una constelación que requiere distancia, una pausa reflexiva. Allí, la arquitectura revela su esencia, la espacialización estética del tiempo, un tiempo fuera de la comunicación que abre al silencio. Esa es la acción estética del aparecer, que surge del placer del abandono de nosotros mismos, suspende el tiempo, en un instante capaz de componer el silencio. De esa íntima relación emerge la poética de la arquitectura. El poema arquitectónico surge en la experiencia de un aparecer temporal irrecuperable, como condición de un permanente desaparecer, en un vibrar interior del instante prolongado.

---

[59] BACHELARD, op. cit., p.90.

5.

Imagen y Silencio:
El silencio como forma poética

> Disipa el día,
> muestra a los hombres las imágenes desligadas de la apariencia,
> quita a los hombres la posibilidad de distraerse,
> es duro como la piedra,
> la piedra informe,
> la piedra del movimiento y de la vista,
> y tiene tal resplandor que todas las armaduras
> y todas las máscaras quedan falseadas.
> Lo que la mano ha tomado ni siquiera
> se digna tomar la forma de la mano,
> lo que ha sido comprendido ya no existe,
> el pájaro se ha confundido con el viento,
> el cielo con su verdad,
> el hombre con su realidad.
>
> PAUL ÉLUARD

La imagen arquitectónica

La palabra "imagen" suele emplearse como sinónimo de representación visual, descripción visual o incluso fotografía. Pero esto es una pobre comprensión de un fenómeno instrumentalmente difuso, variable e indeterminado. Martín Seel expresa, en su tesis sobre la imagen, "un concepto apropiado de la imagen depende de una comprensión de la realidad externa a la imagen", y agrega: "las imágenes son objetos sometidos a un trato y una comprensión determinada, en razón de la cual obtienen estatus particular de imagen".[1] El trato implica referirnos a su percepción y a la dinámica propia de su constitución como imagen. Las imágenes se refieren a "algo" que son o que no son, es decir, se refieren a un tipo de signo particular, visible en el espacio de una superficie abarcable con la mirada. Pero hay imágenes, como las arquitectónicas, que no son abarcables con la mirada.

La imagen arquitectónica es parte de un objeto, que si bien recurre a los procedimientos compositivos propio de la imagen, no es en sí misma una imagen. La primera diferencia que aparece tiene que ver con su posición *en* el espacio de observación. La imagen se posiciona siempre de frente al espacio en el que se la observa, no es como el espacio de la arquitectura, parte del espacio real en el que aparece, como en la escultura. Dice Seel al respecto: "la aparición de una escultura es la aparición de un objeto en el espacio. La aparición de una imagen tiene lugar en la superficie del objeto en el que se presenta".[2] Es decir, la imagen de un árbol es un objeto distinto del árbol, es una representación diferente de la referencia real. Pero la imagen, en tanto que signo, no es una mera señal, es tal porque en virtud de su *uso* nos referimos a otra cosa. Las imágenes, en su cualidad de signo, presentan algo con mucha más abundancia de detalles que una frase, y se caracteriza por su expresión para ilustrar constelaciones de contenidos metafóricos, dependiendo de la ejecución. "La imagen artística muestra lo que muestra como lo muestra",[3] dice Seel. Es decir, en todo lo que muestra hace sensible el proceso de la diferenciación entre la imagen como medio donde se presenta algo y la imagen como presentación de algo. La imagen artística exhibe "el acontecer de la presentación" muestra al observador relaciones y rasgos dados para explorarlos en la percepción y en la interpretación".[4]

---

[1] SEEL, M. *Estética del aparecer*. Buenos Aires: Ed. Katz, 2010, p.241.
[2] Ibíd., p.246.
[3] Ibíd., p.256.
[4] Ibíd., p.259.

Este fenómeno de la imagen artística se da también en la imagen arquitectónica del mismo modo. Es que la imagen no se percibe como imagen, si no como "presencia real" externa a la imagen, de aquello que se presenta en ella. Es decir, es el "aparecer como fundamento real". La presencia de la imagen no es ninguna ilusión, sino el presente de una aparición que enriquece la realidad, cuyo carácter sensible es imposible de obviar. Aquí no hay antagonismo entre semiótica y fenomenología, porque la imagen hace visible algo: signo-imagen, llamativo para los sentidos. Y es el contraste visual el lugar inaugural de cualquier sentido en la imagen. Entre inteligibilidad y fuerza de sus efectos aparece lo que acontece en el espacio de su superficie; así expone las apariciones y las relaciones internas y se transforma en imagen. Es posible ver algo como algo, distinguir conceptos, ver y diferenciar, viendo en esos colores, esas formas, aunque la percepción no se agota en tal conocimiento. Porque en el espacio de las apariciones se da un desdoblamiento entre el espacio real de la presencia corporal y el espacio de la superficie, ya que estos son fenómenos que se diferencian entre sí por su posicionamiento.

Como dice Seel: "Las imágenes no pueden suplantar la realidad", "las imágenes sólo existen cuando el fundamento (real) de la imagen se diferencia del acontecer (real o irreal) *en* la imagen".[5] Sin objeto material, donde se inscribe la imagen, no existiría ninguna imagen. Todas ellas presuponen la diferencia entre el objeto material donde están y su aparición. Es así que no pueden ocupar el lugar del mundo, porque como imágenes deben estar sujetas a él. La imagen es a la vez cosas *sobre* el mundo y cosas *en* el mundo, con carácter de signo. Por lo tanto, no hay acontecer de la imagen sin lo que acontece fuera *de* la imagen y lo que acontece en la imagen. Como nos dice Pallasmaa, "solo puede estar en la imagen quien está fuera de la imagen".[6] Allí se produce un encuentro entre "la aparición de una presencia" *y*

---

[5] Ibíd., p. 277.
[6] PALLASMAA, J. *La imagen corpórea. Imaginación e imaginario en la arquitectura.* Barcelona: Ed. G. Gili, 2014, p.278.

la "emoción humana", entre hecho y ficción. Este encuentro es la "imagen corporeizada" en la arquitectura, que refuerza nuestra experiencia de lo real y promueve nuestra autonomía en la experiencia. Es la emancipación del régimen estético anunciado por Rancière.

La imagen en el arte y la arquitectura es entendida como un dispositivo. Este da cuenta del hecho desde una nueva relación con los objetos en la sociedad contemporánea, de otra relación con el mundo material de los objetos, a través de la frecuentación, el contacto o incluso la experiencia afectivo corporal. La imagen es un dispositivo tal y como lo sitúa Agamben: "los dispositivos siempre deben implicar un proceso de subjetivación, es decir deben producir un sujeto".[7] Él llama dispositivo a cualquier cosa que tenga la capacidad de "capturar, orientar, determinar, interconectar, modular, controlar, asegurar los gestos, las conductas, las opiniones y los discursos de los seres vivos".[8]

El dispositivo es un deseo humano de felicidad y la captura y la subjetivación constituye su potencia. Como la imagen, este es una máquina que produce subjetivaciones y, como tal, es una máquina de gobierno. Pero nos aclara Agamben: "en la fase actual del capitalismo no actúan tanto a través de la producción de un sujeto, sino a través de procesos que podemos llamar de desubjetivación".[9] Así, el sujeto *es parte de un dispositivo*, que involucra una dimensión corporizada como actividad de miradas y escuchas. Tanto en las prácticas políticas como en las prácticas artísticas, el dispositivo constituye un esfuerzo de captura, de cierta manipulación a través de la imagen o del espacio.

Dispositivos, aparatos y sujetos se encuentran hoy con una nueva situación. Donde no hay ya observador absorbido, lo que hay es un sujeto complejo, nómade, inconstante, movedizo, difuso, formando parte de una nueva configuración. Por lo tanto, en términos de subjetividad hay cierta

---

[7] AGAMBEN, G. *¿Qué es un dispositivo?* Buenos Aires: Ed. Adriana Hidalgo. 2014, p.16.
[8] Ibíd., p.18.
[9] Ibíd., p.23.

convergencia que plantea divergencias importantes en el mundo del arte y de la arquitectura. Hay un espectador jugando con la imagen, pensando con la imagen, y esto abre posibilidades a las artes combinatorias de la imagen y el sonido, del tiempo y el espacio vivido que arquitecturiza el arte y sensualiza la arquitectura.

Este escenario requiere una concepción ampliada de la imagen como entidad multisensorial. Un arte arquitecturizado es un dispositivo que involucra acciones y participación activa, actividad que es pasividad, una sensación interior de una actualización, experiencias. Imágenes que evocan algo que no está presente. Son experiencias que, al decir de Marie Bardet, producen "ceguera de imágenes, o más bien otro tipo de imágenes, más cercanas a aquellas a mitad de camino entre la cosa y la representación de la intuición bersogniana".[10] La imagen visual, sonora, olfativa, táctil, implica dimensiones sinestésicas, donde lo arquitectónico es el lugar de confluencia, de la encrucijada, que abre a nuevas constelaciones, involucra técnicas que acompañen y produzcan juegos ópticos, imágenes en movimiento real, sonidos envolventes, "atmósferas". Ambientes ligados a formas inmersivas, a tipos de experiencias en el espacio donde el cuerpo del habitante está muy involucrado. En un encuentro de flujo continuo, multidimensional, heterogéneo. Es un encuentro "ya no de las formas, sino de las fuerzas",[11] que vinculan ritmos espacio-temporales.

El cuerpo como soporte de todos los sistemas de la experiencia unificada, instala a la percepción en un campo en expansión en el que convergen mundos imaginarios y reales, ensoñaciones e imágenes que contienen los objetos artísticos. Pallasmaa observa que "la capacidad de pensar y articular la expresión y las emociones a través de la música y la danza queda también fuera de lo verbal y tiene que ver con los sentidos del oído, el movimiento",[12] y agrega que "la imagen tiene la capacidad mágica de mediar entre lo físico

---

[10] BARDET, M. *Pensar con mover. Un encuentro entre danza y filosofía.* Buenos Aires: Ed. Cactus, 2014, p.10.
[11] Ibíd., p.11.
[12] PALLASMAA, op. cit., p.29.

y lo mental, lo perceptivo y lo imaginario, lo factual y lo afectivo". "Las imágenes poéticas, son corporeizadas y vividas como parte de nuestro mundo existencial y el sentido que tenemos de nosotros mismos".[13] Esto es la imagen arquitectónica, una imagen corpórea, donde cabe prestar atención, en un presente atento, en un *estar siendo*, como propone Kusch, que a través de la fuerza y la conmoción que la imagen arquitectónica produce, nos lleva a un estado de libertad y trascendencia inmanente.

Estas imágenes arquitectónicas son propuestas en las obras de Oscar Niemeyer. Él, que tuvo esta capacidad de intuir la belleza y de percibir valores en el ser humano, en el Museo de Curitiba plantea la posibilidad del dinamismo de la propia subjetividad, como intento de generar sentido y constituir el mundo que nos rodea. Así, la imagen de su arquitectura aparece como una expresión singular del ejercicio lúdico, que despliega en el uso de recursos prácticos fundamentados en sus observaciones, como síntesis de las concepciones espacio-temporales para constituir la realidad. Estos recursos estéticos han servido y sirven para la configuración del entorno virtual, que conforma el paisaje de su obra y de nuestro espacio más próximo. La evanescencia de sus formas, lo precario y lo inestable, el pliegue y el repliegue, dan cuenta del mundo interior. El envoltorio curvo en sus obras es la marca de su búsqueda poética.

La imagen arquitectónica, corporeizada y poética, es una imagen que requiere "acciones" e implica estar en un espacio. Donde ocupo el espacio y este me ocupa a mí, supone un encuentro, un intercambio repentino e inconsciente; es un dejar entrar un poco de afuera, un tocar y ser tocado, que produce una resonancia en el encuentro.

La imagen arquitectónica se convierte en parte integral de este encuentro con una forma corpórea. Es un encuentro con "las imágenes visuales, auditivas, táctiles, olfativas y gustativas poetizadas, son todas 'criaturas' experienciales de nuestro mundo vivido".[14] Es una imagen experiencial, emotiva y

---

[13] Ibíd., p.45.
[14] Ibíd., p.29.

POÉTICA ARQUITECTÓNICA

FIGURAS 31 y 32.
Interior del Museo de Curitiba,
de Oscar Niemeyer

afectiva, es el paso de una singularidad a otra: de la obra a nosotros. La obra es capturada por el pensamiento, a través de la fuerza intensa de la experiencia.

El mundo de la imagen arquitectónica se encuentra fuera de la forma artística como tal, se sitúa en la experiencia y en la comprensión existencial. La presencia de la materia produce el toque, el encuentro y la resonancia con nuestro cuerpo, abre, libera y da lugar a una actividad imaginativa, un silencio interior que finalmente regresa al mundo de la vida.

> Desbautizar el mundo,
> sacrificar el nombre de las cosas
> para ganar su presencia.
>
> El mundo es un llamado desnudo,
> una voz y no un nombre,
> una voz con su propio eco a cuestas.
>
> ROBERTO JUARROZ

El silencio como forma poética

La invocación al silencio en el arte y la arquitectura es la amenaza de un ser que remite a una sombra de la conciencia. Sin embargo, es la promesa y su territorio germinal. El silencio es un elemento del cual el arte se apropia como espacio de encuentro, como lenguaje que toma para decir lo que de otro modo no puede ser dicho. El silencio permite emerger aquello que desea ocultarse, la fragilidad de la vida. En él la plenitud implica abrirse a la percepción para dejar el extrañamiento en el que nos sumerge la cultura, para recuperar nuestras facultades sensoriales y que la experiencia frente al arte sea real.

La cuestión cultural se inserta en la larga tradición clásica europea, que entiende al objeto artístico como organizador supremo del sentido de la representación, cuyo fin es ajeno al arte y a la experiencia estética. Si bien en el tipo de experiencia estética planteada por Kant se advierte una experiencia de la desaparición de las *formas*, estas conllevan la pérdida de la determinación de lo real. Tal como plantea Martín Seel, "esta conmoción no puede, ni tampoco requiere, transformarse, mediante su *superación* reflexiva, en una experiencia placentera como lo prescribe Kant para lo sublime", [...] "el ser humano no se desorienta ni espanta frente a las *apariciones*, sino más bien, como lo expresa Nietzsche, frente a las *formas de conocimiento* de las apariciones".[15] De manera que el campo original de la estética no es solo el arte, sino toda la realidad de la naturaleza corpórea y material. Como propone Rancière en *Aisthesis*,[16] la estética es una forma de conocimiento que se obtiene a través de los sentidos, de todo el sensorium corporal. El surgimiento de la estética como disciplina implicó una confrontación contra la tiranía de la razón como única forma de conocimiento válida. La hegemonía de la palabra y el lenguaje está fuertemente enraizada en las tradiciones de la cultura y el pensamiento occidental. Impuesta desde la gran promesa de la razón iluminista de liberar al mundo de la magia y disolver los mitos, fracasa frente a la vida. Las múltiples manifestaciones de lo que existe no pueden ser excluidas por la lógica discursiva, ni por el dominio del concepto sobre la base del dominio real. Sin embargo, aún perdura esta visión sobre los territorios del sentido que rige nuestro conocimiento e imaginario.

En la arquitectura, la actividad comunicante de las formas excluye el sonido, aunque deriva de él. Porque en la experiencia arquitectónica, personal e íntima, el contacto entre formas emite su silencioso mensaje a nuestro "yo" más profundo. Enfatizar el silencio de la piel en la arquitectura permite crear distancias en la comunicación. El silencio expone crudamente el aparecer que se oculta en las formas. Más allá de la comprensión, exige una excusa a la razón. Rompe las imágenes e interrumpe y encierra un silencio mayor al generar un estado de intensidad emocional. Es evidente hablar

---

[15] SEEL, op. cit., p.213.
[16] RANCIÈRE, J. *Aisthesis. Escenas del régimen estético del arte.* Buenos Aires: Ed. Manantial, 2013.

de emoción ante el espacio como un estado de ánimo que produce una cualidad subjetiva, más allá de sus formas, por el sentido que emana de su experiencia.

Sin embargo, no es una tarea fácil interpretar la arquitectura silenciosa. Sobre ella se acumula la propia historia de las formas ligadas a la idea de una arquitectura que "desnuda" su forma para hacerla no comunicante. La fuerza de la idea ha sido influenciada por la imagen que se aprecia en *El regreso del poeta* de Chirico, en el mutismo de esas formas puras, en sus luces y en su hermetismo consecuente, que dejan entrever el misterioso silencio en su geometría. Pero las formas que derivan de esa construcción evidencian una cualidad subjetiva y emocionante más íntima y profunda que los significados que intentan explicarla, disminuyendo su capacidad comunicante, silenciosa y atemporal.

Esa cualidad subjetiva no proviene del "silencio físico" o de la simpleza de las formas, sino de la emoción ligada al tiempo como cualidad sublime, contrapuesta a la noción de belleza como cualidad absoluta. Esta evidencia estética se revela en aquello que expresa Martín Seel: "la construcción apolínea contiene una destrucción dionisíaca".[17] Él sostiene que Nietzsche supuso que no existe ninguna "aparición" fuera del *principium individuation*, y que por ello la embriaguez dionisíaca no debe entenderse como una manera de sumirse en lo que aparece, "sino más bien como una forma de trascenderlo".[18] A toda constelación de una aparición le es inherente superar o socavar su propio orden sensible y, cuando esto ocurre, lo que aparece estéticamente se transforma en un aparecer radical. Tal es lo que ocurre con el ruido. Este es una forma extrema del "aparecer estético", un fenómeno de inmanencia y, como tal, dice Seel, "no es causa de embriaguez, sino una ocasión para experimentarla". "Percibir un acontecimiento acústico o visual como ruido, y no simplemente como puro ruido o como silencio, como plenitud o como

---

[17] SEEL, op. cit., p.213.
[18] Ibíd., p.214.

vacío, presupone una percepción que atiende a esos frágiles fenómenos".[19] Así, el ruido estético no es algo aparente e independiente del sujeto de la percepción, como algo dado para luego ser captado. Es un "acontecer del aparecer", y todo acontecimiento es una ocasión para una forma especial de la percepción. Su descripción está en el interés de su presencia, por lo tanto, es un fenómeno captado sensiblemente, en el cual lo que acontece no posee una forma claramente determinable, es como un vacío relativo, un ruido que manifiesta plenitud, una plenitud excesiva cuya presencia no puede distinguirse. Pero, en tanto todo, lo que acontece *es* y se manifiesta como experiencia de una realidad que no existe sin ilusión, y esa ilusión mágica pervive en nosotros como silencio interior.

En la pieza "musical" *4 minutos y 33 segundos* de Cage se corrobora que lo que acontece no posee una forma claramente determinable. Él sacude al público con una experiencia *intensa*, en la que el silencio nunca es completo. Dice Cage: "el silencio no existe, siempre está oyéndose algo por imperceptible que parezca. En límite se oye el latido del propio pulso".[20] No es el silencio en tanto fenómeno físico o literal lo que ocurre, sino el silencio como un "sonido que acontece" asociado a un no silencio. En la arquitectura, tradicionalmente el silencio se basó en el vacío espacial y sus límites, como capacidad demostrativa que la imagen evoca y sostiene las relaciones emocionales. Pero tal como expresa Pallasmaa, "toda imagen artística se encuentra suspendida entre su existencia material y la imagen mental que evoca".[21] El arte de la arquitectura da lugar a esa experiencia imaginativa que poetiza la construcción. Tal como lo hemos dicho anteriormente, su potencia está en esa "imagen corpórea" que es la imagen poética, como fuerza intensa de una experiencia vivida, espacializada, materializada y multisensorial. Es la experiencia que constituye un "mundo", una realidad que forma parte nuestra y del sentido de nuestra existencia.

[19] Ibíd., p.214.
[20] MARTÍ ARÍS, C. *Silencios Elocuentes*. Barcelona: Ed. UPC. 2º reimpresión, 2010, p.58.
[21] PALLASMAA, op. cit., p.119.

El mundo poetizado es un mundo familiar, íntimo y personal que se identifica con nuestro propio horizonte simbólico que demanda encontrar el sentido. Sentido que implica un "mundo que signifique como residencia, abrigo, habitación, salvaguarda, intimidad, comunidad, subjetividad".[22] Sentido que no es significado ya cosificado. Sentido que hay que construir en un pensar y actuar para que sea. Y aquí sentido y misterio están emparentados y son fundamentales para el arte.

Sentido y misterio están en el origen del arte latinoamericano que hoy necesitamos recuperar, como lo expresa Claudio Caveri, tomando lo anunciado por Deleuze, porque "ha sido necesario que la razón humana se derrumbe", "y ello implica el desmontaje del sentido de la arquitectura Moderna europea y, por otra parte, un arraigo en el misterio".[23] El desmontaje del sentido implica un proceso de desobjetivación en la creación de una obra, no con un sujeto fuera de la escena, como teatro de pura representación en el espacio vacío. El arraigo en el misterio, como plantea Kusch, nos impone "una misión que no conocemos, tomando la palabra misterio en el sentido griego, como *mysté*, el guía que nos lleva por corredores ignotos".[24]

Esta idea está asociada a recorridos erráticos, al caos manifiesto en el interior de la vida que conduce al destino, que no es manifestación caótica sino ordenada. Es la evidencia de distintas alternativas que se expresa en la multiplicidad de posibilidades y no el colapso, como en un ecosistema que ofrece múltiples lecturas. Lo que para Borges significa el laberinto, como el único modo de habitar el mundo, de perderse en sus intrincados caminos, dispuesto a diluirse en él. Porque, como señala Han: "Un buen caminante no deja huellas […] Se funde totalmente con el camino, que a su vez no lleva a ningún lado" […] "El caminante existe sin yo, sin sí mismo, sin

---

[22] NANCY, J. L. El sentido del mundo. Buenos Aires: Ed. La marca, 2003, p.15.
[23] VACA BONONATO, A. *Claudio Caveri. Maestros de la arquitectura argentina.* Buenos Aires: Ed. FADU y Arte Gráfico Editorial Argentino, 2014, p. 22.
[24] Ibíd., p.25.

FIGURA 33.
Parroquia Santa María de Guadalupe, de Claudio Caveri

nombre [...] Por eso no deja huellas",[25] solo ausencia y silencio. Por lo tanto el caminante, para salir del laberinto, deberá rehacer el recorrido siguiendo el hilo de Ariadna. Como posibilidad que hace emerger imágenes, recuerdos y emociones. "Se trataría de la "luz espiritual".[26] Además el laberinto es un territorio arqueológico, allí encuentra antiguas construcciones, fragmentos del pensamiento de quienes nos han precedido, palabras desplazadas y mutiladas, palabras de otros. Martí Arís reconoce que "el silencio de Borges radica en esa voluntad de disolver su voz en vasto territorio anónimo de

---

[25] HAN, BC. *Ausencia. Acerca de la cultura y la filosofía del Lejano Oriente*. CABA: Ed. Caja Negra, 2019, pp. 18-22.
[26] MARTINEZ OTERO, LM. *El laberinto*. Barcelona. Ed: Ediciones Obelisco, 1991, p. 43.

FIGURAS 34 y 35.
Casa Moore y Capilla de la Virgen de Fátima, de Claudio Caveri

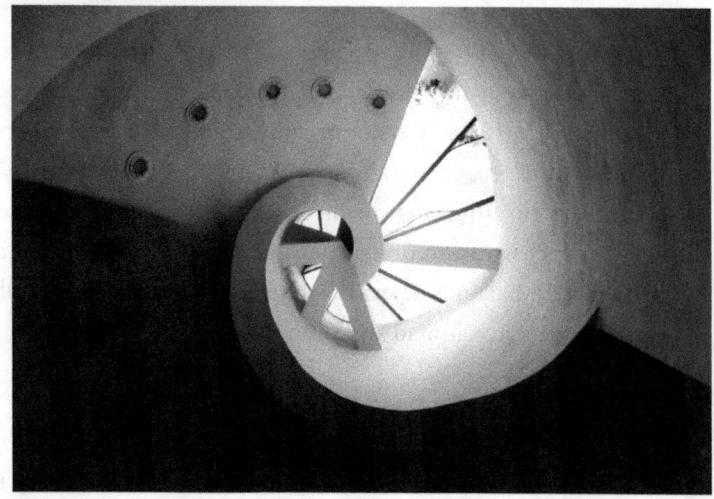

la literatura".[27] Otro "laberinto" de posibilidades alternativas, es el planteo arquitectónico propuesto por Gaudí, como en la Casa Batlló, la fallida comprensión por la imposibilidad de una única lectura nos abre más bien a lo que Bachelard llama, "bosques simbólicos", donde se mezclan las sensaciones de la sorpresa, lo desconocido con lo conocido, como en el instante poético, algo sorprendente y familiar a la vez confusamente revelado por la materia. Y no hay materia sin espíritu, ni *ser* sin *estar*, ni espacio sin tiempo, ni silencio sin ruido.

Tal como observamos en los detalles de las obras de Caveri, un declarado "ateo de la modernidad" al decir de Josep María Montaner, se experimenta el sentido y el misterio emparentados. Aquí el silencio está asociado a una configuración amorfa, a un ruido. Un ruido provocado por el movimiento de la forma. Un ruido que no es acústico, que es *experiencia* de una realidad amorfa, un "acontecer de situaciones" que abarca los sentidos. Como en la danza serpentina de Loie Fuller, "la figura aísla un sitio y lo construye como lugar apto de apariciones".[28] En las obras de Caveri, la disposición espacio-temporal sin formas determinantes revela dimensiones ocultas, un ruido subterráneo que trasciende el lenguaje. Genera un torbellino de actualidad, provoca emoción.

Es la acción estética del aparecer que surge del placer del abandono de nosotros mismos, suspende el tiempo, en un instante capaz de componer el silencio. De esa íntima relación emerge la "poética" de la arquitectura. El poema surge en la experiencia de un aparecer temporal irrecuperable, como condición de un permanente desaparecer, ausencia, vacío y silencio interior.

---

[27] MARTÍ ARÍS, C., op. cit., p.10.
[28] RANCIÈRE, op. cit., p. 118.

6.

Teatralidad y Tecnoescena:
Universo poético arquitectónico

> El camino también desaparece mientras lo pienso, mientras lo digo. La sabiduría no está ni en la fijeza, ni en el cambio, sino en la dialéctica entre ellos. Constante ir y venir: la sabiduría está en lo instantáneo. Es el tránsito. El tránsito no es sabiduría sino un simple ir hacia...
> El tránsito se desvanece: sólo así es tránsito.
>
> OCTAVIO PAZ

Introducción

Teatralidad y tecnoescena indaga los vínculos que se establecen entre el teatro, la arquitectura y las tecnologías escénicas, a través de las instalaciones artísticas y su nexo con la idea de teatralidad. La influencia de lo teatral en el arte y la arquitectura, ligados a la performatividad y las nuevas tecnologías, se evidencia en la creación de atmósferas[1] inmersivas en el espacio escénico. El vínculo de lo teatral con el arte y con la arquitectura amplió la

---

[1] Atmósferas en el sentido de Martín Seel: "son el aparecer de una situación, un aparecer compuesto de temperatura y de olores, de sonidos y de transparencias, de gestos y de símbolos que tocan y afectan de un modo u otro a quienes están inmersos en esta situación" (En SEEL, M. *Estética del aparecer*. Buenos Aires: Ed. Katz, 2010, p.144.) Noción desarrollada en el pensamiento y la arquitectura de Peter Zumthor, como aquello que se absorbe corporalmente, y transporta la percepción de la atmósfera a "una calidad sensorial indeterminada del espacio". (En ZUMTHOR, P. *Atmósferas, Entornos arquitectónicos. Las cosas a mi alrededor*, Barcelona: Ed. Gustavo Gili, 2006.

noción de teatralidad y sus posibilidades materiales y expresivas, recuperando el cuerpo de los participantes y transformando toda realización escénica en experiencia compartida de un evento único. El teatro se arquitecturiza y promueve la reflexión sobre lo arquitectónico, evidenciando la hibridación manifiesta de las producciones artísticas contemporáneas. La relación entre arquitectura y teatro no sólo se establece desde las características materiales, sino también desde los múltiples significados que están en juego en el espacio del espectáculo, donde texto y drama, sala y escena, espacio del espectador y espacio del espectáculo se interrelacionan generando un elemento nuevo. En este contexto, el espectáculo teatral contemporáneo ya no se limita a contar una historia y presentar sus personajes, sino que, a través de sus diversos elementos, interpela la propia vida del espectador, su propio lugar sociocultural y su relación con el mundo a partir de su experiencia con la obra. El entrelazo del teatro como acontecimiento y la arquitectura como espacio dinámico, fruto de la relación activa mediada y producida por el espacio de la escena, se transforma en sujeto[2] dramatúrgico portador de una potencialidad espectacular, objeto de manipulación con un nuevo sentido en cada espectáculo. De este modo, el espacio escénico desborda el campo teatral y se ofrece como un lugar de encuentro de diversos lenguajes integrados al texto espectacular,[3] poniendo en funcionamiento un complejo sistema de significación. Si bien la transposición de fronteras entre lenguajes manifiesta cierta tensión y sensación de pérdida de autonomía, tanto en el ámbito del teatro como en el de la arquitectura se abre un espacio de diálogo enriquecedor entre las artes.

---

[2] Sujeto tal como lo expresa Nancy: "como un gesto, es un esquema de génesis o de producción de engendramiento o de creación. La suposición es una operación que hay que producir y que se produce a sí misma [...] sujeto como operador". En NANCY, J. *¿Un sujeto?* Buenos Aires: Ed. La Cebra, 2014, p. 41.
[3] Según Fernando De Toro el texto espectacular "es espectáculo, puesta en escena en un sentido totalizante". Siguiendo la definición de Marco De Marinis, "son textos espectacular las unidades de manifestación teatral que son espectáculo, tomados en sus aspectos de "procesos" significantes complejos, a la vez verbales y no verbales". DE TORO, F. *Semiótica del Teatro. Del texto a la puesta en escena.* Buenos Aires: Ed. Galerna, 2008, pp.91-96.

Teatro y Arquitectura

El arte del siglo XX se inicia con transformaciones que afectaron el imaginario y las representaciones culturales. Los cambios en el pensamiento abrieron a experiencias dinámicas y participativas, traspasando los límites artísticos predominantes, con búsquedas vinculadas a configurar cambios en la percepción. En los años sesenta se fueron radicalizando las exploraciones experimentales que promovían la hibridación de la escena teatral con las artes visuales, sonoras y escénicas, que dieron paso a la irrupción del arte como acontecimiento. Las acciones performativas abrieron la exploración a la improvisación y a la búsqueda del instante. Como dice Mele:

> El acontecimiento es impredecible, por eso es sorprendentemente efímero, inolvidable, marcan y dejan huellas en los imaginarios. [...] Abrir las puertas a la percepción, despertar la sensibilidad adormecida, reconocer los cuerpos, la naturaleza [...] percibir otra manera de estar en el mundo.[4]

Las artes pusieron de relieve la percepción consciente del lugar y sus sentidos múltiples. La instalación, el *happening*[5] y las intervenciones públicas, fueron un campo de experimentación y exploraciones poéticas, como las del grupo Di Tella, retomadas hoy por muchos arquitectos contemporáneos. La instalación encuentra en la arquitectura la dimensión escenográfica y teatral de una puesta en escena particular. Su condición arquitectónica ofrece una experiencia singular y establece nexos con categorías de teatralidad, que impone su análisis para una mejor comprensión de su relación con la arquitectura, en permanente transformación como ámbito institucional.

---

[4] MELE, J. S. *Estéticas efímeras*. Buenos Aires: Ed. Nobuko, 2009, pp.33-38.
[5] La instalación artística es un tipo de obra que por sus límites difusos da lugar a caracterizaciones inestables. En el contexto de la década del setenta, se producen múltiples expresiones estéticas, entre ellas el *happening*, que se trata de una forma teatral que no emplea texto y realiza una actividad de tipo aleatorio, con ambientaciones articuladas con música e imágenes.

La posvanguardia planteó la "transposición de los umbrales poéticos y de fronteras entre los lenguajes",[6] instaló en el centro del debate artístico la reflexión sobre la categoría teatral, y "contribuyó a gestar un cambio de paradigma que permitió la reintroducción de lo narrativo [...] posicionando al tiempo como aspecto determinante de la experiencia artística y reclamó la participación activa y directa del espectador".[7] De este modo las artes performativas aportaron una noción ampliada de teatralidad, dificultando su limitación. Como dice Josette Féral, "el problema de la teatralidad es intentar definir lo que distingue al teatro de otros géneros".[8]

El arte en la contemporaneidad reconoce el problema, anunciado por Lyotard, sobre las relaciones múltiples, informaciones complejas y discursos diversos. Hans-Thies Lehmann consideró estas relaciones en su estudio sobre la dramaturgia y el evento teatral, como respuesta a los estímulos provocados por las nuevas tecnologías. Estas fueron desplazando el modelo anclado en el texto, para dar lugar a otro basado en la experimentación en la escena. Lehmann introdujo la categoría de "posdramático" para entender al teatro, alejando al drama de las definiciones de Aristóteles y Hegel, y redefiniendo al teatro en sentido amplio. Lo posdramático explica al teatro en su forma compuesta, como instrumento para la creación escénica teatral, remarcando su calidad de suceso. El antecedente de la teoría posdramática aparece con el aporte de las acciones poéticas y conceptuales de Joan Brossa y Gurrola, entre otros.[9]

Las ideas de Lehmann cuestionan las jerarquías en disputa entre texto y escena, donde las acciones poéticas se vuelcan completamente al acto performativo, promoviendo lo corporal sobre lo verbal, sumergiendo al texto

---

[6] VALESINI, S. Instalación y teatralidad. Umbrales poéticos en el arte contemporáneo. Buenos Aires: Ed. Universidad Nacional La Plata. En *Revista Metal. Memorias, escritos y trabajos desde América Latina*, N° 1, julio 2015, pág.92

[7] Ibíd., p.92.

[8] FÉRAL, J. *Teatro, teoría y práctica: más allá de las fronteras*. Buenos Aires: Ed. Galerna, 2004, p. 5.

[9] LEHMANN, H-T. *Teatro posdramático*. México: Ed. Coedición Cendeac, 2013, p.23.

en el lenguaje exterior. Coincide con la idea de Antonin Artaud, que sostiene que el drama, la acción, es "todo aquello que no obedece a la expresión de palabra, aquello que no cabe en el diálogo".[10] De manera que "teatral es todo menos texto",[11] como dice Barthes. La escena emerge con potencia para generar relatos y crea nuevas condiciones que exceden al texto, es decir, la marcha, no el léxico, el tono, no las palabras, sino algo que está "entre" las palabras, el fraseo, como dice Piglia acerca de la literatura. Por lo tanto, la teatralidad entendida como *teatro sin texto*, "es un espesor de signos y sensaciones que se edifica en la escena".[12] Estas ideas se conectan con el estudio de Walter Benjamin sobre las "Afinidades electivas" de Goethe:

> El misterio es en lo dramático el momento en el cual esto se eleva del ámbito del lenguaje que le es propio a uno que es, sin duda, superior y, además para éste inalcanzable. Por tanto, aquello no puede expresarse nunca en palabras, sino única y exclusivamente en la representación, en lo dramático en sentido estricto.[13]

Aquí el texto pertenece a otro tiempo y otro entorno. En consecuencia, como para Barthes, Benjamin y otros autores,[14] se impuso la idea de "texto", espacial, visual o material, de una "escena espectacular"[15] sobre la narración, como significado para definir el verdadero arte del teatro. Es por esto

---

[10] GRAJALES, A. Concepto de teatralidad. [en línea] Universidad de Antioquía. Facultad de Bellas Artes, 2007, p.80. [consultado el 13 de mayo de 2018] Disponible en: https://dialnet.unirioja.es/descarga/articulo/2365713.pdf
[11] ARGÜELLO PITT, C. *Cuadernos de picadero nº30. La adaptación teatral*. Buenos Aires: Ed. Eudeba, 2016, p.8.
[12] Ibíd., p. 85.
[13] LEHMANN, op. cit., p.20.
[14] Ibíd., p.20. Lehmann menciona a Bertol Brecht, Antonin Artaud, Samuel Beckett, Jean Genet, Gordon Craig, Oscar Schlemmer, John Cage y Robert Wilson como "amantes del silencio".
[15] Relacionada con un espectador real. Como expresa Badiou, "el teatro no ocurre sin espectador [...] en el teatro un espectador es real, mientras que el cine requiere de un público". BADIOU, A. *Rapsodia para el teatro*. Buenos Aires: Ed. Adriana Hidalgo, 2015. p. 24.

que Lehmann centrará su mirada en la realización escénica, "en la atención al tiempo y al espacio de la escena y a los modos de organización de los materiales y su recepción".[16] Por otra parte, abandona la idea de la estética kantiana sobre

> la representación de la imaginación que incita a pensar mucho, sin que, sin embargo, pueda serle adecuado pensamiento alguno, es decir concepto alguno, y que por tanto, ningún lenguaje explica del todo ni puede hacer comprensible, lo cual arma al espíritu, abriéndole la perspectiva de un campo inmenso de representaciones a fines.[17]

Lo que Lehmann reclama es que se abra a los signos teatrales la posibilidad de operar mediante el abandono de la significación pensada por Kant. Lehmann sostiene que "no hay síntesis, ésta se combate explícitamente ya que el teatro articula a través del modo de su semiosis una tesis que consiente a la percepción".[18] Por lo tanto, en el teatro posdramático subyace la idea de que una percepción unificada y cerrada sea remplazada por una abierta y fragmentaria, donde "la abundancia de signos simultáneos como duplicación de la realidad que aparentemente imita el caos de la experiencia cotidiana y real [...] sacrifica la síntesis para alcanzar la densidad de momentos intensivos".[19] Estas ideas entroncan con el análisis sobre lo sublime en Lyotard, que "apunta a transferir al acontecimiento material las propiedades que Kant confería a la forma".[20] En Lyotard, dice Rancière:

> el juicio estético remite a una "forma", que ya no es forma conceptual, que impone su unidad a lo diverso, alude al carácter de la materia, a su singularidad

---

[16] LEHMANN, op. cit., p.21.
[17] Ibíd., p.143.
[18] Ibíd., p.144.
[19] Ibíd., p.145.
[20] RANCIÈRE, J. *El malestar en la estética*. Buenos Aires: Ed. Clave Intelectual, 2012, p.114.

sensible y a su capacidad de "hacer padecer", la inmaterialidad como acontecimiento de una pasión que desconecta al espíritu de las demandas superficiales [...] el *aistheton* es, entonces, dos cosas en una, es pura materialidad y signo [...] señala la incapacidad del espíritu de apropiarse de un objeto.[21]

Este es sentido de la forma atraviesa las artes y la arquitectura, donde la materialidad y el signo saturan la imaginación, y ella no puede ofrecer a la razón todo lo que esta le reclamaba. De este modo, "la mayor facultad sensible revelaba así su incapacidad para dar una forma sensible a las ideas de la razón".[22] Por lo tanto, la experiencia sublime enseña

> que el alma viene a la existencia bajo la dependencia de lo sensible, violentada, humillada. La condición estética es la de la sumisión al *aistheton*, sin el cual queda anestesiada, develada por el estupor del otro, o reducida a la nada.[23]

Por eso, "el arte es en la medida en que produce objetos que difieren por su textura sensible y su modo de aprehensión".[24] En este sentido, el abandono de la síntesis propuesto por Lehmann supuso una comunidad de fantasías singulares, pensamientos oníricos, texturas que se asemejan al montaje, al collage, a lo fragmentario, a lo no lógico ni estructurado, que evidencia su preocupación por los modos de recepción. Así, la experiencia estética encuentra la consistencia en los dominios de la sensibilidad humana y el mundo aparece trasfigurado, recreado por la atmósfera del arte, como una transmutación de impresiones donde surge una nueva configuración a la manera de una imagen poética.

El teatro posdramático da cuenta de la percepción intensificada de lo individual, más allá del drama, como poema escénico. Pone en cuestión

---

[21] Ibíd., p.116.
[22] Ibíd., p.116.
[23] Ibíd., p.117.
[24] Ibíd., p.120.

al teatro y su alianza con la estética de la recepción, de Roman Ingarden y Robert Jauss, sobre la mediación entre texto y lector, a través de la recepción de estructuras, esquemas o "señales", que orientan la percepción de lector. Por el contrario, lo posdramático reconoce al teatro como un arte de la presencia, de la que "emerge una necesidad de perceptividad concreta y sensorial intensificada"[25] de la experiencia de lo "real", que excluye el ilusionismo ficticio y hace posible la irrupción de una estética de lo real. Pero el encuentro con lo real no se da por el lado del sentimiento inmediato, "es necesario que el objeto, el mundo, la cosa devenga fenómeno, y que el fenómeno encuentre nuestros órganos".[26] Por lo tanto, esa inmediatez tiene un oído infalible, su "fuerza reside en la teatralización [...] el golpe de teatro"[27] hace funcionar un trozo de lo real. "Lo real desbarata la interpretación",[28] aquello que permanece oculto surge si se lo desenmascara, "todo acceso a lo real en la experiencia del espectador es un arrancamiento de la máscara".[29]

El reclamo de "presencias reales" que se establece entre el espectador y el teatro, implica al arte de la arquitectura, producida por una analogía o metáfora que resuena en la percepción como una expresión interior a través del lenguaje. Lenguaje teatral y arquitectónico, que no puede comprenderse sino como "expresión de una vida anímica filtrada por una corporeidad viviente",[30] que ante la obra "experimenta" un continuo desplazamiento de las significaciones, que pone en cuestión el modelo ideal de composición que busca "producir" pensamientos e ideas y no la apertura al pensar mismo. Pero pensar, tal como dice Heidegger, "es pensar el ser [...] el pensar es del ser en la medida que acontece por el ser", y "el ser es pura actividad".[31]

---

[25] LEHMANN, op. cit., p.170.
[26] COCCIA, E. *La vida sensible*. Buenos Aires: Ed. Marea, 2011, p.22.
[27] BADIOU, A. *En busca de lo real, perdido*. Buenos Aires: Ed. Amorrortu, 2016, p.21.
[28] Ibíd., p.29.
[29] Ibíd., p.33.
[30] LEOCATA, F. *Persona, Lenguaje y Realidad*. Buenos Aires: Ed. Educa, 2003, p.136.
[31] HEIDEGGER, M. *La experiencia del pensar: seguido de Hebel, el amigo de la casa*. Argentina: Ed. Del Copista, 2007, pp. 10-11.

El hecho poético está ligado a esa actividad que abre la presencia del paso, presentando su llegada y su partida. Es decir, lo que ocurre en realidad, lo que adviene. Como en aquellas "composiciones vivientes",[32] baladas y cantatas, verdaderas creaciones poéticas, en las fábulas esópicas del origen del teatro. La prosa parlanchina, el "balbuceo", dice Blanchot. La mudez, en sentido figurado. La "presencia", el mostrar, que adquiere protagonismo como poema escénico.

Por lo tanto, el teatro, como la arquitectura, no se expresa en palabras, sino en sus relaciones espaciales. El cuerpo produce un "desplazamiento del significante por delante del significado, que pone en primer plano la percepción del proceso artístico en sí mismo, la escenificación en la organización del tiempo y el espacio, no del universo ficticio, sino de la realización *escénica*",[33] que estructura lo dramático, le da forma a las energías que hacen que tengamos pensamientos a partir de un registro más próximo. Como sucede en la lectura, el efecto de la imaginación, dice Rodari, "producía una gramática fantástica",[34] nuevos relatos, discursos particulares, poéticos. La irrupción de la temporalidad expresa una "escena teatral y arquitectónica" menos reactiva del arte de los últimos veinte años por fuera de los discursos dominantes de legitimación, como emergente y testigo del cambio en la estructura y el punto de vista referido a objetivos y prácticas, que desdibujan, una vez más, los límites del arte y de la arquitectura con un debate vivo y aspiraciones parecidas.

El antecedente de lo escénico y teatral está ya en el origen del teatro griego. Surge como dispositivo[35] técnico-social que organiza el espacio compartido y la vida en común de las personas, creando un orden espacial que funcionó

---

[32] GARIBAY, K. Esquilo. *Las siete tragedias*. México: Ed. Porrúa, 1980, p.10.
[33] LEHMANN, op. cit., p.173.
[34] RODARI citado en ARGÜELLO PITT, op. cit., p.8.
[35] En el sentido de Agamben: "los dispositivos siempre deben implicar un proceso de subjetivación, es decir deben producir un sujeto". Él llama dispositivo a cualquier cosa que tiene la capacidad de "capturar, orientar, determinar, interconectar, modular, controlar, asegurar los gestos, las conductas, las opiniones y los discursos de los seres vivos". AGAMBEN, G. *¿Qué es un dispositivo?* Buenos Aires: Ed. Adriana Hidalgo, 2014, pp.16-18.

a escalas múltiples, "ágora-templo-teatro", como lugar genuino de la democracia. Así adquirió carácter público como espacio de autorrepresentación, donde rito y mito coinciden, en una representación-acción complementaria. De allí se fue transformando en arte, en género dramático y espacio teatral. Hoy, las metáforas del mundo como teatro de operaciones lo vinculan a concepciones que consideran teatral la actividad en la vida cotidiana.[36] Relacionan las prácticas teatrales con las prácticas urbanas, como arte social, organizando un pensamiento del afuera, transformando el espacio-tiempo de lo cotidiano en escenario de una performance de carácter público.

Esta idea subyace desde la etimología de teatro, que:

> Remite a la intuición de ver y hacer referencia tanto a la visión como a la expectación. *Theatron*, en griego, no significa sólo lugar donde asiste a un espectáculo, lugar de asamblea, sino también es un "lugar donde se es visto, donde uno se hace ver". Se vincula, por lo tanto, a la idea de figurar, estar expuesto, mostrar y mostrarse.[37]

> Remite a presencias, a disponibilidad sensorial y a experiencias como fundamento de la teatralidad. Si bien "el teatro acontece en la dimensión aurática de la presencia corporal-espiritual de artistas, técnicos y público",[38] demanda un lugar para su exposición. Requiere un ámbito relacional-dialéctico, entre el lugar, la acción y la contemplación, que constituye el conjunto de signos textuales, materiales, corporales y visuales como espacio

---

[36] Juan Villegas conecta el término teatralidad a la vida cotidiana, tanto en rituales formalizados como en formas rituales de lo cotidiano, en el sentido de adoptar un comportamiento que se realiza como si se estuviese en un escenario y cuando en determinados acontecimientos públicos los participantes adquieren la categoría de actores y actrices en cuanto actúan, no se comportan naturalmente sino que asumen personajes, en función de la existencia de unos espectadores. Cita en GRAJALES, A. *Concepto de teatralidad*. [en línea] Ed. Artes, La Revista N°13, 2007 p.84. [consultado el 14 de mayo de 2018] Disponible en: https://aprendeenlinea.udea.edu.co/revistas/index.php/artesudea/article/view/23760

[37] VALESINI, S. *Instalación y Teatralidad. Umbrales poéticos en el arte contemporáneo*, op. cit., p.93.
[38] Cita de Jorge Dubatti. En ibíd., p.94.

escénico. Ese ámbito es un espacio arquitectónico que promueve la interactuación entre un espectador y un actor, como el resultado de una dinámica perceptiva donde la mirada une al sujeto con el objeto mirado, formando una unidad en la "escena". Se trata de un "lugar donde lo fortuito adquiere necesidad de drama y donde el vacío adquiere consistencia de complicación de sentidos".[39] Como espacio de representación "requiere de un sujeto para quien dicha representación tenga lugar, sujeto secundario, respecto del existente, derivado y limitado".[40] Por lo tanto, la representación establece una relación entre actor-espectador. Aunque el actor es un ser expuesto, arrojado a la escena. Como el *Dasein* heideggeriano, "esta caída que hace encontrarse *allí*, en la proyección de un *gesto*, de una actitud posible de existir, la existencia misma [...] el existente quiere *ponerse en escena* y ese querer (deseo, pulsión, como se quiere) pertenece al existir mismo".[41] Es decir, su presencia se expone allí, liberada de toda intriga narrativa, en el libre despliegue del cuerpo en el espacio. Como lugar donde se funda el rito del hecho escénico, "completamente olvidado y pervertido por las *piezas teatrales* de los modernos",[42] tal como lo entiende el teatro posdramático de Lehmann.

Si bien a partir del cuerpo que "habla" el teatro está ya dado, expuesto en la presentación, abierto a sí mismo, es en la "escena" en que se abre y se cierra, en un tiempo de paso, un instante suspendido que ninguna "duración" salva. Esa falta de permanencia es la "completa precariedad temporal que inquieta a los autores y a los directores", dirá Mallarmé, "querrían que el drama casi no tenga lugar, *el tiempo de mostrar su fracaso, que se desata como relámpago*".[43] El drama entra en "fuga", en el sentido de Deleuze,

---

[39] NANCY, J. *La partición de las artes. Cuerpo-teatro. El cuerpo como escena*. España: Ed. Univ. Politécnica de Valencia, Colección Pretextos, 2013, p.327.
[40] Ibíd., p.317.
[41] Sin embargo, dice Nancy: "esta necesidad de puesta en escena no fue nunca tematizada por él como tal. Es algo que tenemos que hacer en su lugar". NANCY, J., op. cit., pp.316-317.
[42] RANCIÈRE, J. *Aisthesis. Escenas del régimen estético del arte*. Buenos Aires: Ed. Manantial, 2013, p.201.
[43] BADIOU, A. *Rapsodia para el teatro*, op. cit., p. 27.

"sucede" delante de nosotros. Lo teatral, como lo arquitectónico, se devela en una realidad efímera y dinámica, que trata de fijar en alguna referencia textual –esquema, escrito, escenografía, vestuario, interpretación– lo esencial, como arte de lo visible. En tanto el teatro y la arquitectura son artes de la presencia sensible, deben recurrir a sus propios "recursos escénicos" para sustraer el cuerpo del actor/habitante de la imposición de traducir el poema. Por lo tanto, si bien el verdadero origen del teatro como género artístico se funda en la presencia, en los gestos y movimientos corporales del actor, su fuerza espiritual despliega movimientos y formas en el "espacio escénico". Es este el lugar donde el cuerpo como proyección de su ser en el mundo engendra el tiempo propio de una presentación. El escenario es la referencia para abordar la relación de lo teatral y lo arquitectónico, que da origen al "fenómeno" de la re-presentación. El escenario teatral, como dice Nancy:

> es el espacio apropiado para una llegada en presencia [...] se trata de una representación, es decir, una *intensificación de la presencia* [...] que se sabe ligada a la misma imposibilidad de verse y de saberse mismo, cuando el otro, pues, me ve y me oye, sabe que está en el espectáculo, en el sentido del teatro: él ve que una presencia se "pone en escena" y que "se presenta" a él. Recibe, más que percibe, la intensificación de esta presencia, es decir, su puesta en escena.[44]

En consecuencia, el arte teatral, "arte de mostrar y velar",[45] es un arte arquitectónico que pone de manifiesto el peso de las "fuerzas invisibles" y el libre despliegue de los cuerpos en el espacio escénico, que exhibe la relación de realidades heterogéneas complejas. Si bien el teatro opera organizando el espacio y los movimientos de los cuerpos en escena, "se presenta como un fasto figurativo, un encadenamiento de firmezas, un templo cultural,

---

[44] NANCY, J. *La partición de las artes*, op. cit., pp. 318-319.
[45] RANCIÈRE, J. *Aisthesis. Escenas del régimen estético del arte*, op. cit., p.201.

pero que, si no es 'teatro' (con minúsculas), es ante todo fugaz y azar, arte difícil".[46] Como la arquitectura, que en su dimensión escenográfica y teatral de una puesta en escena particular no descansa en una cosa específica. La realidad heterogénea de lo arquitectónico es una crítica a la *objetualización* de la obra, que no puede limitarse o definirse en una forma determinada.

Por lo tanto, decimos con Rancière: "el arte del teatro es ante todo arquitectónico".[47] Es una organización del espacio, realizada con cuerpos, movimientos y efectos de luz, que no utiliza palabras. Sólo "hay escenas, combinaciones entre arquitecturas, siluetas y juegos de luz que se transforman y se funden unos en otros".[48] Además, en el espacio escénico, como en el arquitectónico, el espectador participa vivencialmente de la obra, habita una experiencia estética que lo introduce en su realidad material, que lo incorpora a su mundo. La puesta en escena da lugar a ese acercamiento, el contacto en la separación da inicio al espacio, construye lugares de presencias, es decir, de sentido. De un "sentido del paso, del acto de pasar, en el aparecer-desaparecer que ocurre allí, en el espacio-tiempo del lugar donde profiere un sentido entre los cuerpos".[49] Como el espacio arquitectónico, "el teatro ha comenzado en los espacios infinitesimales de esa relación".[50] Esta idea conecta con el espacio arquitectónico barroco, arte eminentemente teatral, donde las formas y los cuerpos no dejan de hacer pliegues,[51] donde la luz, a través de las transparencias y densidades de las telas, provocaban ambientes, atmósferas y pasaje de formas de gran complejidad escénica. Tal como lo expresara Valéry, en la emoción del joven poeta al tener en sus manos las pruebas de un tiro de dados, "la extensión hablaba, soñaba, engendraba formas temporales".[52]

---

[46] BADIOU, A. *Rapsodia para el teatro*, op. cit., p. 49.
[47] RANCIÈRE, J. *Aisthesis. Escenas del régimen estético del arte*, op. cit., p.206.
[48] Ibíd., p.207.
[49] NANCY, J. *La partición de las artes*, op. cit., p.330.
[50] Ibíd., p.325.
[51] DELEUZE, G. *El pliegue: Leibniz y el Barroco*. Buenos Aires: Ed. Paidós, 1°reimp, 2008.
[52] RANCIÈRE, J. *Aisthesis. Escenas del régimen estético del arte*, op. cit., p.207.

Por lo tanto, el espacio de la realización escénica es donde acontece el instante constitutivo de lo arquitectónico como un todo. El escenario es un dispositivo arquitectónico que engendra formas y figuras que traducen el poder de lo no dicho en palabras. Como el teatro del silencio creado por Edward Gordon Craig, en *The Step*, donde se logra "inventar un ordenamiento de formas que traduzcan, en el lenguaje de la extensión, el poder de no dicho manifestado en las palabras del poema. La escena misma [...]".[53] La puesta en escena que había sido reivindicada e impulsada en la representación de *El maestro Solness*, de Adolphe Appia, en *La Mise en Scène du Drame Wagnérien*, es "tal vez el primer manifiesto del nuevo arte llamado 'puesta en escena'".[54] Hoy, la puesta en escena compone el espectáculo, articula procedimientos, recursos materiales, corporales y medios tecnológicos que amplían y transforman experiencias que modifican el *sensorium*. Por lo tanto, se inscribe en una constelación en movimiento donde se forman modos de percepción, afectos y formas de interpretación, producto de la conjunción de sus siete elementos[55] descritos por Badiou. Es decir, es una disposición de componentes materiales e ideales que, entre espacio y actividad, "sucede" como acontecimiento intransferible y singular. La experiencia temporal es la "puesta en escena de una selección pensada de azares".[56] Y "dentro del azar, se debe tener en cuenta al público. Porque el público forma parte de aquello que completa la idea". Idea que llega durante un tiempo. Lo efímero del teatro, que "es ante todo, una idea eterna incompleta en la experiencia instantánea de su culminación".[57] La temporalidad del pasaje

---

[53] RANCIÈRE, op. cit., p.207.
[54] RANCIÈRE, op. cit., p.145.
[55] El lugar, el texto, el director, los actores, la escenografía, el vestuario y el público. Podríamos decir que sólo hay teatro cuando se da la conjunción de estos elementos: "texto que suscita, la división que efectúa, el pensamiento azaroso de un director, actores en condiciones de desplegar el punto de partida, más que alardear con retóricas del cuerpo y la voz, un espectador". BADIOU, A. *Rapsodia para el teatro*, op. cit., pp. 42-52.
[56] BADIOU, A. *Imágenes y Palabras*. Buenos Aires: Ed. Manantial, 2005, p. 139.
[57] BADIOU, A. *Pequeño manual de inestética*. Buenos Aires: Ed. Prometeo, 2009, p. 123.

de las "sensaciones mudas" se expresa en el arte de la puesta en escena, arte arquitectónico. La arquitectura, como el teatro, demanda la participación activa de los implicados en el proceso de construcción. Como la piensa el arquitecto Bernard Tschumi, la arquitectura es evento, espacio y actividad. Es decir, no se ocupa solo de la construcción de espacios, sino que diseña y crea lugares donde algo nuevo puede ocurrir, relacionando espacio-habitante, acontecimiento y movimiento.

Teatralidad y Tecnoescena

El teatro desarrolla su arte en escena. La *Skené* es una palabra griega con la que se designa a la parte posterior del escenario. "Como abrigo poco consistente, provisional, que evoca lo imposible. Revela que el trabajo escenográfico y el uso de máquinas están en el origen del teatro, es tan viejo como el teatro mismo. Aunque, designaba un arte auxiliar [...]".[58] La puesta en escena, definida como "una extensión del arte del utilero relegado por Aristóteles al exterior del arte dramático propiamente dicho",[59] es considerada espectáculo ajeno al arte de la tragedia, fuera de la esencia del poema que estaba en la intriga. Sin embargo, lo teatral se ejecuta *in actum*, en una escena intencionada, en un "arte de regular la acción escénica"[60] que considera todas las facetas y aspectos combinados del teatro. La puesta en escena como técnica[61] de composición del espectáculo teatral, da lugar y conecta el desdoblamiento de la obra, el cuerpo del actor, el decorado, la luz, los brillos y las sombras, los espectadores, permite "ver" y ser "visto", hace visible el drama. Sustituye

---

[58] RANCIÈRE, J. *Aisthesis. Escenas del régimen estético del arte*, op. cit., p.145.
[59] Ibíd., p.145.
[60] Ibíd., p. 145.
[61] Técnica que no es sólo arreglo de materiales y de fuerzas, sino elaboración de formas que valen por sí mismas, para el disfrute. Técnica en tanto "arte", en sentido de equivalencia.

un elemento sensible por otro, proyecta en el espacio la música íntima del drama en vez de poner en él la mímesis de los sentimientos y las acciones, tal es el principio del nuevo arte de la puesta en escena"[62] esa "música silenciosa de las relaciones.[63]

Abre el espacio donde el cuerpo articula un aparecer que implica copresencia, proximidad e interacción con otros. Así, la realidad escénica procede de la declaración de existencia, que organiza el espacio y le da sentido, como "condición del cuerpo que a su vez es condición del mundo".[64] Relaciona lugar, actores, espectadores en torno a una situación o evento que desmonta las formas fijas y provoca una nueva mirada sobre el acto teatral. En este sentido, se emparenta con la idea del teatro posdramático acuñada por Lehmann, preocupado por la realidad escénica y los modos de organización de lo teatral.

Hoy, podemos hablar de un giro performativo, como idea de evento y acción. El espectáculo contemporáneo plantea el problema de la teatralidad, y sus nuevas relaciones establecidas entre la dramaturgia y el evento teatral. La expansión de las nuevas tecnologías en escena del teatro posdramático, tal como lo expresa Lehmann, como respuesta a los estímulos provocados por las nuevas tecnologías, desplazan la cultura de un modelo anclado en el texto a otro basado en la experimentación y en las nuevas medias de la imagen y del sonido, como modo de espectáculo, de presentar y significar. Su origen se remonta al uso de adminículos en las representaciones, como el *ekkyklema*:

> plataforma movible, apoyada en ruedas en que se *ruedaba la escena* para dar ilusión de un interior. El otro elemento llamado *mejané*, que los latinos

---

[62] Ibíd., p.152.
[63] Ibíd., p.152.
[64] NANCY, J. *La partición de las artes*, op. cit., p. 335.

tradujeron "*machina*" y nosotros tenemos, con otros sentidos, muy amplios y variados. Era un artificio para dejar caer o subir a los personajes que se suponen venían del cielo, aumentando la teatralidad.[65]

Por lo tanto, la noción de maquinaria teatral

atraviesa esta genealogía en la medida que constituye un principio de la teatralidad. La maquinaria escénica da cuenta tanto de la materialidad del teatro como de su carácter artificial y propiamente espectacular. En el antiguo teatro griego el recurso denominado *deus ex machina* se utilizaba para la intervención divina en la resolución de la historia y consistía en una máquina que trasladaba al personaje al escenario. El recurso, así, resultaba a la vez técnico y dramatúrgico.[66]

En el período medieval la escena teatral transcurre en el interior de las iglesias, el espacio sacro es el dispositivo multisensorial que construye la escena.

Filippo Brunelleschi, en 1439, construye una *máquina teatral*, una media esfera colocada en el centro de la única nave de la iglesia de la Anunciación. Cuyo antecedente se encuentra en el *areceli*, un cielo artificial de la catedral de Valencia, una maquinaria aérea que transporta a personajes celestiales, a los actores.[67]

Cielo y nubes utilizados en los entremeses, develan los complejos procedimientos teatrales que el Renacimiento italiano utiliza como construcción del espacio escénico teatral.

[65] GARIBAY, op. cit., p.19.
[66] PINTA, M. F. en: KOSAK, C. *Tecnopoéticas argentinas. Archivo blando de arte y tecnología*. Buenos Aires: Ed. Caja negra, 2°ed., 2015, p.216.
[67] FERRER, T. Espectáculo profano en la Edad Media: espacio escénico y escenografía. En BELTRÁN, R., CANET, J. y otros. *Historia y Ficciones: coloquio sobre la literatura del siglo XV*. España: Ed. Universidad de Valencia, 1990, pp. 216.

Siglos después, uno de los tratados sobre maquinaria escénica más relevantes de esta historia es el de Nicola Sabbattini, *Pratica di fabricar scene e macchine ne' teatri* (Ravena, 1638). La experiencia de Sabbattini, quien nace a fines del siglo XVI, se inserta en un momento decisivo, el Renacimiento, cuando se revisa el teatro antiguo y se buscan nuevas formas espectaculares y nuevas arquitecturas para las mismas. El teatro del siglo XX comienza como una rebelión contra el drama decimonónico. Los artistas consideran que, debido al principio de verosimilitud naturalista, la escena ha sido privada de sus procedimientos espectaculares, su carácter constructivo, material, sensorial y festivo.[68]

La maquinaria escénica da cuenta tanto de la materialidad del teatro como de su carácter artificial y espectacular, estableciendo así una relación y un vínculo con la arquitectura a partir de los procedimientos que entran en juego. Estos están ligados a la performatividad y al dispositivo escénico, como "texto", descripción, relato, textura, trama, urdimbre, ligazón, contextura, disposición, donde se interconecta intermedialidad e interactividad.[69] Si bien el espacio arquitectónico, como el espacio escénico, tiene siempre una estructura de organización, una forma, líneas, límites, trazados y señales, esa rigidez es solo aparente, sus grietas y porosidades ocultan energías y flujos que oscilan entre lo estable y la corriente de acción. El espacio arquitectónico es algo parecido a la "obra efímera", se asocia a la música que no musicaliza la letra. Como dice Mele,

---

[68] PINTA, op. cit., p.216.

[69] Ibíd., pp. 225-226. Pinta dice que la noción de "interactividad" apunta a una implicación (sobre todo sensorial aunque no se descartan aspectos racionales) del espectador durante el proceso de producción de la obra de arte. No sólo se desdibujan las jerarquías en torno a la noción de autor/autoridad, las definiciones de actor y espectador se ven rearticuladas en nociones híbridas como interactor, según refiere el Festival Tecnoescena (2008) realizado en Buenos Aires. La noción de "intermedialidad" designa los intercambios del arte con los lenguajes, tecnologías, medios y dispositivos de la comunicación y el entretenimiento. Sobre el modelo de la "intertextualidad" la perspectiva intermedial busca estudiar y/o experimentar las posibilidades de aquellas interacciones en el contexto de las experiencias vitales del actor y del espectador modeladas por los nuevos medios y tecnologías.

reniega de tal determinación para vincularse al sonido de la palabra y no a la ilación conceptual [...] ha creado una atmósfera, un ambiente, la palabra ha cedido su voz para ser acorde, ha renunciado a ser soporte de contenidos y base de la melodía, aquellos son la propia forma."[70]

Es una poesía sonora, una obra perpetua de los habitantes, a su vez móvil y movilizados por y para la obra. Tal como lo expresa Nancy, "una obra de arte es un golpe de música, de pintura, de luz, que sacude abriendo al afuera [...] un golpe de música, golpe inicial que abre un oído".[71] Como dice Valéry, la música cambia el alma. Por lo tanto, permanece fuera de visión, "se hace a partir de un punto instantáneo".[72] Es un suceso donde "la inmediatez misma de la percepción en el instante implica algo completamente diferente de un juicio o de una representación".[73] La heterogeneidad innumerable de acciones e interacciones de los habitantes con la obra, ambiente o circunstancia, legitima la analogía entre el espacio arquitectónico y el espacio escénico, que deviene proscenio, "espacio de negociación, con el que se discute, se proclama, se oculta, se innova, se sorprende, se imagina".[74] Lo que deshace la utopía del apaciguamiento de esa multidimensionalidad, es la inestabilidad del instante en el "espacio real", que revela la indeterminabilidad[75] que una fijación no puede establecer sino compartir, repartir, departir. En tanto espacio real "no es en absoluto lo que estructura nuestra vida inmediata. Es, por el contrario, como lo vio admirablemente Freud, su lejanía secreta".[76] Experiencias,[77] no

[70] MELE, op. cit., p. 46.
[71] NANCY, J. *El arte hoy*. Buenos Aires: Ed. Prometeo, 2014, p.41.
[72] Ibíd., p.41.
[73] JOSEPH, I. *El transeúnte y el espacio urbano*. Barcelona: Ed. Gedisa, 1988, p.53.
[74] DELGADO, M. Tener lugar. El espacio urbano como escenario. En: *Escenarios urbanos*. España: Ed. Arquitectura Viva nº135, p. 112.
[75] Indeterminabilidadad, porque supone tener ya la regla de su significación, pero devela la inconsistencia de los encadenamientos posibles. No se tiene, pues, no todavía, la regla, se la espera. LYOTARD, J.F. *Lecturas de infancia*. Buenos Aires: Ed. Eudeba, 1997, pp.125-126.
[76] BADIOU, A. *En busca de lo real perdido*, op. cit., p.63.
[77] "Experiencias vividas sin que nadie las viva". MUSIL, R. citado por BLANCHOT, M. en: JOSEPH, I. *El transeúnte y el espacio urbano*, op. cit., p.62.

conciencias, sino percepción intensificada, más allá de apropiación. Donde emergen flujos de movimientos como signo de un signo, que en su relación arbitraria significante–significado genera una presencia y ausencia fantasmática, condición de la escenificación teatral donde una perceptividad concreta y sensorial capta aquello que Blanchot llama "la voz narrativa", el silencio por el cual avanza toda palabra, como poema escénico.

El acontecer de la realización escénica devela el giro de la estética a la poética como rasgo característico del arte y la arquitectura actual. Si bien, la estética y la poesía tienen por origen y término la sensibilidad, el sentido que abre el contacto al mundo, la imagen poética inspira al pensamiento del fantasma que suministra la materia. La poesía "desconecta" el cuerpo y abre a lo indeterminado a través del acto, que no es acción, sino un acontecimiento espiritual. Como expresa Valéry:

> un poema es acción, porque no existe más que en el momento de su dicción, entonces está en acto [...] ese acto tiene el fin de crear un estado, este acto se da sus propias leyes, crea también, un tiempo y una medida del tiempo que le conviene y le son esenciales.[78]

Así el arte da a sentir el contacto de lo indefinible, rompe el encadenamiento causal, donde "no hay más que divagación de todos los encadenamientos posibles, el *desorden*"[79] dice Valéry. Ese sentimiento nos pone fuera del mundo, donde no hay más que excitación del estado afectivo ligado a la pasividad, ajeno a la razón.

Por lo tanto, decimos con Valéry que "el arte crea un estado excepcional, una sensación de universo, un estado o emoción poética [...] un mundo o sistema de relaciones completo".[80] La fuerza disruptiva de lo informe es-

---

[78] VALÉRY, P. *Teoría poética y estética*. Madrid: Ed. Machado, 2009, p.185.
[79] VALÉRY, P. citado en: LYOTARD, J. *Lecturas de infancia*, op. cit., p.126.
[80] VALÉRY, P. *Teoría poética y estética*, op. cit., p.173.

tablece las diferencias entre la estética y la poética, produce la tensión, el contraste y las dinámicas del presente, en una difusa heterogeneidad que llena el mundo de los objetos arquitectónicos actuales. Frente a una obra, lo que se nos presenta es un "punto de cruce", una interacción de "fuerzas y energías" procedentes de lugares diversos cuya deflagración momentánea explica una situación del espíritu abierto al afuera.

La producción arquitectónica actual maquina un tiempo inefable, un instante incapaz de retener, una espacialización estética del tiempo, un tiempo en la suspensión de lo real. Todo está en el momento. La arquitectura, como el teatro, "capta la intensidad de lo que adviene [...] sólo hay desplazamientos, luminarias, alientos, voces. Estoy también yo, cautivo [...] no pienso en nada más que en ver y escuchar".[81] Las combinaciones sensibles muestran la complejidad de un territorio que silenciosamente se enfrenta a una masa aparentemente inmóvil surcada por corrientes, flujos, cambios e interacciones, que provocan las incesantes mutaciones. Como una metáfora muda, un gesto, que revela el desplazamiento simbólico en el cual algo del afuera viene de improviso al pensamiento, sin referencia ni destinatario, una señal afectual.[82]

> Retiramiento y no desarrollo. Este sería el arte, a la manera del Dios de Isaac Luria que solo crea excluyéndose.[83]
>
> M. BLANCHOT

Blur Building es un ejemplo paradigmático de arte actual. La obra realizada por Diller - Scofidio para la exposición internacional de Suiza en el año

---

[81] BADIOU, A. *Rapsodia para el teatro*, op. cit., p. 37.
[82] "La frase infantil es señal afectual [...], ausencia de referente y del destinatario, es la preobjetualidad". Freud, citado en: LYOTARD, J. *Lecturas de infancia*, op. cit., pp.138-139.
[83] BLANCHOT, M. *La escritura del Desastre*. Madrid: Ed. Trotta, 2015, p.18.

2002, materializa el nexo entre arquitectura y teatro, a través de una "puesta en escena", con recursos de la "maquinaria teatral". Esta obra exhibe la idea de la arquitectura contemporánea como crítica a la objetualización, donde la obra de arte no descansa en un objeto. Tal como lo expresara Badiou acerca del teatro, en *Blur* la arquitectura es un "agenciamiento material, corporal y maquínico".[84] La obra se presenta como un producto del "arte en flujo" que simboliza la evanescencia del presente. Como señala Groys, el "arte en flujo, no dice que el arte representa este fluir, sostiene que el arte como tal se ha vuelto fluido".[85] Por lo tanto, el arte escapa al presente sin resistirse a la corriente del tiempo. Arquitectura, instalaciones, performance y exhibiciones temporales, son eventos artísticos que muestran el carácter transitorio del presente, como invitación al futuro.

Diller-Scofidio se conectan con la idea de retiro del flujo material, creando un acontecimiento a través de la atmósfera que produce la "manta de niebla", apartándose de la idea de espacio-tiempo moderno, difuminando sus límites y "enmascarándolos",[86] para generar una "puesta en escena" regulada por permanentes movimientos y fluctuaciones, que dan cuenta de un mundo de cambios, como aquel anunciado por Marx y Nietzsche donde todo se desvanece, un mundo en flujo. Los fenómenos y complejidades que la obra propone proyectan reflejos a partir del "sfumato leonardesco", que funciona como activador de la imaginación.

La "nube" crea un sistema atmosférico inmersivo de relaciones corporales y materiales interactivas, que sumerge al visitante en un singular entorno sensorial, maquínico, controlado por sensores que miden la presencia física e intensifican su inyección, lo que no refiere a medios tectónicos. Como en la obra de teatro de Juan Comotti, *Disidencia en la piedra*, se utiliza una

---

[84] BADIOU, A. *Rapsodia para el teatro*, op. cit., p. 27.
[85] GROYS, B. *Arte en Flujo. Ensayo sobre la evanescencia del presente*. Buenos Aires: Ed. Caja Negra, 2016, p.10.
[86] Tal como definimos las categorías *Espacio-tiempo* descriptas en el capítulo dos.
[87] Que da cuenta de la *Imagen* como *metaxu* y del *Silencio*, que es experiencia de una realidad amorfa, suspende el tiempo en un instante. Véase capítulo cinco.

FIGURAS 36 y 37.
Blur Building, de Diller - Scofidio

"máquina de máquina, un aparato mediante el cual los actores escuchan sus indicaciones, a través de un auricular".[88] En *Blur*, a cada visitante le entregan un impermeable con un dispositivo que incluye una tecnología relacionada con la navegación y un sistema de comunicación que permite escuchar al guía y los sonidos del ambiente.

Los visitantes ingresan a través de rampas a un café mediático, a un bar, a un restaurante parcialmente sumergido, y a otras áreas expositivas con pantallas de cristal líquido, peceras, y otros medios inmersivos e interactivos. El ambiente genera un carácter laberíntico, adaptándose a los cambios del contexto. La gente, con sus cuerpos y movimientos, desarrolla el "espectáculo" en medio de la nube. A modo de actores, como en el teatro, los visitantes con sus movimientos corporales distienden el espacio-tiempo del lugar, se acercan y separan, se distancian y profiere el sentido "entre"[89] cuerpos que estremece. Sensaciones y emociones atraviesan la escena de un mundo lleno de circunstancias impredecibles, que construyen un acontecimiento excepcional.

Blur sumerge a los participantes en una experiencia de recorridos por diferentes mundos. Sus recursos tecnológicos se entregan a la creación material del instante, abriendo la experiencia a un pensamiento del "espaciamiento" que no depende de la imposición de una forma. La obra interpela al habitante en un juego de ambigüedad y ambivalencia, los secretos y enigmas que produce su *puesta en escena* aumentan la tensión erótica.[90] Allí, la fantasía es la propia actividad, que no es un obrar sino un recibir, un toque que estremece, un padecer[91] como apertura al mundo de la envoltura

---

[88] COMOTTI, J. La adaptación teatral. *Cuaderno de Picadero*, Año XIII, N°30, Instituto Nacional del Teatro, Argentina: Ed. Eudeba, p.39.

[89] Ese espacio-tiempo es lo que llamamos "escena", es ese "proskénion" sobre el cual los cuerpos se adelantan para presentarse en su aparecer desaparecer, presentan la acción- el drama- de una parición de sentido. NANCY, J. *La partición de las artes*, op. cit., p. 330.

[90] Como en la teoría platónica de lo bello: "Eros despierta en el alma una fuerza engendradora". También Heidegger es erotómano. "Es el Eros lo que da alas al pensamiento y lo guía […] Sin Eros el pensar se degrada a "mero trabajar". EN BYUNG-CHUL HAN. *La salvación de lo bello*. Buenos Aires: Ed. Herder, 2015, pp. 105-106.

[91] Padecer la acción: la "fuerza del acto", no un dolor, una pasión.

FIGURA 38.
Blur Building, de Diller-Scofidio

espacial. Las transparencias y la gradación de la luz abren el pasaje temporal de un espaciamiento sin imposición de una forma a una materia, movilizan todo el sistema sensorial que trasforma la experiencia en un acontecimiento como lugar de presencia real. En *Blur*, el sentido del evento busca designar algo como articulación o ajuste de direcciones, un espacio que adviene punto distendido sin dimensión, que coloca a la obra en una relación armónica entre la impresión y la expresión. *Blur* expone el giro de la estética a la poética, anteriormente descrito, como productora del fin de la obra que desborda el presente, en un tiempo sustraído al curso del tiempo.

Blur no requiere fijaciones para caracterizar lo real, capta la intensidad del instante en lo que adviene presencia, articula ese aparecer en la distancia, proximidad e interacción, dejando sentir la existencia. De allí procede su teatralidad. Muestra la paradoja de la arquitectura, como dice Badiou, "se presenta como un fasto figurativo, un encadenamiento de firmezas, un templo cultural, pero, es ante todo fugaz y azar, arte difícil",[92] como el teatro, hay un instante inasible en cada presentación, jamás se retiene. En *Blur* el efecto de ese encuentro con lo efímero en la elucidación del instante, expone su verdadera función, la de orientarnos en el tiempo, decirnos dónde estamos en la "historia". Se asemeja al teatro "como máquina para preguntar "¿dónde?", máquina de localización, máquina de una relación topológica con el tiempo",[93] que como espacio de comparecencia de los cuerpos recusa su posición de objeto.

Sujeto sin objeto, objeto sin sujeto, sólo un movimiento de "girar alrededor" que hace aparecer en medio de su circunvolución, en el corazón de su desvío, la proximidad de los trazos [...] elocuentes rayas derridanas, que rayan sin rayar.[94]

Un entrelazamiento de la forma del cuerpo diseminada y las fuerzas de lo sin-palabra, una voz, un eco. *Blur* es una sombra puesta por obra de la verdad,[95] mediante la poesía.

Frente a la tendencia estetizante de la sociedad actual, la creciente percepción sensual del espacio, la sobre estimulación de los sentidos[96] y la búsqueda del disfrute hedonista, "disfrute inmediato, que no admite ningún rodeo imaginativo, narrativo, pornográfico. También la hipermediatez por encima

---

[92] BADIOU, A. *Rapsodia para el teatro*, op. cit., p. 53.
[93] Ibíd., p. 133.
[94] NANCY, J. *La partición de las artes*, op. cit., p.345.
[95] HEIDEGGER afirma esto en *Cartouches*, el texto dedicado a una serie de dibujos de Gérard Titus-Garmel. Sostiene la afirmación de una verdad situada "fuera de la obra" que "se desmorona en ruinas". Cita en ibíd., p.343.
[96] Como ocurre, por ejemplo, en las obras de teatro de Gustavo Monge, director teatral radicado en Ciudad de México.

de lo real, la elevada claridad de las imágenes paraliza y ahoga la fantasía".[97] El "escenario teatral" que la obra revela, marca el paso de existir en acto. Sus efectos poéticos son construcción de lugar, de presencia y habitación, donde hay algo más que espacio protector y escénico, lo maquínico como "exceso técnico" marca el "vestigio"[98] de un presente retenido, arrancado al tiempo, espaciado, producto del orden de la técnica. Edifica en extrañas narraciones sin argumento, sin descripción, análogas al mundo de los sueños, creando un universo poético arquitectónico.

> Sólo queda una señal perdida.
> Las voces me dijeron:
> El vacío es destrucción y belleza.
> La belleza es silencio.
> El silencio no tiene imagen ni memoria.
> El vacío es apertura y promesa.
>
> Me paro aquí,
> donde descansa el ala de la noche.
>
> Y observo la inevitable mutación,
> Aquello que golpea, que respira y late.
>
> Afuera es igual que adentro.
> Sí, todo nace y muere.
> No hay nada que quitar, nada que añadir.[99]
>
> Diego Roel

---

[97] BYUNG-CHUL HAN. *La sociedad de la transparencia*. Buenos Aires: Ed. Herder, 2013, p. 37.
[98] En el sentido de Nancy, "vestigio": "es una huella pero sin imagen, como humo que no se parece al fuego". Sinónimo de la palabra francesa *illico*: "en el acto", es decir, en ese mismo momento, en ese lugar, inmediatamente, en seguida, ahí. "En todo arte habrá habido siempre la imagen y el vestigio". NANCY, J. *La partición de las artes. Técnicas del presente*, op. cit., pp. 251- 255.
[99] ROEL, D. *Las variaciones del mundo. Ciudad irreal*. Argentina: Ed. De Todos Los Mares, 2014, p. 54.

7.

Estética del acontecer:
Poética de la arquitectura

> En este tiempo, el nuestro, están por un lado todos los riesgos de la espera de sentido, de la demanda de sentido, (como esa banderola en Berlín, sobre un teatro, en 1993, "Wir brauchen Leitbilder": tenemos necesidad de imágenes directrices), con todas las temibles trampas que semejante demanda puede tener (seguridad, identidad, certeza, filosofía como distribuidora de valores, de visiones del mundo y -¿por qué no?- de creencias y de mitos);y , por otro lado, toda la chance de saberse ya más allá de la espera y de la demanda, y en el mundo en un sentido inaudito; es decir, tal vez, de este otro lado, nada más que lo inaudito, que retoma eternamente a hacerse escuchar por el sentido mismo, por un sentido que precede todos los sentidos y que nos precede, previnientemente y sorprendentemente a la vez.[1]
>
> Jean-Luc Nancy

Estética del acontecer

Nos enfocamos aquí en la estética[2] de la arquitectura, donde sobrevuela la aberración del pensamiento puro, el "sentir". Sus efectuaciones y composiciones, dentro y fuera de la forma artística, indagan en la experiencia y en la comprensión existencial. El propósito de valorar la importancia de la estética

---

[1] NANCY, J-L. *El sentido del mundo*. Buenos Aires: Ed. La marca, 2003, p. 15.
[2] Se entiende "estética" como aisthesis o "tejido sensible". Forma intermedia o interrelación entre el objeto de sensación –*aistheton*– y sintiente –*to aisthetikón*–.

de la arquitectura radica en los significados que están potencialmente presentes, en tanto propiedad latente, en nuestra realidad vivida.

En la experiencia arquitectónica, el pensamiento[3] articula, comprime y vincula experiencias vitales. Tal como lo expresa Pallasmaa: "los edificios actúan sobre el cuerpo y el sentido del equilibrio corporal, la tensión, la propiocepción y el movimiento".[4] Por lo tanto, la arquitectura no se trata de una representación retiniana, ni de una figura de representación del lenguaje situada fuera de nosotros. La expresión arquitectónica, y artística, es esencialmente una expresión animista, siempre hay "algo más" en la imagen de lo que el ojo ve; ella se experimenta como parte de un territorio sin límites de lo real.

La imagen arquitectónica es un signo gestual, una imagen corpórea,[5] un objeto dentro del mundo y acerca del mundo, sobre la cual aparece presentado "algo", una presencia real de aquello que se muestra en la imagen. Por otra parte, como dice Martín Seel: "un objeto visible sólo se convierte en imagen cuando se convierte en signo de lo que acontece en su superficie".[6]

En la arquitectura, el acontecer que se proyecta en su imagen corpórea como presencia real se funde con nuestro propio "sentido" de la existencia. La fuerza de la imagen arquitectónica reside en su capacidad de condicionar la experiencia existencial, consiste en acciones y efectuaciones, más que en objetos o entidades formales.

Toda experiencia y arquitectónica nace ontológicamente del "acto de habitar" una experiencia estética, un acontecimiento vivido[7] que pone en

---

[3] Un pensamiento del adentro, como en Merleau-Ponty: "proceso regresivo que intenta, en una genealogía concéntrica, volver hacia un ser bruto que es de entrada un Ser de indivisión". ALLOA, E. *La resistencia de lo sensible. Merleau-Ponty. Crítica de la transparencia*. Buenos Aires: Ed. Nueva Visión, 2009, p.18.

[4] PALLASMAA, J. *La imagen corpórea. Imaginación e imaginario en la arquitectura*. Barcelona: Ed G. Gili, 2014, p. 48.

[5] Ibíd., p.8. Pallasmaa sostiene: "la imagen corpórea es una experiencia vivida espacializada, materializada, multisensorial".

[6] SEEL, M. *Estética del aparecer*. Buenos Aires: Ed. Katz, 2010, p.268.

[7] Vivido, tal como dice Blanchot: "Lo vivido de la vida sería el avivar que no se contenta con la presencia viva, que consume aquello que está presente hasta la exoneración, la ejemplaridad sin ejemplo de la

juego el presente de la presencia e implica la existencia de un sitio o lugar como esencia de la función de habitar. La arquitectónica[8] se da lugar en una obra como formalización o materialidad que produce vibraciones en el cuerpo. Requiere un estar *inatento*, un dejar entrar un poco de afuera, un resonar interior. Así, se produce el encuentro con un flujo continuo multidimensional, heterogéneo e inconmensurable, con una dimensión "ya no de las formas, sino de las *fuerzas*".[9] Ese encuentro con lo que está fuera de mí, adviene con la resonancia interna y produce una amplitud de movimientos, es "actividad", sentir. Una pasividad que no es quietud, es afección, movimiento vibratorio que se opone al desarrollo discursivo, que a veces ahoga la emoción en pos de la inteligencia. Si bien, como afirma Fernando Pessoa: "lo que en mí siente está pensado". Él advierte: "todo hombre que tenga que abrirse camino hacia lo Alto encontrará obstáculos incomprensibles".[10] Como en el eco del "texto", que se abre a su sentido, es una duración continua y múltiple, un pliegue, repliegue leibnizniano, del que se retiene lo que hay de pasivo en el movimiento. Así, la arquitectura con-forma los modos de habitar, en el instante suspendido con los que la vida trama su urdiembre en un "no hacer nada". Se trata de un acontecer estético (*aisthesis*),[11] que opera con el material, proyecta acciones y significados existenciales y simbólicos.

De allí, la arquitectura se define como *lugar* que parte de lo real. Su forma de conocimiento requiere considerar al sitio y al sujeto existente como habitante del mundo que ella propone.

---

no-presencia o de la no-vida, la ausencia en su vivacidad, reapareciendo siempre". BLANCHOT, M. *La escritura del desastre. La dicha de enmudecer.* Madrid: Ed. Trotta, 2015, p.50.
[8] Véase, el capítulo dos.
[9] BARDET, M. *Pensar con mover. Un encuentro entre danza y filosofía.* Buenos Aires: Ed. Cactus, 2012, p.12.
[10] CRESPO, Á. *Con Fernando Pessoa.* Madrid: Ed. Huerga y Fierro, 2º ed., 2000, pp. 181-183.
[11] *Aisthesis* es el sentir. Como expone Nancy: "es siempre un re-sentir, un sentirse sentir. Como experiencia de la compleja exactitud perceptiva, y el reconocimiento sensorial frente a la primacía del reconocimiento conceptual. Como un acto de ver desconceptuado o renovado por el distanciamiento". NANCY, J-L. *A la escucha.* Buenos Aires: Ed. Amorrortu, 2015, p.23.

Así, el habitar "sufre la gravidez del suelo",[12] demanda una manera provisoria e indeterminada de existencia[13] y, para ello, hay que articular un mundo. De esto surge la necesidad de dar un sentido a la existencia a través del pensamiento-cuerpo, logos del mundo, *aistheton*,[14] un orden simbólico, una puesta en tensión de la presencia que el mundo del arte nos permite experimentar, sin lo cual nos sería imposible vivir.

La experiencia estética arquitectónica bajo esta perspectiva se opone de manera crítica al desinterés cartesiano por el cuerpo humano como *res extensa*, y es crítica de la eliminación del espacio, donde el hombre es una entidad puramente intelectual. Un "observador" que se vale de sus facultades cognoscitivas y no requiere del cuerpo. Pero el mundo es completamente material. De esta manera, surge la dicotomía entre lo "espiritual" y lo "material", significante/significado, expresión/contenido. Este es el pensamiento que está en el origen de la estructura filosófica occidental, conocida como el "paradigma sujeto/objeto", y que Kant ha puesto en duda. Para él, el pensamiento no opera del modo lógico, el *ánima* se actualiza por el impacto de la sensación, de la *aisthesis*. Así, la aparición de la "estética" en el siglo XVIII, como campo de la filosofía, abre una vía alternativa de des-apropiación del mundo a través de los sentidos. Aunque las consecuencias de esta aparición introdujo el concepto de relatividad de lo observado y la inexistencia de objetos de referencias estables, redescubrió el cuerpo humano y los sentidos como parte integral de la observación. De esto se ha hecho cargo la filosofía desde Husserl, Heidegger, Merleau-Ponty y tantos otros filósofos contemporáneos. Lo que ha permitido formas de (des) apropiación del mundo, a través de los conceptos de experiencia, sentido y percepción.

---

[12] KUSCH, R. *América Profunda. Obras Completas I*. Rosario: Ed. Fundación Ross, 2000, p. 21.
[13] *Existentia* (del latín): "estar parado de pie ahí afuera".
[14] *Aistheton*: Sensible. Según Merleau-Ponty: "donde germina toda racionalidad se revela tal vez como el sentido más profundo, un dar cuenta de lo que aparece"; "*logos* del mundo perceptivo". En ALLOA, E., op. cit., p.18.

Si bien Kant redescubrió el cuerpo humano y los sentidos, fue Leibniz el primero en hablar del cuerpo como la "unidad sustancial" en su *Monadología*.[15] Allí, define una "unidad activa de algo que se mueve", "movimiento que implica un móvil. El móvil es un cuerpo".[16] El cuerpo se abrió a la posibilidad de un cambio interior, ese cambio en Leibniz es "el predicado de la mónada, es *lo que pasa* en la mónada". "La mónada extrae todo de su propio fondo, por espontaneidad".[17] Como dice Deleuze: es *fondo-espontaneidad*, opuesta a la *forma-esencialidad* cartesiana. En Leibniz, el principio lógico de la sustancia es la inherencia. Por lo tanto, los predicados están en el sujeto. Así, "cada mónada expresa el conjunto del mundo o el mundo está en la mónada".[18] Una expresión que se trata de una inclusión, un juicio de atribución que es relación. Donde "el predicado no es atributo es acontecimiento".[19] Y por ello, no hay otra cosa fuera de las impresiones sensibles. "Lo que expreso claramente es aquello que, en el mundo, tiene relación con mi cuerpo".[20] Lo que *toca* mi cuerpo, es un "acontecimiento", la exigencia de tener un cuerpo pertenece al acontecimiento.

Como expresa Deleuze, siguiendo a Braudel: "El acontecimiento es una especie de explosión de polvos, como un fuego de artificio, y después todo vuelve a caer en la noche y la oscuridad". Es lo discontinuo, como dice Whitehead: "el paso de la naturaleza por un lugar".[21] Una bifurcación que se precede y se sucede, que acontece. "Todo acontecimiento se dirige al alma y al espíritu [...] es lo virtual y actual [...] como virtualidad, remite a las sustancias individuales que lo expresan". Sin embargo no es suficiente

---

[15] Monadología, de Gottfried Leibniz, fue escrita en francés en 1714 y publicada en alemán en 1720. Es una de las obras de Leibniz que mejor resume su filosofía.
[16] DELEUZE, G. *Exasperación de la Filosofía. El Leibniz de Deleuze*. Buenos Aires: Ed. Cactus, 2009, p.319.
[17] Ibíd., pp.319-320.
[18] Ibíd., p.322.
[19] Ibíd., p.322.
[20] Ibíd., p.326.
[21] Ibíd., p.348.

"[...] Es preciso que el acontecimiento no sólo se actualice en un alma, sino que se realice en una materia, en un cuerpo".[22] El acontecimiento es lo que se actualiza en la mónada y se realiza en un cuerpo vivido.

El acontecimiento, entonces, plantea una oscilación entre "efectos de presencia" y "efectos de significado".[23] Y su carácter de evento está determinado por el proceso de tiempo real. Este suceso o acontecimiento es un "realizante" que actualiza el alma y se inscribe en un cuerpo. Hace falta vivirlo, allí actualiza haciendo pliegues en el alma y se inscribe en nuestro cuerpo haciendo pliegues en la materia viviente. Esta inscripción en nosotros es lo que Husserl plantea como noción de pertenencia. Él dice: "yo percibo la mesa", es una pertenencia del ego, una trascendencia inmanente. La cuestión, tal como se pregunta Deleuze, es ¿cómo va a pasar de la trascendencia inmanente a la trascendencia objetiva?,[24] considerando que lo que capta es una intencionalidad especial, una intencionalidad vacía. Leibniz lo resuelve a través del vitalismo, aquello que lo saca del espiritualismo. Él dice: "si no hubiera animales, no hubiese vivientes, no habría más que mónadas".[25] Aunque esto no basta; para que el acontecimiento se actualice en el alma hace falta que se realice en el cuerpo, y lo que se realiza en el cuerpo es un "realizante" que explica la relación. El realizante o *vinculum substantiale* como describe Leibniz, es un canal, un lazo, un nudo. Un vínculo que es un eco, una unidad segunda, una "costura" del cuerpo viviente. Como el quiasmo[26] merleaupontiano, un eco que supone una fuente sonora que va a construir la unidad de costura sobre las texturas de la materia, lo que será constitutivo del cuerpo viviente.

---

[22] Ibíd., pp.350-351.
[23] "Las materialidades/ Lo no-hermenéutico/ La presencia". Las materialidades de la comunicación son todos aquellos fenómenos y condiciones que contribuyen a la producción de significado sin ser significados ellos mismos. GUMBRECHT, H. *Producción de presencia. Lo que el significado no puede transmitir.* México: Ed. Universidad Iberoamericana, 2005.
[24] DELEUZE, op. cit., p.353.
[25] Ibíd., p.355.
[26] Quiasmo: Ligaduras o entrelazo que articula una relación simultánea. "Nunca visible en tanto esquema global, sino que se despliega, por el contrario, en el tiempo de la lectura o de la escucha". ALLOA, E., op. cit., p.94.

Por lo tanto, el acontecimiento, como un eco,[27] es lo que "pasa y llega", lo que adviene, aquello que el viviente contiene. Como experiencia de una "escucha", que había sido sustituida por la filosofía por el orden del entendimiento, quedando librada entre dos aspectos de lo mismo del sentido, o entre un "sentido" y una "verdad", entre el sentido sensato y el sentido sensible. Figura e idea, lo visual y lo conceptual se sustituyen más de lo que pueden hacerlo. Se piensa y se aprende, desde el comienzo, en el orden visual. Esto ha tenido, y tiene aún, gran impacto en la enseñanza de las artes visuales, plásticas y arquitectónicas.

Sin embargo, la "musicalidad", lo sonoro en tanto sensible, como dice Nancy: "al contrario, arrebata la forma, no la disuelve, más bien la ensancha, le da amplitud, un espesor y una vibración o una ondulación a la que el dibujo no hace más que aproximarse".[28] Lo visual persiste aún en su desaparición, lo sonoro aparece y se desvanece aun en su presencia, se borra a sí misma, se retira. Así, la materia adquiere realidad, "conservada en la ausencia de la cosa es la verdad del sujeto", y "el sujeto se pone en la medida que se depone".[29]

Este auto-engendramiento que concierne al cuerpo vivido, que encarna el acontecimiento presentado "ahí", es el "ser". Como señala Badiou, "siempre localizado (en el sentido literal de *Dasein*), se encuentra afectado de lo que llamo su *aparecer*", que conduce al "[...] concepto de *situación*",[30] es decir, a una "multiplicidad presentada".[31] Así, el acontecimiento revela su potencia temporal, la capacidad de emerger un tiempo propio, que abre un espacio subjetivo, donde lo real sigue siendo una categoría del sujeto. Por lo tanto, decimos con Badiou: "No hay sino situaciones. La ontología, si existe,

---

[27] Como dice Leibniz: "es una unidad de costura, eso será constitutivo del cuerpo vivido". DELEUZE, G. *Exasperación de la Filosofía*, op. cit., p.359.
[28] NANCY, J-L. *A la escucha*, op. cit., p.12.
[29] NANCY, J-L. *¿Un sujeto?* Buenos Aires: Ed. La Cebra, 2014, p.47.
[30] BADIOU, A. *El ser y el acontecimiento*. Buenos Aires: Ed. Manantial, 1999, p.7.
[31] Decimos con Badiou: "siendo una presentación efectiva, una situación es el *lugar* del tener-lugar". Ibíd., p.34.

es *una* situación [...] la situación es una presentación", significa que "el ser adviene en toda presentación –y es lo que hace que él no se presente–", y "[...] que la situación ontológica sea la presentación de la presentación". De modo que "[...] el único acceso al ser que nos es dado son las presentaciones [...] lo múltiple".[32]

Como en la experiencia situada, experiencia estética y arquitectónica, el acontecimiento la "arroja a la pura empírea de lo-que-adviene".[33] Una situación siempre localizable, que evidencia de la presentación, e implica la existencia de un sitio o lugar como esencia de la "función" de habitar. Sitio o lugar como *topofilia*, como el espacio feliz bachelardiano, que designa el tipo local de una multiplicidad concedida por el acontecimiento en nuestra sensibilidad que acaba de afectarnos.

Es Heidegger, en *Construir-habitar-pensar*,[34] quien se pregunta qué significa habitar. Lo plantea como un anudamiento entre el construir- pensar, que no es meramente técnico, sino existencial, y por lo tanto, implica una arquitectura ligada a la vida. Si bien el habitar adquiere formas o modos según las épocas y los cambios culturales, eso no tiene que ver con la existencia, sino con la contingencia, cambios que "expresan la fluidez y las variaciones espacio-temporales que afectan a la sensibilidad contemporánea".[35] Mientras, lo permanente del habitar se revela en relación a la existencia que define nuestra manera de estar *en*-el-mundo, que es la manera o modo de habitar el espacio-tiempo del orden de las coexistencias y de las sucesiones de los cuerpos. Es un lugar como envoltura, que tiene asignado un sitio. Todo lugar es un cuerpo. Tal como la noción de Aristóteles lo designa, implica el contacto con *lo otro*, y en tanto contacto, es un *tocar-agitar-mover*. Que no se trata de un movimiento local como desplazamiento, ni de transformación o metamorfosis; se trata, como lo expresa Nancy, de un movi-

---

[32] Ibíd., pp.36-38.
[33] Ibíd., p.201.
[34] HEIDEGGER, M. *Construir, Habitar, Pensar*. Córdoba: Ed. Alción, 2002.
[35] SARQUIS, J. *Arquitectura y modos de habitar*. Buenos Aires: Ed. Nobuko, 2006, p.120.

miento producido por una "emoción", término que modaliza la "moción", del latín *motus* del verbo *movere*, mover y conmover.[36] Es "tocar", en tanto tacto o contacto, no en sentido estático sino dinámico. Contacto que es el movimiento que produce la imagen corpórea, arquitectónica. Es, como señala Nancy:

> Un toque que estremece y hace mover, apenas acerco mi cuerpo a otro cuerpo, fuera este último inerte, de madera, de piedra o de metal, desplazo al otro, aunque fuera a una distancia infinitesimal, y el otro me distancia de él, me retiene en algún modo.[37]

La arquitectura, en tanto acontecimiento, es lo que pasa y llega. Es lo arquitectónico o el arte, que en su materialidad produce el toque, la vibración resonante, que agita y mueve apenas acerco mi cuerpo a un lugar como envoltura que expresa una intensidad que abre la relación de copresencia "real" en un movimiento situacional específico.

La arquitectura emerge del empleo preciso y sensorial de la materia, en su textura, que constituye la esencia de la arquitectónica, carente de cualquier significación culturalmente mediatizada. De este modo, el objeto arquitectónico puede adquirir cualidades poéticas, generadas por sus configuraciones y dinámicas relaciones de sentido, que provocan la sensación de inmediatez y presencia de la experiencia situada. Como lo expresa Zumthor:

> en la arquitectura, el sentido que se trata de fundar en el material reside más allá de las reglas de composición. El sentido surge cuando se logra suscitar en el propio objeto arquitectónico peculiares propiedades sensoriales y generadoras de sentido.[38]

---

[36] NANCY, J-L. *Archivida del sintiente y del sentido*. Buenos Aires: Ed. Quadrata, 2013, p.11.
[37] Ibíd., p.12.
[38] ZUMTHOR, P. *Pensar la arquitectura*. Barcelona: Ed. Gustavo Gili, 2009, p. 10.

El "tocar" pone en juego todo régimen de sentido, que representa "menos al saber filosófico que lo que se presenta a la vista –forma, idea, cuadro, representación, aspecto, fenómeno, composición– y que se eleva más bien en el acento, el tono, el timbre, la resonancia y el ruido".[39] Lo arquitectónico implica un "estar" a orillas del sentido, al borde del fenómeno que se presume como sentido sensato y sin embargo se encuentra en la resonancia, en la atmósfera inapropiable. El espacio arquitecturizado es común al sentido y al sonido, consiste en una remisión, de un sujeto a otro, o a sí mismo, todo eso de manera simultánea y al mismo tiempo. Como el sonido de un color, o una textura, un reflejo, está constituido de remisiones, se propaga en el espacio donde resuena, a la vez que resuena en mí.

Resuena en el espacio exterior o interior [...], suena, lo cual es ya "resonar", si no es otra cosa que relacionarse consigo. Sonar es vibrar en sí mismo o por sí mismo: para el cuerpo sonoro [...] y mi cuerpo de oyente donde eso resuena. [...]Esa es, de hecho, la condición sensible en general [...] Cada sentido es un caso y una desviación de un "vibrar (se)" [...] incluido el sentido sensato.[40]

Sentir (*aisthesis*), como habitar, es siempre un re-sentir, un sentirse. Un sujeto habita, se siente, se oye, se ve, se toca. Siempre se siente un sí mismo. Habitar, como escuchar *(se)*, decimos con Nancy: "es ingresar en la espacialidad que, *al mismo tiempo*, me penetraba: pues ella se abre en mí tanto como entorno a mí y desde mí tanto como hacia mí: me abre en mi tanto como afuera".[41]

Abierto desde afuera y desde dentro, habito el espacio arquitectónico que toca y penetra la piel, por la que se propaga a todo el cuerpo algo de sus efectos, y no es nada semejante a una señal visual. Es un toque como remisión de un cuerpo a otro al mismo tiempo, móvil, vibrante a través del espacio

---

[39] NANCY, J-L. *A la escucha*. Madrid: Ed. Amorrortu, 2015, pp.13-14.
[40] Ibíd., pp.21-22.
[41] Ibíd., p.33.

abierto por la corporeidad de sus esferas de presencia. Una presencia que es co-presencia, no de un ser ahí, sino de un entorno, de un lugar vibrante, del paso de un ritmo, que "no es otra cosa que tiempo del tiempo". Como dice Nancy: "el ritmo desune la sucesión de la linealidad del tiempo, de secuencia o duración: pliega el tiempo para darlo al mismo tiempo, y de ese modo pliega y despliega un sí mismo".[42] El espacio arquitectónico, es ese lugar vibrante por el toque, el tener lugar en cuanto espacialidad, es un lugar que se convierte en sujeto toda vez que resuena.

La configuración arquitectónica evoca e invoca la "presencia" en un impulso de una "intensidad"[43] que pasa y escapa a la conceptualización y desata una pluralidad de nombres. El espacio se despliega y el tiempo se extasía en el silencio de la interioridad corporal, como disposición de resonancia, en un oír propio del cuerpo. Así, "trata de remontarse del sujeto fenomenológico, punto de mira intencional, a un sujeto resonante, espaciamiento intensivo de un rebote, que no culmina en ningún retorno a sí sin relanzar al instante, como eco"[44] que está siempre por venir. El eco anuncia su reencuentro en el contacto, como potencia de recibir y ser afectado. Afectación que en la arquitectura se produce en la ocupación de un vacío y por el material organizado, en paralelo y en aparente contradicción, como un espacio nacido del tiempo que nos lleva a la anticipación de mundos posibles. Según Seel, esto nos desplaza "desde una estética de la atmósfera a una estética del aparecer".[45] Pero en el arte y en la arquitectura, la presencia que se establece entre el sujeto y el mundo resuena en la percepción como una

---

[42] Ibíd., pp.38-39.
[43] Intensidad, decimos con Blanchot: "lo que atrae en este nombre no es solamente que escapa a la conceptualización, sino que se desata en una pluralidad de nombres [...] el atractivo desastroso que le impide dejarse traducir como revelación, demasía de saber, creencia, dándole la vuelta como pensamiento, pero pensamiento que se excede [...] En el afuera del silencio -silencio del silencio-, que de ningún modo tiene relación con el lenguaje [...] siempre, vela aquello que no ha comenzado ni terminará". BLANCHOT. *La escritura del desastre*, op. cit., p.55.
[44] NANCY., op. cit., p.46.
[45] "Las obras de arte no son objeto de un simple aparecer, y tampoco son tan sólo objetos de un aparecer atmosférico, aunque con frecuencia son también ambas cosas –y de un modo especial– [...] Las obras

expresión interior a través del lenguaje mudo de la materia, que no puede comprenderse sino como "expresión de una vida anímica filtrada por una corporeidad viviente",[46] donde el sujeto es atravesado por el acontecimiento en su resonancia. Que es "la llegada y el acontecer de la verdad en la obra de arte", que caracteriza el ser que remite a un acontecimiento sin sujeto. De aquí Heidegger señala: "Un edificio, un templo griego, no retrata nada",[47] se constituye alrededor de los cuerpos, su dimensión primordial.

La actualidad del arte indaga sobre esta línea de pensamiento, si bien, como dice Dornburg: "es una época marcada por la tendencia creciente hacia una percepción sensual del espacio y la importancia cada vez mayor del observador [...] El interés se desplazó de las obras autónomas a las instalaciones con conceptos que incluyen al público".[48] En la arquitectura contemporánea, esa búsqueda de la sensualidad asume el riesgo de confundirse con la forma bruta de la sensación, con la pura dimensión *páhtica*, en su calidad de descarga emotiva. Tal como ocurre en el espacio de la hipertextualidad *técnico-material-formal*, que nos instala como mero observador y despliega ante nosotros la pura representación. Sin embargo, se revelan obras con concepciones estéticas ligadas a una percepción sensual del espacio, donde la presencia establece una relación entre el sujeto y el mundo que evidencia la intensidad del "paso del acontecimiento", que tiene lugar sin ejercer acción alguna. Por lo tanto es, como señala Han: "un acontecimiento que simplemente está sin que yo lo note, sin que yo haga algo o permita algo expresamente, sin que lo padezca explícitamente, es decir más allá de sujeto y objeto, más allá de actividad y pasividad".[49] Simplemente es una sensación

---

de arte se distinguen de los demás objetos del aparecer fundamentalmente por cuanto son presentaciones [...] capaz de articular un presente extático de una 'situación en medio de un sin número de referencias espaciales, temporales y presentes al sentido'". SEEL, op. cit., p.147.

[46] LEOCATA, F. *Persona, Lenguaje y Realidad*. Buenos Aires: Editorial Educa, 2003, p. 136.
[47] HEIDEGGER, M. *El origen de la obra de arte*. Madrid: Ed. Oficina de arte y ediciones, 2016, pp.71-41.
[48] SCHULZ DORNBURG, J. *Arte y Arquitectura. Nuevas afinidades*. Barcelona: Ed. G. Gili, 2000, p.6.
[49] HAN, BC. *Ausencias. Acerca de la cultura y la filosofía del lejano Oriente*. CABA. Ed: Caja Negra, 2019., pp. 104-105.

FIGURAS 39 y 40.
Centro Cívico del Bicentenario, de Lucio Morini

produciéndose, que sucede sin afirmarse, acontece. Un ejemplo de esto es el Centro Cívico del Bicentenario, de Lucio Morini, en Córdoba.

Se trata de una intervención urbano-arquitectónica que tiene como objeto transformarse en la nueva cara de la ciudad y conectar el Centro con barrios segregados. El conjunto se materializa a través de dos edificios en un contrapunto formal de volúmenes, que se relacionan a través del vacío, potenciando encuentros entre el público. Por su parte, un gran espejo de agua nos hace olvidar el peso de su masa y nos instala en una manera provisoria e indeterminada de existencia.

Contrastes cromáticos, tramados, líneas sinuosas, repetición y multiplicación de los calados. Un efecto muaré que produce un patrón ondulado de aspecto extraño. Una suerte de abstracción memética temporaliza el espacio, aporta inestabilidad, participación e interactividad, anuncia el "contacto". El espejismo óptico de luz en movimiento modifica el espacio y el tiempo, lo densifica e intensifica, abre y ensancha, donde flotan las esperas de presencia que incluyen al habitante/observador. La hapticidad y temperatura de su textura multiplica las vibraciones, desmaterializando la solidez de su tectonicidad, que resuena como un eco en nuestro interior. Aquí, el habitar es el acto sensitivo. La imagen, en la inmersión, es lo que produce la identidad del sensible y del sintiente en el sentir, semejantes a la identidad de lo pensable en el acto del *cuerpo-pensamiento*, es el *acontecimiento* de la sensación produciéndose. Donde nos dejamos arrastrar por la singular fuerza del *acontecer de sus apariciones*.

En la obra se reconoce la influencia de Víctor Vasarely,[50] de sus experiencias cinéticas. Que fueron desarrolladas en el centro de investigación arquitectónica de Aix-en-Provence, en Francia. Ellas motivan el movimiento y la inestabilidad que presentan las imágenes corpóreas y revelan las alteraciones de la luz en movimiento. Que presentan una materialidad en perpetua

---

[50] Vásárhelyi Győző, conocido como Víctor Vasarely, fue un artista al que se ha considerado a menudo como el padre del Op Art.

transformación, como en las obras de Julio Le Parc,[51] la obra se abre a la participación del espectador, que la completa con su presencia.

La concepción del arte como lugar de aparición dada a los sentidos, recobra la materia en estado puro. El espacio contiene esa materia en los lugares de explosión, como lugar de lo humano que se deja estimular inten¬samente por el *acontecer estético* de la experiencia arquitectónica.

El ambiente expresa el lenguaje heteróclito de su morfología, por los reflejos que no se agotan en un punto de referencia. En lugar de esquematizaciones, emerge la claridad tornasolada proveniente de lo real mismo. Una materialidad que produce movimientos del *cuerpo-pensamientos*, como la danza. Es la "acción en movimiento, experiencia de pensamiento".[52] Emite y remite a acciones, es un estar a ambos lados de la presencia y la ausencia, un tantear. "La experiencia estética sale de la oposición entre lo pesado y lo ligero".[53]

En la afección que fija el lugar de un acontecimiento aleatorio que acontece, emerge la poética arquitectónica que se deja "interpretar" a partir de sus marcas. Donde, "No hay, sin embargo, ninguna explicación convincente […] se renuncia al lenguaje en beneficio de un resto meramente cantable".[54] Si bien la poesía, como dice Valéry, "es un arte del lenguaje, ciertas combinaciones de palabras pueden producir emoción que otras no producen y que llamamos poética",[55] su "fuerza" está en la asunción de un puro indecible, que "lleva la pura inmanencia de la nada - de la impresentación, aquello que Mallarmé llama: "circunstancias eternas" de la acción".[56] Son objetos comunicándose musicalizados. Allí, el tiempo se espacializa como

---

[51] Julio Le Parc es un artista argentino. Dentro del arte cinético, produjo obras como *Desplazamientos*, en un *continuum*, con distintos enfoques y variaciones sobre la percepción óptica. En ellas está el espectador, y su "ojo sensible". Las leyes de la física y de la percepción, las investigaciones cromáticas, lo gestual, la figuración que aparece y contradice, la apropiación de la materia, presentan una polifonía de variaciones sobre el tema.
[52] BARDET, M., op. cit., Pensar con mover, p.50.
[53] Ibíd., p.54.
[54] HAN, BC. op. cit., Ausencia, pp. 108-110.
[55] VALÉRY, P. *Teoría poética y estética*. Madrid: Visor, 1990, p.79.
[56] BADIOU, A., op. cit., *El ser y el acontecimiento*, p.216.

FIGURAS 41 y 42.
Centro Cívico del Bicentenario, de Lucio Morini

rebote, remisión y encuentro. Es un lugar que se convierte en sujeto, donde cada sentido especializa su afección, según un régimen distinto, en una sensación de extrañeza. Donde *la piel* envuelve la explosión general de todo el cuerpo tocado en toda su soltura.

"Ex-piel-sición", dice Nancy: "exposición que es todo el cuerpo, exposición que se comprende como un movimiento permanente, como una ondulación, como un despliegue y repliegue, un ademán cambiante por el contacto con todos los cuerpos. Por el contacto con todo lo que se aproxima y con todo lo que nos aproximamos".[57]

La afección de un "acontecimiento" aleatorio es habitar la "emergencia poética arquitectónica" en el contacto, intercambio y toque que es vibración, juego de resonancias y contrastes, rupturas, sutiles fijaciones, experiencia de las variaciones del mundo, estética de la arquitectura… estética del acontecer.

Todo nace y muere en mí.
No hay nada que quitar, nada que añadir:
lo Real yace detrás del velo de las horas.

Todo nace y muere en mí.
Ahora voy hacia ninguna parte,
dejo que las cosas se aproximen.

El viento arrastra papeles, palabras, objetos
Las infinitas variaciones del mundo.

Nada es real.[58]

Diego Roel

---

[57] NANCY, J-L., op. cit., *Archivida del sintiente y del sentido*, p.14.
[58] ROEL, D. *Las variaciones del mundo*. Buenos Aires: Ed. Detodoslosmares. Colección Poesía, 2014. p.19.

8.

Epílogo
Aportes al estudio de la arquitectura y las artes

> Hay que estar siempre ebrio. Todo reside en eso: es la única cuestión. Para no sentir la horrible carga del Tiempo que nos parte los hombros y nos curva hacia la tierra, tienen que embragarse sin tregua.
> ¿Pero de qué? De vino, poesía o virtud, como prefieran. Pero embriáguense.
>
> CHARLES BAUDELAIRE

> Hedonismo, desde luego, pero del alma: eudemonismo.
> El cuerpo goza; el alma se regocija.
> ¡Que cosa triste es un placer sin alegría!
> Que tu placer sea goce de eternidad.
> Carpe aternitatem.
>
> ANDRÉ COMTE - SPONVILLE

Poética arquitectónica da cuenta del fenómeno que se presenta en el acontecer oscilante de las formas, fuera de la percepción natural, como imagen desvanecida. Así, la arquitectura se distancia de su identidad figural y se radicaliza. Manifiesta la tensión emergente entre el mutismo de lo real y la virtualización del presente, como expresión de la diferencia entre su modo de ser y su existencia.

Este estudio ha trazado sus contornos en la organización sensible que contiene al fenómeno, llegando a delinear un ámbito de lo más inquietante: *la espacialización estética del tiempo*. Una atmósfera arquitectónica o lugar separado de la forma suspendido en lo sensible. Una sustancia activa de múltiples propiedades cuyos efectos ocultos, en mutua relación con su habitante, fundamenta en el tiempo el pasaje que da vida a una existencia espaciotemporal más plena.

Para terminar expongo algunas razones teóricas y metodológicas que amplían mi argumentación y aportan nuevos elementos:

I.

Es evidente la aparición del fenómeno poético arquitectónico en la persistencia del presente. Retenido en la vibración del instante que define una espacialidad consustancial al intervalo temporal. Un tiempo escurridizo a la objetivación, duración que rompe el tiempo cotidiano. Intervalo en el cual no existe una consciencia explicita del inicio de su percepción. La suspensión del entendimiento en la pasividad de la experiencia arquitectónica da a sentir la intensidad de las esferas de presencia material que sobrepasan al mundo. En la atmósfera arquitectónica se produce el corte del encadenamiento espacial y la temporalidad lineal. En el presente momentáneo estos estados del mundo engendran el acontecimiento, como en el estado estético schilleriano. Ese espacio en fluctuación, separado de la forma, es un espacio de transformación que asume formas complejas y poco definidas, donde emerge el fenómeno de base que opera el pasaje de una existencia material a otra poética. Forma expansiva y transitiva del *ser* arquitectónico, poema, sensibilidad sismográfica que manifiesta sus variaciones ontológicas. Que difumina los límites de la arquitectura, no revela su forma, más bien la *des-hace*. La fragmenta en una constelación o acontecimiento que pasa entre nosotros y el mundo.

En esta experiencia estética convergen la actividad y la pasividad en la cual sentimos y padecemos la transformación arquitectónica como algo que adviene, acontece y no podemos recuperar. Porque el tiempo no conserva demasiado. Sin embargo, en la duración del instante opera el pasaje. Un cambio activo que hace sentir la existencia de una incandescencia del espacio en los momentos del tiempo. Su efectuación rompe el alma en el acto. Esa afección, producida por el exceso de emoción, no es una pulsión sentimental sino un dinamismo sin intencionalidad. Más bien, un temblor que transforma el modo de percibir, por efecto del *aistheton*. *Ánima mundi*, que aparece sin permanecer e insiste en su ausencia. Habita en nosotros como un vestigio que no somos capaces de describir, sino de apreciar la intensidad de su paso. Pasión esquiva a todo presente representante. Representa "otra forma" que deja en nosotros el ritmo de sus impulsos. Como dice Valéry: "Cuando el pensamiento haya sido retomado, la metáfora será borrada".[1] Su existencia habrá que conquistarla, demanda de nosotros su soporte, debe ser investida para subsistir. Ese vapor tenue es un ser velado, virtual. Que en la "experiencia anafórica"[2] engendra una existencia particular. Un ser más complejo, un ser espiritual. Esa quimera nebulosa, como señala Souriau, requiere ser "instaurada".[3] Es un fenómeno puro que despista. Y como sentencia un antiguo poeta: "Lo que carece de razón y medida, no podrás recibirlo con la razón".[4] Solo sentirlo como pasión real. "Padecer lo sobreexistencial, […] es la única manera de dar testimonio en su favor".[5] Esa existencia plena es el arte, lugar donde la conciencia apropiadora pierde la relación y la referencia, supera la materialidad y, se abre a la trascendencia silenciosa de la ausencia que hace estremecer al pensamiento. En el pasaje escapa del fenómeno arquitectónico de base para devenir otro, más intenso, pero sin consistencia ni ubicuidad. Entelequia que forma el poema.

---

[1] VALÉRY, P. Notas sobre poesía. CABA: Ed. Hilos Editora, 2015, 57.
[2] "En la experiencia anafórica, en la que vemos en efectos variaciones existenciales, […] varios modos puros de existencia" […] "Es preciso que el hombre se consagre a ellas para que sean". SOURIAU, É. *Los diferentes modos de existencia*. CABA: Ed. Cactus, 2017, pp.130-131.
[3] "El ser así instaurado es totalmente, fundamentalmente lo que es, es decir de tal o cual modo". Ibíd., p.185.
[4] SCHOPENHAUER, A. *Metafísica del amor/Metafísica de la muerte*. Barcelona: Ed. Folio, 2007, p.47.
[5] SOURIAU, É. *Los diferentes modos de existencia*, op. cit., p.220.

> ¿no es nada, pues, el perdurar bajo la forma de esa materia? [...] ¿Dónde está esa nada cuyo abismo temes? Reconoce, pues, tu mismo ser en esa fuerza íntima, oculta, siempre activa...[6]
>
> ARTHUR SCHOPENHAUER

El fenómeno poético arquitectónico esta ceñido a la experiencia del habitar humano. Una experiencia suspendida en la atmósfera en la que adquiere realidad, pero escapa, se transforma y obtiene una existencia más plena. Que se afirma en los instantes extáticos de la embriaguez, como sugiere el poeta. Entre el gozo y la alegría. En una experiencia soberana de libertad que produce subjetividad, adviene el alma. Que es la prueba ontológica experimental del fenómeno que aparece/desaparece, su presencia nos conmueve y modifica sin cambiar. Es existencia real. Y en tanto tal, viene de afuera, existe en el espacio y en el tiempo. Se desprende de la urdiembre sensible que constituye el microcosmos arquitectónico. Responde al deseo del espíritu. Construye el espacio mítico que da "lugar" al "habitar poético", como sentencia Hölderlin. Es habitar lo numinoso, entre la cuaternidad señalada por el filósofo y, la nada, como dice el monje-poeta: habitar "en ninguna parte, como en las nubes que pasan, 'en cada caso estar' en el mundo".[7] Habitar poéticamente, entonces, lo hace posible el arte. Estar en la atmósfera arquitectónica, retenido en el repliegue del espacio y el anonadamiento del tiempo. En ese ámbito intermedio de relación aparece y se despide el fenómeno. Y realiza su existencia como poema arquitectónico.

---

[6] SCHOPENHAUER. *Metafísica del amor/Metafísica de la muerte*, op. cit., pp. 58-60.
[7] Según Han, el monje y poeta Matsuo Bashō, "también habría dicho: 'poéticamente habita el hombre'". HAN, BC. *Filosofía del budismo Zen*. Barcelona: Ed. Herder, 2018, p.111.

> [...]El sol empuja con su luz.
> La luna brilla renovando la vida...[8]
>
> LUIS ALBERTO SPINETTA

II.

El espacio arquitectónico no es un objeto de representación, que implicaría analizar su lenguaje. Es evidentemente un objeto estético que se "nuestra" en su forma. Presencia que refiere a una realidad velada, emergente *entre* lo concreto y lo aparente. Fenómeno que define el ámbito para su estudio. Como sabemos, de lo concreto se ocupa la física, de lo aparente la fenomenología, y del aparecer precisamente la poesía que recrea lo aparente. La fenomenización[9] del fenómeno arquitectónico es existencia vaciada, anonadamiento del acontecimiento del mundo. Que *tras-forma* la arquitectura y modifica profundamente los dispositivos de análisis y producción desde la estética. Sin embargo, "la arquitecturología suspende la estética".[10] Reduce su interpretación a lógica de sus formas. Pero como vimos, la arquitectura consiste en "estudiar la producción y uso de los objetos perceptibles".[11] Por eso, la metodología adoptada en este estudio fue en busca de caracterizar las modalidades del arte de arquitectónica, que consideramos desde el punto de vista teórico y material, soporte del fenómeno en aparición que hace a una obra poética.

Una cuestión importante para caracterizar las modalidades del hecho arquitectónico, ha sido comprender que está siempre presente, que *es*, aunque este en vías de ausentarse como todo fenómeno. Además, se distingue de los modos lógicos. Se trata por cierto, como expresa Ferranter Mora: "de una modalidad en sentido ontológico".[12] De allí que recurrimos a una ana-

---

[8] SPINETTA, LA. Fragmento de la canción: *Quedándote o yéndote*.
[9] Definido como lo que "aparece", lo que se "hace patente por sí mismo", que no puede ser objeto de descripción. Fenómeno que se convierte en una realidad última, pura virtualidad que lleva en sí mismo su propio sentido.
[10] DEL VALLE, R. *En busca de una epistemología desesperadamente*. Buenos Aires: Ed. Nobuko, 2008, p.41.
[11] Ibíd., p. 46.
[12] FERRATER MORA, J. *Diccionario de filosofía abreviado*. Buenos Aires: Ed. Debolsillo, 2003, p. 245.

lítica estética en busca de sustraer los significados que subyacen a su realidad latente. Intentando captar sus modos de ser para definir las categorías constituyentes del fenómeno arquitectónico. "De modo que el estudio de la modalidad resulta previo al de las categorías en tanto que principios constitutivos" [...] "los modos son las posibilidad, la realidad y la necesidad, los momentos, la existencia y la esencia, las maneras o formas, la realidad y la identidad".[13] Por lo tanto, el análisis de la diferencia ontológica, entre arquitectura y arquitectónica, se transformo en la base de la epistemología alcanzada. Además, éste estudio se desplazo dentro de un marco interdisciplinar que nos permitió legitimar conceptos y conocimientos que engloban a la arquitectura con aportes de la filosofía, la psicología, la fenomenología, la estética y las artes, ya que nuestra disciplina está hecha de "pequeñas repúblicas", como llama Rancière a esas nociones involucradas. Como sabemos, la arquitectura se ha ido construyendo históricamente sobre un campo heterogéneo del conocimiento. Lo que nos remitió a la transdisciplinariedad, "en cuyo nombre se practican esos intercambios"[14] de enfoque, de métodos, préstamos e hibridaciones conceptuales con los que fuimos recortando el objeto de estudio. Buscando más que una teoría delinear situaciones, acontecimientos de carácter heterogéneo, en medio de ciertas tensiones con la formación histórica de nuestra disciplina. Asumiendo los múltiples modos del fenómeno arquitectónico, sus relaciones artísticas y tecnológicas, que dan cuenta de los cambios en las prácticas. Una práctica arquitectónica que se reconfigura y enriquece en el cruce con diferentes concepciones teóricas y, en particular con las artes, que aportan otras maneras de hacer, otros modos de pensar y diferentes nociones para entender y caracterizar nuestros proyectos, su materialización, su actualidad, sus tendencias y sus potencialidades futuras. Por otra parte tuvimos en cuenta lo dicho por Zaera-Polo: "una de las formas de producir conoci-

---

[13] Ibíd., pp. 245-246
[14] RANCIÈRE, J. *El inconsciente estético*. Buenos Aires: Ed. Del estante, 2005, p.6.

mientos es precisamente la posibilidad de nombrar los fenómenos",[15] recurrimos a la palabra para construir un nuevo sentido de lo arquitectónico.

Por lo tanto, esta estructura metodológica nos introdujo en la lectura de diversos de textos, de los cuales escogimos los fragmentos que constituyen parte de nuestro discurso. Que nos permitió situar el objeto de estudio más allá de lo empírico como objeto virtual. Más precisamente ubicarlo como virtualización del presente ligado a la producción de "presencias". Cuyo impacto sobre los cuerpos producen "efectos de presencia" y "efectos de significado", como los llama Gumbrecht.

El conocimiento alcanzado, a partir de las modalidades del objeto, nos permite sostener que la arquitectónica se ofrece como contexto de génesis del fenómeno poético. Y condición epistémica que traza la ruta de paso del arte a la poética arquitectónica. Que en el presente "organiza" las formas y "diseña" la percepción, dentro de los constantes cambios del espacio y del tiempo en medio de la fluidez que da origen al lugar. Por otra parte, hemos podido diferenciar su carácter de la arquitectura, estableciendo un ámbito que le es propio. Un mundo que responde a modos de ser del objeto estético. A espacios posibles, a una materia sensible fuera de la imposición de una técnica y de un sistema de razones como método de producción de la forma. Así, el mundo surge a partir de la experimental búsqueda de producción de experiencias situadas en un espacio que invita compartir y habitar un lugar. Que permite elegir una vía a lo desconocido, olvidando el fin inmediato, con vista a un pensamiento que impulsa a la audacia del espíritu desde el plano estético. Que en tanto régimen sensible, lo reconocemos como ámbito común entre las artes. Y en orden a la producción arquitectónica y arquitectural[16] se ofrece como recurso proyectual.[17] Por lo tanto, ésta epistemología arquitectónica es

---

[15] Alejandro Zaera-Polo, citado en: GIMÉNEZ, C.: MIRÁS, M.: VALENTINO, J. *La arquitectura cómplice*. Buenos Aires: Ed. Nobuko, 2011, p. 15.

[16] Lo arquitectural refiere a reglas y principios formales y lo arquitectónico refiere a atmósferas como lugar, y de él se desprenden "principios" para su producción.

[17] Lo proyectual en sentido amplio, combina conocimientos y procedimientos, lugar, cultura y sociedad. De-

entendida como fenomenología genética, en los términos señalados por Husserl. Porque "configura el sentido" de los objetos que se dan a la experiencia, más allá de la significación literal. Derivando así en una pedagogía de la metamorfosis y la transformación, de la cual se nutre lo poético. Como señala Canetti, "Lo poético se opone a la estructura de poder y coerción de la identidad y la totalidad", lo poético entonces, manifiesta"[...] una preocupación moral a la que es inherente a una pasión por la metamorfosis" [...] "Aquí se expresa un estética de la metamorfosis que al mismo tiempo representa una ética de la transformación".[18]

Por esta razón, el conocimiento que ofrece este estudio se presenta como *insumo proyectual de la arquitectura* tanto en la faz de concepción como en el proceso de modelización de su forma, cuya composición está sometida a la producción de entornos arquitectónicos destinados al habitar y al espacio para su práctica. Habitar, como vimos, se relaciona con el fenómeno poético arquitectónico como lugar (*Khora*), que late en el trasfondo de la arquitectura y lo urbano. Que en tanto acontecimiento vivido y sitio de influencia, abre un ámbito sin referencia ni cristalización en una forma. En este sentido, destaco el valor epistémico del fenómeno poético arquitectónico para repensar la arquitectura. Desde afuera del sistema formal y el diseño que persigue sólo la forma útil o funcional. Propongo una pedagogía relacionada con la producción de sentido sensible que abre a perspectivas y posibilidades prácticas de libertad. Como exploración y praxis para la producción de los efectos poéticos.

No pretendo transformar las definiciones alcanzadas en este libro en rígido concepto o sistema cerrado. Por lo contrario, atendiendo lo dicho por Wittgenstein, "el sueño de escribir una teoría que lo explique todo es inútil". Opero fuera de cualquier dogmatismo, trazo un recorrido posible, planteó asumir

---

riva de proyecto como un "asunto de libertad". Como dice Heidegger: "el *Dasein* se proyecta de casa a la posibilidad de ser". HAN. *Filosofía del budismo Zen*, op. cit., p. 96.

[18] Adhiero a lo expresado por el escritor Elías Canetti en "La conciencia de las palabras", la metamorfosis conserva la vitalidad de la expresión. Y la transformación perturba el curso lineal de la producción. Citado en: HAN, BC. *Muerte y alteridad*. Barcelona: Ed. Herder, 2018, p.239.

las diferencias en arquitectura al introducir el concepto de *poéticas arquitectónicas* como *espacialización estética del tiempo*. Que provee un ámbito intermedio al pensamiento, un ámbito de interioridad dialógica que abre a la estética una oportunidad como actitud alejada de la oposición dialéctica. Además, ofrezco una perspectiva académica dando valor al significado poético como fenómeno fuera del mundo de la producción, el rendimiento y la especialización. Con esta epistemología, que se desvía de la corriente tecnocrática de la formación, intento provocar una fisura en su dique de contención *ideo-lógico*, para librarnos de su tentativa hegemónica. Fomento una mirada múltiple, holística y compleja de la realidad arquitectónica. Promuevo un acercamiento a la extrañeza para pensar lo diferente. Posando la mirada de la arquitectura en su carácter, en su "modo de ser", en su "ethos poético". Ubico su objeto de estudio más allá de los códigos y las convenciones canónicas en "los efectos y los afectos" para la producción de hábitat como lugar del habitar humano.

III.

Sostengo que el fenómeno poético arquitectónico constituye una epistemología separada de una simple fenomenología, que da lugar a una metamorfosis que *"fenomeniza la forma archi-tectónica"*. Como expreso en las imágenes que ilustran este libro. Lo que acontece en las obras nos permitió describir el "modo de ser" del fenómeno arquitectónico y repensar las categorías estéticas implicadas en arquitectura:

1. Espacio y tiempo: El espacio arquitectónico es resultante de una forma que nos aleja del objetualidad. Que *fragiliza la figura* y produce un desplazamiento de la fijeza formal hacia un espacio difuminado, que multiplica y sustituye al objeto en su presentación. El espacio, así entendido, es definido dentro de límites difusos en el contexto en el que se inscribe donde no se reconoce fondo/figura, sino más bien, la ambigüedad como característica

esencial que definen el lugar. Aísla un sitio y abre el espacio construyéndolo como "paisaje" en el cual nos sumergimos. Por lo tanto, el espacio no es ya un objeto abstracto ni tampoco un objeto concreto, y sin embargo es un objeto real que carece de límites precisos. Fluye en un juego escénico de texturas, transparencias, colores, luces y sombras que no representan el mundo tal como es sino como fenómeno, con un significado flotante inherente a todo arte. De este modo da a sentir su fuerza, o mejor, su fragilidad que lo configura en el presente de un tiempo suspendido. Que prolonga en el fluir del instante la intensidad de sus esferas de presencia y nos afecta. Esa experiencia, en tanto tiempo vivido, es algo más que la sucesión de instantes separados de la espacialización del tiempo físico. Es un instante que dura y fusiona el espíritu con los impulsos rítmicos del paso y la intensidad de la atmósfera. La continuidad de los actos es la duración real. Que dilata la percepción sensible y configura la estética del tiempo. Esa constelación constituye la categoría del espacio-tiempo arquitectónico como un eco que abre el instante en su resonancia, deshace su figura ligada al poema.

2. Imagen y Silencio: La imagen arquitectónica no es un espacio vacío. Es un *"cuerpo intermedio"*, porque entre los objetos y nosotros hay un *metaxu*, como señala Coccia. Un fenómeno, no directamente las cosas. Es la *forma* en tanto separada de las cosas. Este espaciamiento habilita un "lugar" en el que nos sumergimos. Y en ese espacio inmersivo se multiplican las formas de lo real. La atmósfera arquitectónica se encuentra allí en su mayor estado de volatilidad, como un vapor nos envuelve e involucra en su mundo. Esa relación con lo sensible, en tanto sentido y presencia, es la potencia de la imagen como categoría como estética arquitectónica. Su situación no se deja objetivar, se encuentra suspendida en el presente temporal en un punto sin dimensión espacial donde flotan las esferas de presencia. La imagen arquitectónica es del orden del fragmento sensible que afecta en el instante. Señala una pasividad flotante en su atmósfera, como una rítmica melódica, musical, poética. Nos envuelve y permite estar *entre* las cosas en libertad, como formando parte.

Relacionados e inmersos en el lugar, desligados del objeto, su fenomenología presenta el mundo como una sombra, o más bien como ausencia. Que nos pone en contacto con un ser no revelado, una apariencia. La imagen como categoría estética expone un gesto en el silencio de las formas. La pérdida de la determinación de lo real emite su silencioso mensaje a nuestro "yo" más profundo. Creando distancias en la comunicación, sus dimensiones ocultas trascienden el lenguaje. El silencio es del orden de la sensibilidad, es *aparecer estético*, no posee una forma claramente determinable. Ese fenómeno de inmanencia es el territorio germinal de la poesía arquitectónica.

3. Teatralidad y Tecnoescena: La arquitectura como el teatro es un arte arquitectónico, como señala Badiou, "hecho de cuerpos, luces, sombras y sonidos". Presencia que es su *realidad performativa*, siempre ligada a las tecnologías para construir el lugar. Como categoría estética es "producción de presencia", apunta al proceso que intensifica el impacto de los objetos "presentes" sobre los cuerpos. La relación entre arquitectura y teatro constituye una genealogía, a veces olvidada en la modernidad, recuperada en las producciones artísticas contemporáneas. No solo por sus características materiales, sino también por los múltiples significados que están en juego en el espacio del espectáculo. El espacio escénico desborda el campo teatral y se ofrece como un lugar de encuentro de diversos lenguajes integrados. La categoría teatral aporta una noción ampliada de teatralidad. Desde el teatro posdramático el acto performativo promueve lo corporal sobre lo verbal y reconoce al teatro como un arte de la presencia, que se conecta con la arquitectura. Pero, tanto el teatro como la arquitectura, deben recurrir a sus propios "recursos escénicos", a ciertos dispositivos tecnológicos que permiten imaginar la producción de presencias como lugar. Más allá del espacio concreto, como escenario en transformación. Por otra parte la tecnología convierte a las artes performativas en artes virtuales e inmersivas. Sumerge los cuerpos a través de pantallas e imágenes, entre el placer y el malestar, como dice Lacan, esas "máquinas extrañas y productos que no dejan de

modelar la subjetividad moderna".[19] Aunque advirtió sobre el riesgo de la pasividad del sujeto, hoy no podemos prescindir de la tecnología que produce cambios de hábitos y modela nuevas sensibilidades. Toca y deshace todo desde la *fluidez que perturba toda fijeza*. Como vimos en Blurd, la obra de Diller - Scofidio, asumiendo el riesgo de que la arquitectura se vuelva efímera. Aunque en realidad ese es el carácter que destacamos en lo arquitectónico como soporte poético, que se desplaza a través de escenarios cambiante en tiempo real y crea relaciones con un tiempo que fluye. Esas formas en fluctuación tienen una presencia inquietante. Además, "su incidencia en la subjetividad precipita modos de goce paradigmáticos". Aunque, "la tecnología nos hace sentir que es el gadget que efectúa la acción, cuando en realidad los agentes somos nosotros mismos".[20] De modo que, atendiendo a la advertencia de Lacan, la tecnología actual nos compromete e involucra. Éste es precisamente el aspecto que destacamos de esta categoría estética. Porque la arquitectura, como el teatro, demanda la participación activa de los implicados en el espacio. Y en tanto poesía "*desconecta*" al cuerpo de su ámbito cotidiano y abre a lo indeterminado a través del acto, que no es acción, sino un acontecimiento espiritual. Provoca incesantes mutaciones. Es una metáfora muda, un gesto que revela un el desplazamiento simbólico sin referencia ni destinatario. Por lo tanto, el arte escapa al presente sin resistirse a la corriente del tiempo, fluye. Arquitectura, teatro, instalaciones, performance y exhibiciones temporales, son eventos artísticos que muestran el carácter transitorio del presente como invitación al futuro, para existir requiere de nosotros, escapa del fenómeno arquitectónico de base para devenir otro, realiza su existencia en forma poética.

4. Estética del acontecer: De las categorías descriptas surge que en arquitectura lo que acontece en su superficie se proyecta en su imagen como presencia real y se funde con nuestro propio "sentido" de existencia. En una experiencia que

[19] DONGHI, A. *Tecnogoces: El sujeto en tiempos virtuales*. Buenos Aires: Ed. Letra Viva, 2016, p.17.
[20] Ibíd., p.66.

consiste en acciones y efectuaciones más que en reconocimiento de objetos o entidades formales. Experiencia que nace ontológicamente del "acto de habitar" como acontecimiento vivido, que pone en juego el presente de una presencia como lugar y esencia de la función de habitar. En el *instante suspendido* con los que la vida trama su urdiembre en un "no hacer nada". Se trata de un acontecer estético que opera con el material sensorial, con su textura carente de cualquier significación culturalmente mediatizada. Que abre paso a un acontecimiento, a una bifurcación que se precede y se sucede, que acontece. La arquitectura, en tanto acontecimiento, es lo arquitectónico que pasa y llega, agita y mueve el cuerpo en un movimiento de la sensación produciéndose, en acto. Donde nos dejamos arrastrar por la singular fuerza del acontecer de sus apariciones. El valor de esta categoría estética en arquitectura está garantizado por la materialidad en *perpetua transformación*. La concepción arquitectónica del arte como lugar de aparición dado a los sentidos recobra la materia en estado puro. El lugar de esa explosión de polvos es el acontecer estético en la experiencia, de la que emerge como acontecimiento aleatorio la poética arquitectónica.

IV.

En síntesis, la '*fenomenización del fenómeno arquitectónico*' manifiesta una nueva dimensión que reconoce la posibilidad del poema en la arquitectura. En consecuencia, la arquitectura surge así no solo como producto de un proceso histórico y cultural, en el que operan factores de tipo ideológico, sino del proceso artístico y estético que se ofrece como soporte de aparición de las *formas poéticas*. Si bien, la consideración de este proceso da cuenta de la complejidad teórica que implica asumir la fenomenización del fenómeno arquitectónico para su producción. Su conocimiento permite un replanteo de las condiciones estructurantes del proyecto arquitectónico, que adquiere una dimensión política e ideológica de validación artística y estética, sin por ello olvidar el aspecto social y cultural de la arquitectura.

Con la fenomenización del fenómeno arquitectónico propongo abandonar los presupuestos canónicos y modernos del arte asumiendo una nueva concepción *arquitectónica*. Que se caracteriza como espacio fragmentado o metamorfosis, y presenta rupturas con la forma a través de los cambios de densidad, configurando lugares desde la indeterminación espacial. Este espacio heterogéneo e inestable, como vimos, es un espacio heterónomo producto de las variaciones ontológicas de la atmosfera en permanente fluctuación. Que depende tanto de su configuración espacial como de la experiencia de habitar el tiempo suspendido en esa urdiembre en que se producen sus diferencias. Con este conocimiento promuevo la producción de ambientes constituyes del *lugar*, no como una categoría *a priori*, sino como un espacio potencial de la experiencia estética que deshace el objeto y 'fenomeniza' el hecho arquitectónico, que ya no encuentra su unidad. Más bien, se presenta como constelación, un acontecimiento cuya dimensión espaciotemporal ya no resultan disociables del fenómeno. En esta reconfiguración arquitectónica, que resulta de la experiencia y del cambio en la percepción, acontece el pasaje de un modo a otro que fenomeniza la obra de arte y da lugar al poema.

De tal modo que, la "*doble fenomenización*" es donde la arquitectura da cuenta de su imposibilidad de ser representación o imagen única de una totalidad clausurada en un sistema. Así, el arte de arquitectónica fenomeniza hechos, lugares e instantes momentáneos ligados a la pasiva actividad del sujeto, en la que aparece una presencia espectral que se convierte en fenómeno de otro fenómeno. Éste es el hecho trascendente cambia a la arquitectura radicalmente. Porque aquí confluyen los diferentes factores, de realidad y de existencia, que resultan verificables en este estudio. Estos factores coexisten y fundamentan principios artísticos que justifican su consideración para repensar el proyecto arquitectónico. De manera que, desde nuestra perspectiva, resulta imposible desconocer la fenomenización del fenómeno arquitectónico como hecho estético fundamental para una nueva concepción proyectual en la práctica arquitectónica contemporánea. En este sentido, decimos con Mele:

Aún reconociendo legados históricos inobjetables, [...] asumir riesgos poéticos [...] construir otras miradas, otras lecturas, otros procedimientos proyectuales, por cierto con, otros sentidos para la arquitectura, [...] Este proyecto conceptual se abre a los riesgos de la invención a los experimentos de la innovación y si fuera posible a explorar las fronteras culturales de la creatividad.[21]

Para finalizar, quiero mencionar que las querellas que hemos planteado remiten al objetivo fundamental de este estudio: describir el *"trasfondo"* que subyace en la arquitectura, como ámbito compartido entre nosotros y la obra, para dirigir la mirada al fenómeno poético arquitectónico. Por eso, en lugar de certezas incuestionables, este conocimiento nos pone ante una posibilidad de sustituir un sistema de razones por un método que parte de un principio. Que habla de ideas de orden metafísico y de una visión simbólica de la realidad accesible a la experiencia actual en un terreno estético. Que no pretendí resolver aquí, sino al menos delinear lo que está en juego. Mostrando además que el lugar propio en arquitectura, arte, ciencia o filosofía no existe. Que la virtud de las artes consiste en ser testimonio de un aparecer que desnuda a la razón. Revelado, además, que ser racional es ser un espíritu abierto al azaroso mundo.

El peligro de vivir no tiene otra salida que el riesgo prolongado.
[...]Cálmate. Si todo es riesgo, ¿por qué esta inquietud?
Pero no te detengas.

ANDRÉ COMTE-SPONVILLE

[...] Sólo hace falta un poco de viento para
navegar, no se necesita un huracán.

PAUL VALÉRY

[21] MELE, J. *Escritos sobre historia y teoría de la arquitectura del SXXI: derivas y confluencias.* CABA: Ed. Diseño, 2006, pp.104-105.

Bibliografía

ADORNO y HORKHEIMER. *Dialéctica del Iluminismo* (1944) [en línea]. Digitalización por Diego Burd, 2004. Disponible en: https://www.marxists.org/espanol/adorno/1944-il.htm

AGACINSKI, S. *Volumen. Filosofías y políticas de la arquitectura.* Buenos Aires: Ed. La marca. 1º ed., 2008. ISBN 9789508891730

AGAMBEN, G. *Gusto.* Buenos Aires: Ed. Adriana Hidalgo, 2016. ISBN 978-987-3793-86-8.

AGAMBEN, G. *¿Qué es un dispositivo?* Ciudad Autónoma de Buenos Aires: Ed. Adriana Hidalgo, 2014. ISBN 978-987-1923-88-5.

AGAMBEN, G. *Lo abierto, el hombre y el animal.* CABA: Ed. Adriana Hidalgo, 2006. ISBN 9871156502.

AGUSTÍN, Santo. *Confesiones.* Buenos Aires: Ed. Claretiana, 1º 5ª reimp., 2009. ISBN 978-950-512-506-7.

ALIATA, Fernando; SESSA, Emilio; SILVESTRI, Graciela. Comp. *Investigación y proyecto: la arquitectura como tema de tesis doctoral.* Ciudad Autónoma de Buenos Aires: Ed. Diseño, 2016. ISBN 978-987-4000-25-5.

ALLOA, E. *La resistencia de lo sensible. Merleau-Ponty. Crítica de la transparencia.* Buenos Aires: Ed. Nueva Visión, 2009. ISBN 9506024789.

ÁLVAREZ FALCÓN, L. Esbozos, fragmentos y variaciones: Husserl después de 1988 [en línea]. *Eikasia. Revista de Filosofía,* año VI, 34 (septiembre 2010). Disponible en: http://www.revistadefilosofia.org/34-04.pdf. ISBN 07184360.

ÁLVAREZ FALCÓN, L. *Las sombras de lo invisible. Merleau-Ponty, siete lecciones.* Madrid: Ed. Eutelequia, 2011. ISBN 9788493944339.

ÁLVAREZ FALCÓN, L. *Realidad, arte y conocimiento. La deriva estética tras el pensamiento contemporáneo.* Barcelona: Ed. Horsori, 2009 ISBN 9788496108738.

AMANN, B. *La crítica poética como instrumento del proyecto arquitectónico.* CABA: Ed. Diseño, 2015. ISBN 9789873607646.

ARGAN, G. *El arte moderno. Del Iluminismo a los movimientos contemporáneos.* Madrid: Ed. Akal, 1991. ISBN 9788446000341.

ARGÜELLO PITT, C. *Cuadernos de picadero n°30. La adaptación teatral.* Buenos Aires: Ed. Eudeba, Año XIII-N°30/Octubre, 2016.

ARISTÓTELES. *Acerca del Alma (De Anima).* Con prólogo de Boeri, M. Buenos Aires: Ed. Colihue 1 ° ed., 2010. ISBN 9789505630646.

ARISTÓTELES. *Ética.* Buenos Aires: Ed. Andrómeda, 2003. ISBN 978-546-028-1.

ARISTÓTELES. *Metafísica.* Buenos Aires: Ed. Libertador, 2003. ISBN 987-1512-30-0.

ARISTÓTELES. *Poética.* Buenos Aires: Ed. Gradifco, 1°reimp, 2007. ISBN 9789871093359.

ARNHEIM, R. *El pensamiento visual.* Barcelona: Ed. Paidós, 1998. ISBN 9788475093772.

ARTAUD, A.; VALÉRY, P. *Libertad de espíritu.* Buenos Aires: Ed. Leviatán, 2005. ISBN 987-514-022-8.

ARTECA, M. y otros. *¿Quién habla en el poema?* Buenos Aires. Ed. Del Dock, 2013. ISBN 978-987-559-221-6.

BACHELARD, G. *El aire y los sueños: Ensayo sobre la Imaginación del Movimiento.* Buenos Aires: Ed. Fondo de Cultura Económica, 2004. ISBN. 9789681641788.

BACHELARD, G. *La intuición del instante.* México: Ed. Fondo de Cultura Económica, 2002. ISBN 9681623851.

BACHELARD, G. *La poética del espacio.* México: Ed. Fondo de Cultura Económica, 10° reimpresión, 2009. ISBN 9505573545.

BADIOU, A. *En busca de lo real perdido.* Buenos Aires: Ed. Amorrortu, 2016. ISBN 978-950-518-264-0.

BADIOU, A. *El ser y el acontecimiento.* Buenos Aires: Ed. Manantial, 1999. ISBN 9789875000407.

BADIOU, A. *Imágenes y Palabras.* Buenos Aires: Ed. Manantial, 2005. ISBN 9875000892.

BADIOU, A. *Pequeño manual de inestética.* Buenos Aires: Ed. Prometeo, 2009. ISBN 978-987-574-362-5

BADIOU, A. *Rapsodia para el teatro.* Buenos Aires: Ed. Adriana Hidalgo, 2015. ISBN 9788415851684.

BALZAC, H. *La obra maestra desconocida.* Buenos Aires: Ed. Talleres gráficos DEL, 2010. INSB 978-987-26418-0-1.

BARDET, M. *Pensar con mover. Un encuentro entre danza y filosofía*. Buenos Aires: Ed. Cactus, 2014. ISBN 9789872621971.

BARDIN, L. *El análisis de contenido*. Madrid: Ed. Akal, 1986. ISBN 9788476000939.

BAUDELAIRE, C. *El pintor de la vida moderna*. Ciudad de Buenos Aires: Ed Taurus, 2013. ISBN 978-987-04-3580-8.

BAYO MARGALEF, J. *Percepción, desarrollo cognitivo y artes visuales*. Barcelona: Ed. Anthopos, 1987. ISBN 84-7658-047-9.

BELINCHE, D. *Arte, poética y educación*. La Plata: el autor, 2011. ISBN 978-987-33-0809-3.

BELTRÁN, R., CANET, J. y otros. *Historia y Ficciones: coloquio sobre la literatura del siglo XV*. España: Ed. Universidad de Valencia, 1990. ISBN 8437009529.

BERGAMIN, J. y otros. *Entregas de La Licorne 1-2. I. Homenaje a Paul Éluard*. Montevideo: Ed. Entregas de la Licorne, 1953

BERGSON, H. *Materia y Memoria*. Buenos Aires: Ed. Cactus. 2006. ISBN 978-987-21000-4-9.

BJARKE, I. *Yes is more. Un arquicómic sobre la evolución arquitectónica*. Colonia: Ed. Taschen, 2009. ISBN 9783836525251.

BLANCHOT, M. *La escritura del desastre*. Madrid: Ed. Trotta, 2015. ISBN 978-84-9879-569-1.

BORGES, J. *Obras Completas II*. Buenos Aires: Ed. Emecé. 2007. ISBN 978-950-04-2874-3.

BORGHI, S. *La casa y el cosmos. El rintonelo y la música en el pensamiento de Deleuze y Guattari*. Ciudad Autónoma de Buenos Aires: Ed. Cactus, 2014. ISBN 978-987-29224-8-1.

BOUDRILLAR, J; NOUVEL, J. *Los objetos singulares*. Buenos Aires: Ed. Fondo de Cultura Económica, 1º ED. 3a reimp. , 2007. ISBN 978-987-04-3580-8.

BOWIE, A. *Estética y subjetividad. La filosofía alemana de Kant a Nietzsche y la teoría estética actual*. Madrid: Ed. Visor, 1999. ISBN 9788477747253.

BRÉHIER, É. *La teoría de los incorporales en el estoicismo antiguo*. Buenos Aires: Ed Leviatán, 2011. ISBN 978-987-514-186-5.

BREYER, G. El acto de arquitectónica. En SARQUIS, J. (comp.) *Arquitectura y modos de habitar*. Buenos Aires: Ed. Nobuko, 2006. ISBN 987-584-068-8.

BROADBENT, G; BUNT, R; JENCKS, C. *El lenguaje de la Arquitectura*. México: Ed. Limusa, 1991. ISBN 9681814673.

CAMPO BAEZA, A. *Poética Architectonica*. Buenos Aires: Ed. Diseño, 2015. ISBN 978-987-3607-61-5.

CAMPO BAEZA, A. *Principia Architectonica*. Buenos Aires: Ed. Diseño, 4°ed., ISBN 9789872949952.

CAPITEL, A. *La arquitectura como arte impuro*. Barcelona: Ed. Fundación Caja de Arquitectos de Barcelona, 2012. ISBN 9788493940966.

CHAVES, N. *El diseño invisible: siete lecciones sobre la intervención culta en el hábitat humano*. Buenos Aires: Ed. Paidós, 1° ed., 2006. ISBN 9789501227222.

CHAVES, N. *La intervención como interferencia. La ideología hegemónica en las operaciones modernizadoras de la arquitectura histórica* [en línea]. En *Archivo de Norberto Chaves*. Disponible en: https://www.norbertochaves.com/articulos/texto/la_intervencion_como_interferencia

COCCIA, E. *La vida sensible*. Buenos Aires: Ed. Marea, 2011. ISBN 9789871307326.

COMOTTI, J. *La adaptación teatral. Cuaderno de Picadero*, Año XIII, N°30, Instituto Nacional del Teatro, Argentina: Ed. Eudeba.

CONTRERAS LORENZINI, María José, Estéticas de la presencia: otros aires en el teatro chileno de principios del siglo XXI. *Telondefondo. Revista de Teoría y Crítica Teatral* n°10, 2009. ISSN 1669-6301. Disponible en: http://revistascientificas.filo.uba.ar/index.php/telondefondo/issue/view/533.

COOK, P. y LLEWELLYN J. *Nuevos lenguajes en arquitectura*. Barcelona: Ed. Gustavo Gili, 1991. ISBN 9788425214936.

CRAGNOLINI, M. *Derrida, un pensador del resto*. Buenos Aires: Ed. La cebra. 1° ed., 2012. ISBN 9872288445.

CRESPO, Á. *Con Fernando Pessoa*. Madrid: Ed. Huerga y Fierro, 2° ed., 2000. ISBN 84-88564-49-X.

DE TORO, F. *Semiótica del Teatro. Del texto a la puesta en escena*. Buenos Aires: Ed. Galerna, 2008. ISBN 9789505565290.

DEL VALLE, R. *En busca de una epistemología desesperadamente*. Buenos Aires: Ed. Nobuko, 2008. 978-987-584-193-2.

DELEUZE, G. *Diferencia y repetición*. Buenos Aires: Ed. Amorrortu 1° ed., 2° reimp., 2009. ISBN 9789505183616.

DELEUZE, G. *El pliegue: Leibniz y el barroco*. Buenos Aires: Ed. Paidós. 1º ed., 2008. ISBN 9789501268584.

DELEUZE, G. *Exasperación de la filosofía. El Leibniz de Deleuze*. Buenos Aires: Ed. Cactus, 2009. ISBN 978-9872100056.

DELEUZE, G. y GUATTARI, F. *¿Qué es la filosofía?* Barcelona: Ed. Anagrama, 2006. INSB 978-84-339-1364-7

DELEUZE-GUATTARI. *Mil mesetas. Capitalismo y esquizofrenia*. Valencia: Ed. Pre-Textos, 2004. ISBN 8485081951.

DELGADO, M. Tener lugar. El espacio urbano como escenario. En: *Escenarios urbanos*. España: Ed. Arquitectura Viva nº135. ISSN 02141256.

DERRIDA, J. *¿Che cos'è la poesía?* [en línea]. En *Poesía I*, 11 de noviembre de 1988. Traducción del francés: J. S. Perednik. Edición digital de Derrida en castellano. Disponible en: https://redaprenderycambiar.com.ar/derrida/textos/poesia.htm

DERRIDA, J. *Khôra*. Buenos Aires: Ed. Amorrortu, 2011. ISNB 978-950-518-392-0

DERRIDA, J. *No escribo sin luz artificial*. Valladolid: Cuatro ediciones, 1999. Ed. digital de Derrida en castellano: http://www.jacquesderrida.com.ar/textos/textos.htm

DERRIDA, J. *Pasiones*. Buenos Aires; Ed. Amorrortu, 2011. ISBN 978-950-518-390-6.

DÍAZ, E. *Entre la tecnociencia y el deseo. La construcción de una epistemología ampliada*. Buenos Aires: Ed. Biblos, 2007. ISBN 9789507866012.

DOBERTI, R. Habitar. Buenos Aires: Ed. Nobuko, 2011. ISNB 978-987-584-354-7.

DONGHI, A. Tecnogoces: El sujeto en tiempos virtuales. Buenos Aires: Ed. Letra Viva, 2016. ISBN 978-950-649-661-6.

DUFRENNE citado en LUTEREAU, L y WALTON, R. *Fenomenología de la Presentación Estética* [en línea]. Disponible en: file:///D:/Descargas/uba_ffyl_t_2010_860937%20(1).pdf

ECO, U. *La estructura ausente*. Buenos Aires: Editorial Sudamericana, 2013. ISBN 9789875668638.

FÉRAL, J. *Teatro, teoría y práctica: más allá de las fronteras*. Buenos Aires: Ed. Galerna, 2004. ISBN 9505564627.

FERGUSON, H. *La pasión agotada. Estilos de vida contemporáneos*. Buenos Aires: Ed. Katz, 2010. ISBN 9788492946235.

FERNÁNDEZ, R. *Formas Leves*. Perú: Ed. Epígrafe, 2005. ISBN 848-9034-133.

FERNÁNDEZ, R. *Lógicas del proyecto.* Buenos Aires: Ed. UNIGRAF, 2007. ISBN 9789872244125.

FERRATER MORA, J. *Diccionario de filosofía abreviado.* Buenos Aires: Ed. Debolsillo, 2003. ISBN 978-987-566-259-9.

FISCHER-LICHTE, E. *Estética de lo performativo.* Madrid: Ed. Abada Editores 2011. ISBN 9788415289180.

FRAMPTOM, K. *Estudio de la cultura tectónica. Poéticas de la construcción en la arquitectura de los Siglos XIX y XX.* Madrid: Ed. Akal, 1999. ISBN 9788446011873.

GALIANO, L. (dir.) *Revista Arquitectura viva.* "Espacios efímeros. Entre la celebración y la innovación". Madrid: Ed. Arquitectura Viva, Nº141, 2011

GARCÍA GARCÍA, R. Álvaro Siza no es arquitecto [en línea]. En *Fundación Arquia Blog Pensamiento y crítica.* Disponible en: http://blogfundacion.arquia.es/2018/03/alvaro-siza-no-es-arquitecto/ ISBN 9788469757079.

GARIBAY, K. *Esquilo. Las siete tragedias.* México: Ed. Porrúa, 1980. ISBN 9684321724.

GIEDIÓN, S. *Espacio, tiempo y arquitectura.* Madrid: Ed. Reverté, 2009 ISBN 9788429121179.

GIMÉNEZ, C. y otros. *La arquitectura cómplice en la contemporaneidad.* Buenos Aires: Ed. Nobuko, 2011. ISBN 9789873410628.

GONZALEZ MONTANER, B. *Nueva arquitectura Argentina.* Buenos Aires: Ed. ARQ.-Clarín, 2011. ISNB 978-987-0714-798.

GRAJALES, A. *Concepto de teatralidad* [en línea]. Universidad de Antioquía. Facultad de Bellas Artes, 2007, p.80. Disponible en: https://dialnet.unirioja.es/descarga/articulo/2365713.pdf

GRASSI, G. *Arquitectura, lengua muerta y otros escritos.* Barcelona: Ed. El Serbal, 2002. ISBN: 978-847-6284-148

GREISCH, J. *La invención de la diferencia ontológica: Heidegger después de ser y tiempo.* Buenos Aires: Ed. Las cuarenta, 2010. ISBN 978-987-1501-23-6

GROYS, B. *Arte en flujo. Ensayo sobre la evanescencia del presente.* Buenos Aires: Ed. Caja Negra, 2016. ISBN 9789871622498.

GROYS, B. *La topología del Arte Contemporáneo* [en línea]. En *TEXTOS LIPAC-ROJAS-UBA.* Cedido por Esfera Pública, 2009. Disponible en: http://fernandomiguez.

com.ar/wp-content/uploads/2013/01/boris-groys-la-topologia-del-arte-contemporaneo.pdf

GUERRERO, L. Escenas de la vida estética. En: WALTON, R. y LUTEREAU, L. (comp.) *Arqueología de la experiencia sensible. Estética fenomenológica en la argentina.* CABA: Ed. Prometeo, 2015. ISBN 987574736X.

GUMBRECHT, H. Producción de presencia. Lo que el significado no puede transmitir. México: Ed. Universidad Iberoamericana, 2005. ISBN 9789688595725.

GUTIÉRREZ, E. *Cine y percepción de lo real.* Buenos Aires: Ed. Las Cuarenta, 2010. ISBN 9789871501267.

HALL, E. *La dimensión oculta.* Buenos Aires: Ed. Siglo XXI, 2005. ISBN 9789682315749.

HAN, B. *Ausencia. Acerca de la cultura y la filosofía del Lejano Oriente.* CABA. Ed: Caja Negra, 2019. ISBN 978-987-1622-72-6.

HAN, B. *El aroma del tiempo: Un ensayo filosófico sobre el arte de demorarse.* Barcelona: Ed. Herder, 2015. ISBN 978-84-254-3392-4

HAN, B. *Filosofía del budismo Zen.* Barcelona: Ed. Herder, 2018. ISBN 978-84-254-3380-1.

HAN, B. *La salvación de lo bello.* Buenos Aires: Ed. Herder, 2015. ISBN 9788425437588.

HAN, B. *La sociedad de la transparencia.* Buenos Aires: Ed. Herder, 2013. ISBN 9788425437588.

HAN, B. *Muerte y alteridad.* Barcelona: Ed. Herder, 2018. ISBN 978-84-254-4101-1.

HEGEL, G. *Arquitectura.* Barcelona Ed. Kairós, 3ºed. 2001. ISBN 84-7245-129-1.

HEGEL, G. *Estética. Introducción.* Buenos Aires: Ed. Leviatán, 1983. ISBN 9789875141353.

HEGEL, G. *Poética.* CABA: Ed. Terramar, 2005. ISBN 9871187505.

HEIDEGGER, M. *El arte y el espacio.* Barcelona: Ed. Herder, 2009. ISBN 9788425426469.

HEIDEGGER, M. El Ser y el tiempo. Buenos Aires: Ed. Fondo de Cultura Económica, 2010. ISBN 978-950-557-785-9.

HEIDEGGER, M. *La experiencia del pensar.* Seguido de *Hebel, el Amigo de la Casa.* Argentina: Ed. Del copista, 2ºed., 2007. ISBN 9789875631564.

HEIDEGGER, M. *Conferencias y artículos.* Buenos Aires: El Serbal, 2014. ISBN 9788476281437.

HEIDEGGER, M. *Camino de campo.* Barcelona: Ed. Herder, 2º ed. 2003. ISBN 84-254-2310-4.

HEIDEGGER, M. *Construir, habitar, pensar.* Córdoba, Argentina: Ed. Alción, 2002. ISBN 9509402178x.

HEIDEGGER, M. *El origen de la obra de arte.* Madrid: Ed. Oficina de arte y ediciones, 2016. ISBN: 9788494440113.

HEREDIA, Juan Manuel. *Dispositivos y/o Agenciamiento.* En Deleuze. G y F. Guattari. Ed. UBA https://www.uma.es/contrastes/pdfs/019/5-Juan_Manuel_Heredia.pdf.

HERNÁNDEZ, E. *Les cours de Gilles Deleuze* [en línea]. 1987. Disponible en: https://www.webdeleuze.com/textes/153

HOLL, S. *Conceptos y melodías.* Sol Madrilejos, Juan Carlos Sancho y Antón García Abril. Madrid: Ed. El Croquis, 2014, p. 16. ISBN 978-84-88386-80-9.

HORACIO. *Ars poetica: arte poética.* Córdoba: EDUCC, 2005. ISBN 987-1203-07-1.

HUSSERL, E. *Investigaciones Lógicas I.* Trad. Manuel G. Morente y José Gaos. Madrid: Ed. Alianza, 1999. ISBN 9789876170291.

HUTCHEON, L. *Una poética del posmodernismo.* Buenos Aires: Ed. Prometeo, 2014. ISBN 9789875746411.

INDIJ, G. Comp. *Sobre el tiempo.* Buenos Aires: Ed. La Marca, 2008. ISBN 978-950-889-174-7.

ITO, T. *Arquitectura de límites difusos.* Barcelona: Ed. G. Gili, 2007. ISBN 9788425220562.

JANKE, W. *Mito y Poesía en la crisis modernidad/posmodernidad.* Buenos Aires: Ed. La Marca, 1995. ISBN 9789508890115.

JOSEPH, I. *El transeúnte y el espacio urbano.* Barcelona: Ed. Gedisa, 1988. ISBN 0669010413.

KAHN, L. *Forma y Diseño.* Buenos Aires: Ed. Nueva Visión, 1984. ISNB 950-602-073-6.

KANT, I. *Crítica de la razón pura.* Buenos Aires: Ed Colihue, 2007. ISBN 978-950-563-049-3.

KANT, I. *Prolegómenos o toda metafísica futura que haya de poder presentarse como ciencia.* Madrid: Istmo, 1999. ISBN 8470903349.

KOZAK, C. El tiempo del arte. Ubicuidad y técnica en el siglo XX. En INDIJ, G. (ed.) *Sobre el tiempo.* Buenos Aires: Ed. La Marca, 2008. ISBN 9789871622405.

KOZAK, C. La conquista del presente Algunas reflexiones en torno del concepto de simultaneidad en el eje arte/técnica [en línea]. En *Exploratorio Argentino Ludión.*

Poéticas-políticas tecnológicas. Disponible en: http://ludion.org/archivos/articulo/La_conquista_del_presente.pdf

KUSCH, R. *La negación en el pensamiento popular*. Buenos Aires: Ed Las cuarenta, 2008. ISBN 978-987-1501-03-8.

KUSCH, R. *América Profunda. Obras Completas I.* Rosário (Argentina): Ed. Fundación Ross, 2000. ISBN 9789507862106.

LAPOUJADE, D. *Potencias del tiempo. Versiones de Bergson*. Buenos Aires: Ed. Cactus, 2011. ISBN 978-987-26219-4-0.

LE CORBUSIER. *Hacia una Arquitectura*. Barcelona: Ed. Apóstrofe, 1998. ISBN 978-84-455-0277-8.

LEHMANN, H. *Teatro posdramático*. México: Ed. Coedición Cendeac, 2013. ISBN 9788415556114.

LEMAGNY, J. *La sombra y el tiempo. Ensayo sobre la fotografía como arte*. Buenos Aires: Ed. La marca, 2º ed., 2016. ISBN 978-950-889-274-4.

LEOCATA, F. *Persona, Lenguaje y Realidad*. Buenos Aires: Ed. Educa, 2003. ISBN 9789505232895.

LÉVINAS, E. *La realidad y su sombra. Libertad y mandato, Trascendencia y altura*. Madrid: Ed. Trotta, 2001. ISBN 9788481644432.

LYNCH, K. *La imagen de la Ciudad*. Barcelona: Ed. G. Gili, 2015. ISBN 9788425228278.

LYOTARD, J. *Lecturas de Infancia*. Buenos Aires: Ed. Eudeba, 1997. ISBN 9789502306551.

LYOTARD, J. *Lo inhumano. Charlas sobre el tiempo*. Buenos Aires: Ed. Manantial, 1998. ISBN 9875000183.

MACIEL, M. Poéticas del artificio: Borges y Kierkegaard Conversación con Lars R. Olsen. Disponible en: https://www.borges.pitt.edu/sites/default/files/0711.pdf

MALDINEY, H. Originariedad de la obra de arte [en línea]. En *Documento 273 brumaria. Prácticas Artísticas, Estéticas y Políticas*. Disponible en: https://docplayer.es/58572984-Documento-273-originariedad-de-la-obra-de-arte-henri-maldiney.html

MARTÍ ARÍS, C. *Silencios Elocuentes*. Barcelona: Ed. UPC. 2º reimpresión, 2010. ISBN 978-84-8301-640-4.

MARTINEZ OTERO, L.M. *El laberinto*. Barcelona. Ed: Ediciones Obelisco, 1991. ISBN 84-7720-204-4

MAURETTE, P. *El sentido olvidado: ensayo sobre el tacto*. CABA: Ed. Mardulce, 2015. ISBN 978-987-3731-12-9.

MELE, J. *Estéticas efímeras*. Buenos Aires: Ed. Nobuko, 2009. ISBN 9789875841987.

MELE, J. *Historia y teoría de la arquitectura del SXXI: derivas y confluencias*. Buenos Aires: Ed Diseño, 2016. ISBN 9789874000521.

MELE, J. *Modernos y contemporáneos. Ensayos Breves, Arquitectura y Arte*. Buenos Aires: Ed. Nobuko, 2010. ISBN 9789875842984.

MELE, J. *Relatos críticos de la arquitectura como modos de producción cultural*. Buenos Aires: Ed. Nobuko, 2011. ISBN 9789873413131.

MERLEAU-PONTY, M. *El ojo y el espíritu*. Barcelona: Ed. Paidós, 1986. ISBN 8475093655.

MERLEAU-PONTY, M. *Fenomenología de la percepción*. Buenos Aires: Ed. Planeta-Agostini, 1993. ISBN 8439522193.

MILMANIENE, J. *El tiempo del sujeto. Acerca del tiempo y la subjetivación*. Buenos Aires: Ed. Biblos, 2005. ISBN 9789507865015.

MONTANER, J. *La modernidad superada. Arquitectura, arte y pensamiento del siglo XX*. Barcelona: Ed. Gustavo Gili, 4º ed., 2002. ISBN 9788425216961.

MORALES, J. *Arquitectónica: sobre la idea y el sentido de la arquitectura*. Madrid: Ed. Biblioteca Nueva, 1999. ISBN 847030643X.

MORELL, A. *Despacio*. Buenos Aires: Ed. Nobuko, 2011. ISBN 9789875843226.

MORIENTE, D. *Poéticas arquitectónicas en el arte contemporáneo*. Madrid: Ed. Cátedra, 2010. ISBN 9788437626789.

MUNTAÑOLA, J. *Poética y arquitectura*. Barcelona: Ed. Anagrama, 1981. ISBN 9788433900654.

MUNTAÑOLA, J. *Topogénesis. Fundamentos de una nueva arquitectura*. Barcelona: Ed. Edicions UPC., 2009. ISBN 9788498803624.

NANCY, J. *¿Un sujeto?* Buenos Aires: Ed. La Cebra, 2014. ISBN 9789873621079.

NANCY, J. *Archivida. Del sintiente y del sentido*. Buenos Aires: Ed. Quadrata, 2014. ISBN 9789876310611.

NANCY, J. *Corpus*. Madrid: Ed. Arena Libros, 2010. ISBN 978-84-95897-80-0.

NANCY, J. *El arte hoy*. Buenos Aires: Ed. Prometeo, 2015. ISBN 9789875746855.

NANCY, J. *El sentido del mundo*. Buenos Aires: Ed. La marca, 2003. ISBN 9789508890399.

NANCY, J. *Embriaguez*. Lanús: Ed La Cebra, 2014. ISBN 978-987-3621-02-4.

NANCY, J. *La partición de las artes*. Universidad Politécnica de Valencia: Ed. Pretextos. 2013. ISBN 9788415576549.

NANCY, J. *A la escucha*. Buenos Aires: Ed. Amorrortu, 2015. ISBN 978-84-610-9015-0

OSSWALD, A. El concepto de pasividad en Husserl [en línea]. En *ARETÉ Revista de Filosofía*. Perú: Ed. Fondo Pontificia Universidad Católica. Vol. XXVI N°1, 2014., p. 36. Disponible en: revistas.pucp.edu.pe/index.php/arête/article/download/9275/9688

PALLASMAA, J. *Habitar*. Barcelona: Gustavo Gili, 2016. ISBN 9788425229237.

PALLASMAA, J. *La imagen corpórea. Imaginación e imaginario en la arquitectura*. Barcelona: Ed. G. Gilli, 2014. ISBN 9788425226250.

PALLASMAA, J. *Los ojos de la piel. La arquitectura y los sentidos*. Barcelona: Ed. G. Gili, 2º ed., 2014. ISBN 9788425226267.

PÉREZ SERRANO, G. *Investigación cualitativa. Retos e interrogantes I y II*. Madrid: Ed. La Muralla, 1994. ISBN 9788471336286.

PÉRGOLIS, J. *La Plata express. Arquitectura, Literatura y Ciudad*. Buenos Aires: Ed. Nobuko, 2003. ISBN 958-95345-8-9.

PERNIOLA, M. *Estrategias de lo bello. Estética italiana contemporánea*. Buenos Aires: Ed. Las cuarenta, 2017. ISBN 9789871501861.

PESCI, R. *Ambitectura*. Buenos Aires: Ed. Cepa, 2007. ISBN 9789876180061.

PETIT, M. *Leer el mundo: Experiencias actuales de transmisión cultural*. Ciudad Autónoma de Buenos Aires: Ed. Fondo de Cultura Económica, 2016. ISNB 978-987-719-078-6.

PIACENZA CABRERA, G. *Glosario de términos griegos en Filosofía* [en línea]. Julio 2012. Disponible en: http://terminosgriegosdefilosofia.blogspot.com/

PICHÉ, C. Kant, heredero del método fenomenológico de Lambert. En *Éndoxa: series filosóficas, Tema 18*. Ed. Universidad de Montreal, 2004.

PIGLIA, R. Nueva tesis sobre el cuento. En *Formas Breves*, Buenos Aires: Temas Grupo Editorial, 1999. ISBN 9789879164419.

PINARDI, S. Notas acerca de la potencia política del performance [en línea]. En *Seminario Colección Cisneros. Arte e Ideas de América Latina*, Marzo 2, 2018. Disponible en: https://www.coleccioncisneros.org/es/editorial/statements/notas-acerca-de-la-potencia-pol%C3%ADtica-del-performance

PINTA, M. F. en: KOSAK, C. *Tecnopoéticas argentinas. Archivo blando de arte y tecnología*. Buenos Aires: Ed. Caja negra, 2ºEd., 2015. ISBN 9789871622405.

PORTO, J. y MERINO, M. *Definición de experiencia* [en línea]. Publicado: 2010. Actualizado: 2014. Disponible en: https://definicion.de/experiencia/ Acontecimiento vivido. Acto vivencial. Conocimiento a posteriori.

POSADA VARELA, P. Sobre el fenomenologizar como cinestesia concretizante [en línea]. En *Investigaciones Fenomenológicas*, n. 11, 2014, 223-248, pp. 224-225. Disponible en: https://www2.uned.es/dpto_fim/InvFen/InvFen11/pdf/11_Posada.pdf

POSADA VARELA, P. Paris: Universidad Sorbona. *Investigaciones Fenomenológicas*, n. 11, 2014. ISSN: 1885-1088. www2.uned.es/dpto_fim/InvFen/InvFen11/pdf/11_Posada.pdf

PUELLES ROMERO, L. *La estética de Gastón Bachelard: una filosofía de la imaginación creadora*. Madrid: Ed. Verbum, 2002. ISBN 9788479622169.

PÚRPURA, I. *Recién llegada. La7 analógicas*. Buenos Aires: Ed. Ausencia, Colección distancias- poesía & analógicas, 2017.

RANCIÈRE, J. *Aisthesis. Escenas del régimen estético del arte*. Buenos Aires: Ed. Manantial, 2013. ISBN 9789875001695.

RANCIÈRE, J. *El inconsciente estético*. Buenos Aires: Ed. Del estante, 2005. ISBN 978-21954-0-4.

RANCIÈRE, J. *El malestar en la estética*. Buenos Aires: Ed. Capital intelectual, 2012. ISBN 9788494001437.

RANCIÈRE, J. *La palabra muda: ensayo sobre las condiciones de la literatura*. Buenos Aires: Ed. Eterna Cadencia, 2º reimp., 2015. ISBN 978-987-25140-6-8

ROEL, D. *Las variaciones del mundo. Ciudad irreal*. Argentina: Ed. De Todos Los Mares, 2014. ISBN 978981321773.

ROSALES, A. *Siete ensayos sobre Kant*. Venezuela: Ed. Universidad de Los Andes Consejo de publicaciones, 1993. ISNB 980-221-713-1.

ROSSET, C. *Lo real y su doble. Ensayo sobre la ilusión*. Ciudad Autónoma de Buenos Aires: Ed. Libros del zorzal, 2015. ISBN 978-987-599-453-9.

ROSSET, C. *Lógica de lo peor. Elementos para una filosofía trágica*. CABA: Ed. El Cuenco de Plata, 1º ed., 2013. ISBN 9789871772766.

SANAA 2011-2015, sistemas de continuidad. Una conversación con Kazuyo Sejima y Ryue Nishizawa. Madrid: Ed. El Croquis, 2015. ISBN 978-84-88386-85-4.

SÁNCHEZ VÁZQUEZ, A. *Filosofía de la praxis.* Buenos Aires: Ed. Siglo XXI, 1º ed., 2003. ISBN 9682324106.

SANCHO, J. y GARCÍA ABRIL, A. Conceptos y melodías. Una conversación con Steven Holl. En *El croquis. STEVEN Holl architects: 2008-2014: conceptos y melodías. Número monográfico.* Madrid: Ed. El Croquis, 2014, nº 172; 357.

SARQUIS, J. *Arquitectura y modos de habitar.* Buenos Aires: Ed. Nobuko, 2006. ISBN 987-584-068-8.

SATO KOTANI, A. *Los tiempos del espacio.* Buenos Aires: Ed. Nobuko, 2010. ISBN 9789875843028.

SCHELLING citado en: AMANN, B. *La crítica poética como instrumento del proyecto arquitectónico.* Buenos Aires: Ed. Diseño, 2015. ISBN 9789873607646.

SCHIFFER, D. *La filosofía de Emmanuel Lévinas. Metafísica, estética y ética.* Buenos Aires: Ed Nueva Visión, 2008. ISBN 950-620-573-1.

SCHOPENHAUER, A. *Metafísica del amor/Metafísica de la muerte.* Barcelona: Ed. Folio, 2007. ISBN84-413-2196-5.

SCHÜLTZ, C. *Existencia, espacio y arquitectura.* Argentina: Ed. Blume, 1975. ISBN 8470312332.

SCHULZ DORNBURG, J. *Arte y Arquitectura. Nuevas afinidades.* Barcelona: Ed. G. Gili, 2000. ISBN 9788425217784.

SEEL, M. *Estética del aparecer.* Buenos Aires: Ed. Katz, 2010. ISBN 9789871566297.

SEJIMA, K. *XII Bienal de Venecia.* Buenos Aires: Ed. Summa +, nº112, 2010. ISSN 0327-9022.

SOLÀ-MORALES, I. *Arquitectura y existencialismo: Una crisis de la Arquitectura moderna* [en línea]. UPC: Escola Tècnica Superior d'Arquitectura de Barcelona, 1991. Disponible en: https://dialnet.unirioja.es/servlet/articulo;jsessionid=A4B233D65 BF13D212992560F489A6E41.dialnet02?codigo=2188131

SOLÀ-MORALES, I. *Diferencias. Topografía de la Arquitectura Contemporánea.* Barcelona: Ed. G. Gili, 2004. ISBN 9788425219122.

SOLÀ-MORALES, I. *Territorios*. Barcelona: Editorial Gustavo Gili, 2002. ISBN 9788425218644

SORÍN, V. Poesía del espacio. En ARGAÑARAZ, U. y otros. *Leer desde el contexto*. Ciudad Autónoma de Buenos Aires: Ed. La Bohemia, 2015. ISBN 978-987-1019-66-3

SOURIAU, É. *Los diferentes modos de existencia*. Buenos Aires: Ed. Cactus, 2017. ISBN 9789873831201.

SPINETTA, L. A. *Quedándote o yéndote*. Álbum: Kamikaze. Buenos Aires: Interdisc, 1982.

STEINER, G. *Presencias reales. ¿Hay algo en lo que decimos?* Barcelona: Ed. Destino, 1991. ISBN 9788423321025.

TADDEI, E. *Morir: nuestra angustia vital*. Córdoba: Ed. Del Copista, 2011. ISBN 978-987-563-282-0.

TANIZAKI, J. *El elogio de la sombra*. Madrid: Ed. Siruela, 2013. ISBN 978-84-7844-258-4.

TODOROV, T. *¡El arte o la vida! El caso Rembrandt. Arte y moral*. Buenos Aires: Ed. Edhasa, 2016. ISNB 978-987-628-425-7.

TODOROV, T. *Poética estructuralista*. Madrid: Ed. Losada, 2004. ISBN 9788496375116.

VACA BONONATO, A. *Claudio Caveri. Maestros de la arquitectura argentina*. Buenos Aires: Ed. FADU y Arte Gráfico Editorial Argentino, 2014. ISBN 978-987-07-2858-0.

VALESINI, S. Instalación y teatralidad. Umbrales poéticos en el arte contemporáneo. En: *Revista Metal*. La Plata: Ed. UNLP., 2015. ISSN 2451-6384.

VALÉRY, P. *Eupalinos o el arquitecto. El alma y la danza*. Madrid: Ed. Machado libros, 2004. ISNB 84-7774-610-9.

VALÉRY, P. *Notas sobre poesía*. CABA: Ed. Hilos Editora, 2015. ISBN 978-987-3698-03-3.

VALÉRY, P. *Teoría poética y estética*. Madrid: Ed. La balsa de la medusa, 2009. ISBN 9788477745396.

VENTURI, R. *Complejidad y contradicción en arquitectura*. Barcelona: Ed. G. Gili, 2008. ISBN 9788425216022.

WALTON, R. y LUTEREAU, L. *Arqueología de la experiencia sensible: estética fenomenológica en Argentina*. Coord. Ciudad Autónoma de Buenos Aires: Ed. Prometeo. ISBN 978-987-574-736-4.

WIGLEY, M. Delgada delgadez. En *El croquis. SANAA 2011-2015: sistemas de continuidad. Número monográfico.* Madrid: Ed. El Croquis, 2015, nº 179/180; 373.

ZÁTONYI, M. *Arte y creación. Los caminos de la estética.* Buenos Aires: Ed. Capital Intelectual, 2007. ISBN 9789876140065.

ZÁTONYI, M. *Gozar el arte, gozar la arquitectura: Asombros y soledades.* Buenos Aires: Ediciones Infinito, 2006. ISBN 9879393406.

ZÁTONYI, M. *Juglares y trovadores: derivas estéticas.* Buenos Aires: Ed. Capital Intelectual, 2011. ISBN 978-987-614-314-1.

ZÁTONYI, M. *Una estética del arte y del diseño.* Buenos Aires: Ed. Nobuko, 1990. ISBN 950-9575-31-3.

ZUGARRONDO, J. Prólogo a HEIDEGGER, M. *Construir, habitar, pensar.* Córdoba, Argentina: Ed. Alción, 2002. ISBN 9509402178x.

ZUMTHOR, P. *Pensar la arquitectura.* Barcelona: Ed. Gustavo Gili, 2009. ISBN 9788425227301.

ZUMTHOR, P. *Atmósferas, Entornos arquitectónicos. Las cosas a mi alrededor.* Barcelona: Ed. Gustavo Gili, 2006. ISBN 9788425221170.

www.ingramcontent.com/pod-product-compliance
Lightning Source LLC
Chambersburg PA
CBHW071151160426
43196CB00011B/2050